CHINA'S REFORM

THINK TANK

建设现代化经济体系

迟福林◎主编

中国工人出版社

图书在版编目（CIP）数据

建设现代化经济体系／迟福林主编. —北京：中国工人出版社，2017.11
ISBN 978-7-5008-6844-6

Ⅰ.①建… Ⅱ.①迟… Ⅲ.①中国经济—经济体系—研究 Ⅳ.①F123

中国版本图书馆CIP数据核字（2017）第289214号

建设现代化经济体系

出 版 人	芮宗金
责任编辑	左　鹏
责任校对	董春娜
责任印制	黄　丽
出版发行	中国工人出版社
地　　址	北京市东城区鼓楼外大街45号　邮编：100120
网　　址	http://www.wp-china.com
电　　话	（010）62005043（总编室）　（010）62005039（出版物流部） （010）62379038（社科文艺分社）
发行热线	（010）62005049　（010）62005042（传真）
经　　销	各地书店
印　　刷	三河市东方印刷有限公司
开　　本	710毫米×1000毫米　1/16
印　　张	23.75
字　　数	300千字
版　　次	2018年1月第1版　2018年1月第1次印刷
定　　价	49.00元

CONTENTS 目录

第二编　深化供给侧结构性改革

第三编　加快建设创新型国家

第四编 加快完善社会主义市场经济体制

第五编 推动形成全面开放新格局

附 录 名家观点综述

总　论

建设现代化经济体系

迟福林

党的十九大报告指出，“我国经济已由高速增长阶段转向高质量发展阶段，正处在转变发展方式、优化经济结构、转换增长动力的攻关期，建设现代化经济体系是跨越关口的迫切要求和我国发展的战略目标”。建设现代化经济体系，是我国进入发展新时代社会主要矛盾发生历史性变化后的重大战略任务。

从我国实际经济生活看，建设现代化经济体系，要适应社会主要矛盾的历史性变化，以高质量发展为核心目标，以创新为战略支撑，以深化供给侧结构性改革为主线，以完善市场经济体制和构建开放型经济为动力。加快建设现代化经济体系，不仅决定中国中长期的经济发展，而且将对世界经济增长和全球经济治理格局带来重大而积极的影响。

一、我国经济已由高速增长阶段转向高质量发展阶段

进入新时代，我国经济发展的突出阶段性特点，是由高速增长转向高质量发展。从发展阶段看，我国已经进入 L 型的中高速增长阶段，各方更加注重发展质量。十九大报告明确提出“我国经济已由高速增长阶段转向高质量发展阶段”的判断，是一个战略性、历史性的判断。把经济建设的主要精力聚

焦到建设现代化经济体系，是我国新时代的务实选择。

1. 我国社会主要矛盾发生历史性变化

按照十九大报告的要求，实现建设现代化经济体系的战略目标，就是要在质量变革、效率变革、动力变革的基础上，提高全要素生产率，不断增强我国经济创新力和竞争力。

（1）社会主要矛盾发生历史性变化。十九大报告明确提出，“中国特色社会主义进入新时代，我国社会主要矛盾已经转化为人民日益增长的美好生活需要和不平衡不充分的发展之间的矛盾”。这个判断，符合我国发展的客观趋势。

一方面，改革开放以来，我国不仅在较短的时间内稳定解决了十几亿人的温饱问题，而且总体上提前实现小康，并且不久后将全面建成小康社会。在这个快速发展的进程中，人民生活水平不断提高。1979—2015 年，城镇居民人均可支配收入和农村居民人均纯收入年均增长分别为 7.4% 和 7.6%[①]。站在新的历史起点上，人民美好生活的需要日益广泛，不仅对物质文化生活提出了更高要求，而且在民主、法治、公平、正义、安全、环境等方面的要求日益增长。这表明，我国经济发展的需求侧发生了历史性变化，“人民日益增长的物质文化需要”有了一个时代性的提升。

另一方面，经过近 40 年的发展，我国社会生产力水平总体上显著提高，2017 年经济总量有望超过 80 万亿元人民币，社会生产能力在很多方面进入世界前列。已经成为世界第二大经济体、最大货物出口国、第二大货物进口国、第二大对外直接投资国、最大外汇储备国、最大旅游市场。在产业体系上，我国已经建立了完整的工业体系，技术水平逐步提高。过去几年，中国

---

① 国家统计局：《中国统计摘要 2017》，北京：中国统计出版社，2017。

涌现了一批具有标志性意义的重大科技成果，包括载人航天、探月工程、量子通信、射电望远镜、载人深潜、超级计算机等。也就是说，在发展的供给侧，“落后的社会生产”这一矛盾得到明显改变。

在需求侧和供给侧均发生变化后，我国社会主要矛盾就不再是“人民日益增长的物质文化需要同落后的社会生产之间的矛盾”了，而是“人民日益增长的美好生活需要和不平衡不充分的发展之间的矛盾”。仅以老年人服务需求为例，随着人口结构的变化，当前我国老年人医疗健康消费需求规模每年不低于 1 万亿元，而实际供给不到 2000 亿元，“有需求、缺供给”的矛盾相当突出。通过深化供给侧结构性改革，在教育、医疗、健康、环境等民生领域扩大有效供给，改善供给质量，降低供给价格，就能够精准提升全体人民的“获得感”。

十九大报告立足我国生产力的实际情况，准确把握人民不断变化的美好生活需要，鲜明提出社会主要矛盾变化的重大判断，这为中长期经济高质量和可持续发展做出了重大理论突破。

（2）进入追求高质量发展的新阶段。进入新时代，面对社会主要矛盾的变化，发展要解决的问题发生重大变化，在继续保持生产力一定发展速度的同时，更加注重发展的质量，更加注重“创新、协调、绿色、开放、共享”的发展。

——在产业结构上，由资源密集型、劳动密集型产业为主向技术密集型、知识密集型产业为主转变。比如，生产性服务业的占比将逐步提升，在国民经济中的作用将日益明显。我们将逐步从“微笑曲线”的底端向两端升级。

——在产品结构上，由低技术含量、低附加值产品为主向高技术含量、高附加值产品为主转变。比如，在产品质量上，国产工业产品将加快摆脱“山寨货”的标签，成为高端大气精细的“大国工匠”之作。

——在经济效益上，由高成本、低效益向低成本、高效益的方向转变。比如，过去几年，我国创新型国家建设取得重要进展。2016 年，我国创新指数名列全球第 25 位，比 2012 年提高 9 位，在中等收入国家中排名首位，大幅领先其他金砖国家[①]。创新成为我国发展的主要动力，并且在某些领域开始从模仿性、跟随型技术创新走向原发性技术创新。创新的不断突破，使得我国将加快改变要素投入型的增长，更多地走向效率型增长，经济效益将有明显改善。

——在生态环境上，由高排放、高污染向循环经济和环境友好型经济转变。比如，随着产业结构的调整，山更青、水更绿、天更蓝的日子将越来越多。

（3）新时代发展内涵得到提升和拓展。新时代的发展要能够满足人民日益增长的美好生活需要，就需要走向更加平衡更加充分的发展，要以增进人民获得感和幸福感为目标。也就是说，在这个以高质量发展为重要目标的新时代，过去近 40 年来行之有效的增长逻辑、增长方式、增长动力、增长结构等都将得到重构和升级，现代化经济体系最终将体现为国家经济实力不断增强，企业效益不断提升，居民收入持续增长，生态环境不断改善等方面。

2. 发展条件发生深刻复杂变化

建设现代化经济体系，所面临的内外发展环境与过去有了明显变化，既带来发展的重大机遇，也带来了严峻挑战。十九大报告明确指出，“当前，国内外形势正在发生深刻复杂变化，我国发展仍处于重要战略机遇期，前景十分光明，挑战也十分严峻”。

（1）国际市场环境发生复杂变化。十九大报告在提出“世界正处于大发展大变革大调整时期，和平与发展仍然是时代主题”的同时，也强调“世界面临的不稳定性不确定性突出，世界经济增长动能不足，贫富分化日益严重”

① 国家统计局：新理念引领新常态 新实践谱写新篇章——党的十八大以来经济社会发展成就系列之一，国家统计局网站，2017-06-16。

的挑战。国际金融危机以来，经济全球化逆潮出现并且在某些地区形成一定趋势，对我国外部环境带来严峻挑战；同时，全球自由贸易是一个不可阻挡的大势。两股力量的博弈，在短期将形成国际市场环境的某些波动甚至震荡。

（2）国内发展环境发生深刻变化。突出地表现在我国发展的比较优势发生了变化。比如，人民对美好环境的需要不断增长，中央坚持以人民为中心，明确把污染防治作为未来五年三大攻坚战之一。企业的环保成本势必内部化，依赖低环保成本发展的道路难以持续。这表明，与过去近 40 年相比，新时代的国内发展环境已发生重大变化。

（3）转型发展的历史关节点。十九大报告明确提出，“从十九大到二十大，是‘两个一百年’奋斗目标的历史交汇期。我国既要全面建成小康社会、实现第一个百年奋斗目标，又要乘势而上开启全面建设社会主义现代化国家新征程，向第二个百年奋斗目标进军”。在这个历史交汇期，我国经济转型升级的趋势和特点十分突出，例如：

——产业结构正由工业主导向服务业主导转型升级。2017 年前三季度服务业占比达到 52.9%[①]，预计到 2020 年有可能接近或达到 60% 左右。更为重要的是，在服务型经济比重不断提升的同时，新产业、新业态、新模式不断涌现，成为助推产业变革的新动能。

——消费结构正由物质型消费为主向服务型消费为主转型升级。估计到 2020 年，城镇居民服务型消费比重将由目前的 40% 左右提高到 50% 左右。

——城镇化结构正由规模城镇化向人口城镇化转型升级。预计到 2020 年，常住人口城镇化率有可能由 2016 年的 57.35% 提高到 60% 以上。同时，户籍人口城镇化率将加快推进，与常住人口城镇化率的差距将逐步缩小，越来越多的农民工融入城镇。此外，新型城镇化和乡村振兴将呈现融合并进的

① 国家统计局：前三季度国民经济稳中向好态势持续发展，国家统计局网站，2017-10-19。

态势。

3. 发展理念的转变与提升

十九大报告明确提出，建设现代化经济体系是跨越关口的迫切要求和我国发展的战略目标。这不仅是对现代化经济体系的具体部署，更反映了发展理念的深刻变革。

（1）三大变革：质量变革、效率变革、动力变革。这是建设现代化经济体系的核心，也是破解经济发展方式转变的根本出路。

——质量变革是主体。中国近40年的发展，速度快、规模大。目前面临的主要挑战是经济发展质量不是很高。和发达国家相比，我们在一些技术上、质量上仍有不小的差距，特别是一些制造业环节。中央提倡并鼓励“大国工匠”，推进“中国制造 2025”，重要目的之一是推进质量变革，推动“中国制造”向“中国智造”、“中国速度”向“中国质量”、“中国产品”向“中国品牌”升级。

——效率变革是主线。当前，我国经济增长中的低效率问题仍然比较突出。例如，经济泡沫、金融风险等问题，归根结底是一个效率不高的问题。我国央行投入的总体流动性并不算太高，但流动性配置的效率偏低，脱实向虚倾向明显，大量民营中小微企业难以获得贷款资源，降低了流动性的配置效率。因此，效率变革将成为我国建设现代化经济体系的重大任务。

——动力变革是条件。以劳动力供求关系为例，我国劳动年龄人口已经连续五年下降，劳动力成本已经进入上升通道。劳动力成本上升意味着我国内需市场的不断扩大，成为支撑消费结构升级的重要因素。下一步，在动力变革上，要把劳动力成本优势尽快转为人力资本优势。

（2）发展目的：提高全要素生产率。十九大报告中提出了提高全要素生产率的要求。提高全要素生产率，就是要把过去过度依赖自然资源的发展方式，转向更多依靠人力资源的发展方式。

（3）发展保障：产业体系 + 体制安排。十九大报告提出，“着力加快建设实体经济、科技创新、现代金融、人力资源协同发展的产业体系，着力构建市场机制有效、微观主体有活力、宏观调控有度的经济体制。”构建“四位一体”的产业体系和“三有并存”的经济体制，将成为增强经济创新力和竞争力的重要保障。

4. 建设现代化经济体系的重大任务

建设现代化经济体系，需要从多方面聚力、发力。按照十九大报告的要求，要着力推进创新发展、乡村振兴、区域协调发展的进程。

（1）加快建设创新型国家。十九大报告提出，“创新是引领发展的第一动力，是建设现代化经济体系的战略支撑”。随着大数据、人工智能等新一轮技术革命的加快推进，创新在经济发展中具有越来越重要的地位。在“大、智、云、移、物”等领域、在基础研究领域和应用研究领域再推出一大批重大科技创新成果，将为我国中长期发展释放重要的内生动力。

（2）实施乡村振兴战略。十九大报告提出，“农业农村农民问题是关系国计民生的根本性问题，必须始终把解决好‘三农’问题作为全党工作重中之重”。实施乡村振兴战略，建立城乡融合发展体制机制和政策体系，表明决策层把传统的“三农”问题上升到乡村振兴高度。而且，对乡村振兴的目标做了全新定位，即从传统的“生产发展、生活宽裕、乡风文明、村容整洁、管理民主”提升到“产业兴旺、生活富裕、乡风文明、生态宜居、治理有效”，使人们“记得住乡愁”。

（3）实施区域协调发展战略。十九大报告提出，“加大力度支持革命老区、民族地区、边疆地区、贫困地区加快发展，强化举措推进西部大开发形成新格局，深化改革加快东北等老工业基地振兴，发挥优势推动中部地区崛起，创新引领率先实现东部地区优化发展，建立更加有效的区域协调发展新机制”。按照十九大报告的要求，我国区域协调发展将形成新的局面。

二、以深化供给侧结构性改革为主线

建设现代化经济体系的首要任务就是适应新时代社会主要矛盾变化，以深化供给侧结构性改革破解“有需求、缺供给”的突出矛盾，适应人民对美好生活的需要，不断提升产品与服务的供给水平，持续释放巨大内需增长潜力。

1. 供给侧结构性改革内涵的进一步提升

从经济运行情况看，以“三去一降一补”为主抓手的供给侧结构性改革有了显著进展。比如，去产能方面，2017 年前三季度全国工业产能利用率为 76.6%，比上年同期提高 3.5 个百分点；去杠杆方面，8 月末规模以上工业企业资产负债率为 55.7%，比上年同期下降 0.7 个百分点。过高杠杆率得到控制，牢牢守住了不发生系统性金融风险的底线[①]。

十九大报告对深化供给侧结构性改革做了重大部署。除了继续强调“三去一降一补”外，更加重视推进产业结构的调整，包括发展先进制造业、提升传统产业，保护企业家精神以及建设一支知识型、技能型、创新型的劳动者大军。

2. 深化供给侧结构性改革是一场硬仗

习近平总书记在 2016 年初省部级主要领导干部学习贯彻党的十八届五中全会精神专题研讨班上的讲话中明确指出，“供给侧结构性改革，重点是解放和发展社会生产力，用改革的办法推进结构调整，减少无效和低端供给，扩

① 国家统计局：前三季度国民经济稳中向好态势持续发展，国家统计局网站，2017-10-19。

大有效和中高端供给，增强供给结构对需求变化的适应性和灵活性，提高全要素生产率”。

建设现代化经济体系，供给侧结构性改革是需要贯以始终的一条主线，其实质是结构性改革和结构性调整，是促进供需关系动态均衡的根本保障。从实际情况看，深化供给侧结构性改革是一场攻坚战，既要把供给侧结构性改革贯穿经济转型全过程，又要在短期内实现重大突破。

3. 深化供给侧结构性改革的重大任务

（1）加快建设制造强国。过去几年来，我国在制造业上取得了明显进展，一些领域的技术达到全球前列水平。但整体上还面临大而不强的挑战。比如，在价值链方面，我国制造业整体产出效率存在一定差距。当前，我国制造业增加值率为 21% 左右，而发达国家约为 35% ~ 40%；我国人均制造业增加值只有3000多美元，居全球第54位，仅为发达国家水平的三分之一[①]。因此，要按照十九大提出的，“加快发展先进制造业，推动互联网、大数据、人工智能和实体经济深度融合，在中高端消费、创新引领、绿色低碳、共享经济、现代供应链、人力资本服务等领域培育新增长点、形成新动能”。

（2）支持传统产业优化升级。依托我国巨大的市场空间，传统产业还有发展的潜力，关键在于优化升级。第一，在服务业上，需要加快发展现代服务业，瞄准国际标准提高水平。比如，我国健康养老产业的发展，需要着力提高管理水平和技术服务水平；第二，促进我国产业迈向全球价值链中高端，培育若干世界级先进制造业集群，这是我国的立国之本；第三，加强水利、铁路、公路、水运、航空、管道、电网、信息、物流等基础设施网络建设，使我国的基础设施能够有效满足人民的需要。

---

① 黄汉权：促进产业迈向全球价值链中高端，中国经济网，2017-11-08。

（3）坚持"三去一降一补"。坚持去产能、去库存、去杠杆、降成本、补短板，优化存量资源配置，扩大优质增量供给，实现供需动态平衡。在注重防范化解重大风险的同时，更加注重以推动"三去一降一补"加快形成供求总量、结构的动态平衡。

（4）激发和保护企业家精神，鼓励更多社会主体投身创新创业。企业家是经济活动的重要主体，企业家精神是经济发展的重要源泉。2017 年 9 月中共中央、国务院印发了《关于营造企业家健康成长环境弘扬优秀企业家精神更好发挥企业家作用的意见》。十九大报告再次明确提出"激发和保护企业家精神，鼓励更多社会主体投身创新创业"。落实十九大精神，关键在于尽快对企业家关注的重大问题出台具体司法解释，由此稳定企业家预期，激发其巨大的投资潜力。

（5）建设知识型、技能型、创新型劳动者大军。建设现代化经济体系，关键在于人的因素。人力资源和社会保障部的统计数据显示，目前技能劳动者数量只占全国就业人员总量的 1/5，高技能人才不足 6%。以集成电路领域为例，尽管我国工程专业大学毕业生每年近 50 万人，但国内芯片设计企业仍不得不从海外大量聘用专业技术人才①。十九大报告明确提出要"弘扬劳模精神和工匠精神，营造劳动光荣的社会风尚和精益求精的敬业风气"。把建设劳动者大军作为深化供给侧结构性改革的重大任务，必将对我国中长期发展带来深远影响。

三、加快完善社会主义市场经济体制

十九大报告指出，"必须坚持和完善中国特色社会主义制度，不断推进国

---

① 黄汉权：促进产业迈向全球价值链中高端，中国经济网，2017-11-08。

家治理体系和治理能力现代化，坚决破除一切不合时宜的思想观念和体制机制弊端，突破利益固化的藩篱，吸收人类文明有益成果，构建系统完备、科学规范、运行有效的制度体系，充分发挥我国社会主义制度优越性”。客观地看，市场化改革走到今天，能不能突破利益固化的藩篱，加快形成市场决定资源配置的新格局，决定现代化经济体系建设的重大突破。

1. 以完善产权制度和要素市场化为重点

（1）完善产权制度。十九大报告强调，“经济体制改革必须以完善产权制度和要素市场化为重点”。改革开放近40年来，我国已经初步建立了与市场经济相适应的产权制度框架，但在很多方面仍有不完善之处，尤其是产权保护力度与社会预期不相适应。产权保护是现代市场经济的基石，是实现公平可持续发展的重要保障。完善产权保护，推进产权保护制度化、法治化进程，不仅有利于激发市场活力、调动全社会创新创业热情，而且还能增强人民群众财产财富安全感，增强社会信心和稳定预期。例如，完善非公有制企业产权保护制度、保护企业家创新收益、加强知识产权保护、完善农村土地产权制度等。

（2）实现要素市场化配置。长期以来，我国经济增长方式转变滞后的一个重要原因在于某些资源要素领域的市场化改革相对滞后，市场决定资源配置的格局在这些领域尚未有效建立。随着我国由高速增长阶段转向高质量发展阶段，过去依靠行政力量控制资源要素到了非改不可的地步，需要加快提高要素市场化配置水平，如深化资源要素价格改革，实现农村土地要素市场化配置，实现劳动力、人才要素市场化配置等。

2. 推动国有资本做强做优做大

十九大报告提出，“要完善各类国有资产管理体制，改革国有资本授权经营体制，加快国有经济布局优化、结构调整、战略性重组，促进国有资产保值增值，推动国有资本做强做优做大，有效防止国有资产流失”。这是在十八届三中全会“以管资本为主加强国有资产监管”的一个延伸和升级，突出了国有资本保值增值，不仅为国有企业改革拓宽了空间，而且为社会资本发展创造了制度性空间。落实十九大精神，需要按照“国有资本做强做优做大”的要求，改革国有资本授权经营体制，尽快出台国有资本投资、运营公司的改革方案。

3. 发展混合所有制经济

十九大报告对混合所有制改革提出新的改革目标，“深化国有企业改革，发展混合所有制经济，培育具有全球竞争力的世界一流企业”。混合所有制改革是新时代深化国有企业改革的重头戏，牵一发而动全身。这就要求：在去产能取得阶段性成果的情况下，要把发展创新型国有企业作为改革的重要目标，推动国有企业转型升级；扩大市场开放，引导和鼓励扩大社会资本参与，在发展混合所有制结构中给民间投资提供更大的市场空间。

4. 统一市场和公平竞争，打破行政性垄断，防止市场垄断

（1）创造公平竞争的营商环境成为国际竞争的焦点。十九大报告指出，“全面实施市场准入负面清单制度，清理废除妨碍统一市场和公平竞争的各种规定和做法，支持民营企业发展，激发各类市场主体活力。深化商事制度改革，打破行政性垄断，防止市场垄断，加快要素价格市场化改革，放宽服务业准入限制”。当前，优化营商环境不仅成为我国参与全球经济竞争的现实需求，而且成为激发国内市场活力、振兴实体经济的关键所在。有数据显示，2013—2016 年，在全球 190 个经济体中，我国营商环境排名由第 96 位上升

为第78位，在G20中排倒数第5位[①]。仅从这两个数据看，我国的营商环境与大国的经济地位很不相适应，优化营商环境具有相当大的现实性、迫切性。

（2）全面实施市场准入负面清单制度。要以服务业市场开放为重点，全面实施市场准入负面清单制度，通过国内自贸区负面清单管理在全国范围内普及推广，在创新市场准入制度方面取得新突破。

（3）重点破除服务业领域的行政性垄断和市场垄断。初步估算，到2020年，中国服务业规模有可能从2016年的38.4万亿元人民币增加到50万亿元人民币左右。适应服务业加快发展的大趋势，需要进一步清理、修改、废除国有垄断行业、城市公用事业、公共服务等领域导致行政垄断的行政法规；探索实施符合新经济领域发展规律的反垄断方式，并形成有效的反垄断审查机制。

（4）以发展中小企业为重点维护公平竞争。近年来，中小企业发展在我国经济转型升级中的作用日益凸显，数量明显增加，但其发展并不稳定。据统计，我国的中小企业平均寿命仅有2.5年，与美国的8.2年、日本的12.5年有较大差距[②]。据全国工商联调查，90%的小企业和95%的微小企业没有与正规金融机构发生任何借贷关系，其融资多依靠民间借贷市场[③]。新时代的发展，需要为中小企业发展创造更加宽松的市场环境和更有效的政策支持体系，使其成为创新发展、共享发展的引擎。

5. 完善市场监管体制

（1）把监管变革作为深化简政放权的重点。过去5年，简政放权改革在多方面取得重要突破，在激发市场活力，稳定实体经济上发挥了重要作用。

---

① 迟福林：市场监管变革以优化营商环境为重点，载《经济参考报》，北京，2017-09-11。
② 同上。
③ 同上。

面对经济运行中的各类风险因素增大，以监管变革为重点纵深推进简政放权，有利于使市场在资源配置中起决定性作用和更好发挥政府作用。

（2）以监管变革应对各类风险挑战。以金融监管为例，要守住不发生系统性金融风险的底线，需要加快推进监管的转型与变革。例如，尽快实现由分业监管向混业监管的过渡，建立综合性金融监管体制；尽快形成统一的国家反垄断体制，强化反垄断的权威性、统一性，建立既适用于内资又适用于外资，法治化、规范化的反垄断体制；尽快形成统一权威的食品药品监管体制，以适应全社会消费结构升级需求，形成良好的经济社会环境。

（3）明确把新经济监管作为市场监管部门的重要职责。经济转型升级是一个动态过程，市场监管也应该是一个动态过程。对新经济的监管既需要各个部门的协同配合，也需要市场监管机构来牵头主抓。建议在市场监管部门成立专门的新经济监管机构，动态跟踪新业态，根据情况提出并试行新经济的监管条例，以适应新经济发展需求实行科学有效的市场监管。

6. 完善促进消费的体制机制，增强消费对经济发展的基础性作用

当前，我国消费结构正由物质型消费为主向服务型消费为主转型。2017年前三季度，全国社会消费品零售总额同比增长 10.4%，增速与上年同期持平；最终消费支出对经济增长的贡献率达到 64.5%，比上年同期提高了 2.8 个百分点[①]，消费对经济增长的基础性作用进一步巩固。我国正进入一个“新消费时代”。为适应这个趋势，需要加快完善促进消费的体制机制，减少“消费外流”的规模和比重，拓宽中国消费大市场，进一步夯实消费对经济发展的基础性作用。

---

① 国家统计局：2017 年前三季度国民经济运行情况答记者问，国家统计局网站，2017-10-19。

7. 深化投融资体制改革，发挥投资对优化供给结构的关键作用

我国供给结构不适应需求结构的突出矛盾，重要原因在于投资结构未能以消费结构变化为引导而做出相应的调整，根源在于当前的投融资体制改革相对滞后。从现实情况看，发展实体经济仍面临民间投资增速下降的突出矛盾。例如，民间投资增速和占比出现“双下降”。2015 年民间投资增速为 10.1%，2016 年降为 3.2%；民间投资占比由 2015 年的 64.2% 下降为 2016 年的 61.2%，下降了 3 个百分点。2017 年前三季度，民间投资占比进一步下降到 60.5%[①]。从扩大民间投资、振兴实体经济的现实需求看，深化投融资体制改革的现实性、迫切性全面增强。

8. 深化财税金融体制改革

（1）做实财政这个国家治理的基础和重要支柱。财政是国家治理的基础和重要支柱。过去几年，我国营改增全面推进并且全面收官，为企业减轻了负担，也为进一步理顺税收关系奠定了重要基础。在十八届三中全会相关改革部署的基础上，十九大报告对财税体制改革提出了进一步的明确要求，总的目标是加快建立现代财政制度，具体涉及中央地方财政关系调整、预算制度建设和税制改革。

（2）重点是推进税收结构调整，以降低制度成本。一般来说，直接税比重高更有利于服务业发展、有利于消费释放，有利于收入差距调节。从国际经验看，高收入国家直接税占比平均达到 63.56%。我国目前仍以间接税为主体。根据统计数据计算，2015 年，我国直接税比重为 42.4%，间接税比重为

---

① 国家统计局：2017 年 1—9 月份民间固定资产投资增长 6%，国家统计局网站，2017-10-19。

57.6%。为适应我国经济转型升级的趋势，需要尽快改变直接税比重偏低的状况。

与此同时，进一步加大减税降费的力度，实质性降低企业制度成本，是优化营商环境、振兴实体经济的重大举措。例如：改革以企业税、流转税为主的税制。逐步提高直接税比重，改革个人所得税征收方式，扩大财产税征收范围，探索启动开征遗产税、赠与税等新型税种；以财产税为主体形成地方政府稳定的税源。加快房地产税立法，推进消费税改革，将房地产税和消费税作为未来地方政府的主体税种，降低对增值税的依赖。

（3）着力增强金融服务实体经济的能力。金融要实现健康发展，重在与实体经济融合。一方面，金融改革要以服务实体经济为基本定位，加大金融与实体经济的融合，切实降低实体经济融资成本，为实现供给侧结构性改革的重大突破创造条件。另一方面，金融支持是激发小微企业活力、助推小微企业成长壮大的重要力量。要防止金融脱实向虚，加大金融资源向实体经济配置，提高直接融资比重，重点解决中小微企业贷款难的问题。

十九大报告明确提出，深化金融体制改革，增强服务实体经济能力。这是新时代中央对金融发展的基本定位，旨在扭转金融脱实向虚的倾向，防范和避免各种类型的系统性金融风险。十九大报告对此提出了三个方面的具体任务：一是提高直接融资比重，促进多层次资本市场健康发展；二是健全货币政策和宏观审慎政策双支柱调控框架，深化利率和汇率市场化改革；三是健全金融监管体系，守住不发生系统性金融风险的底线。

四、推动形成全面开放新格局

十九大报告强调，“开放带来进步，封闭必然落后。中国开放的大门不会关闭，只会越开越大。”“主动参与和推动经济全球化进程，发展更高层次的开放型经济，不断壮大我国经济实力和综合国力。”在经济全球化与国内经济转型历史交汇的大背景下，推进以自由贸易为主线的开放转型，不仅将为经济转型与供给侧结构性改革注入强大动力，而且将对全球自由贸易和经济全球化带来重要影响，使我国由经济全球化的重要参与者转变为主要引领者。

1. 以“一带一路”建设为重点，加快形成双向互济的开放格局

十九大报告要求，“‘一带一路’建设为重点，坚持引进来和走出去并重，遵循共商共建共享原则，加强创新能力开放合作，形成陆海内外联动、东西双向互济的开放格局”。在经济全球化新的十字路口，“一带一路”倡议不仅是我国“二次开放”的重大战略布局，也是我国拓宽经济转型升级空间的重要选择。

（1）以基础设施互联互通为依托。目前，“一带一路”框架内的基础设施在建项目已经覆盖了 44 个国家。未来 10 年，要加快打通“一带一路”在陆上、海上、空中的贸易流、物流、人流、信息流通道，形成放射性、网络化的交通布局，着力构建连接我国与自由贸易伙伴的经济大走廊，提升贸易物流便利化水平。

（2）以产能合作和服务贸易为重点。从趋势看，“一带一路”沿线国家和地区的经济互补性较强，在国际产能和装备制造业合作方面潜力巨大。据国家发改委预测，我国对外产业投资将从 2015 年的 1200 亿美元增加到 2018 年的 1600 亿美元①。

（3）以建立自由贸易区网络为目标。未来“一带一路”面临的国际环境更加复杂，干扰因素将明显增多。这既是“一带一路”的重大挑战，也是重

① 林火灿：2018 年我国对外产业投资预计达 1600 亿美元，中国经济网，2015-12-30。

要机遇。不管形势如何变化，制度性安排可以保障“一带一路”的稳定性，而多种形式的自由贸易区网络就是主要的制度安排。同时，通过构建“一带一路”自由贸易区网络，巩固我国与周边及沿线国家的经贸合作关系，拓展国际合作领域，创新合作机制，使“一带一路”在全球经济治理中发挥重要作用。

2. 实行高水平的贸易和投资自由化便利化政策

（1）全面实行准入前国民待遇加负面清单管理制度。按照内外一视同仁的原则，进一步营造公平竞争的市场环境，尽快出台《外国投资法》，推动新一轮高水平对外开放，完善法治化、国际化、便利化的营商环境。

（2）大幅度放宽市场准入，扩大服务业对外开放。目前，国内 11 个自贸区的负面清单仍有 95 项，其中 70 项针对服务贸易。为此，需要进一步精简负面清单，健全服务贸易促进体系，有序扩大服务业对外开放。

3. 优化区域开放布局

（1）西部大开放带动西部大开发。当前，开放程度低严重制约西部大开发。根据统计数据整理，2015 年，西部地区对外贸易依存度平均为 12.5%，明显低于全国平均 36.4% 的水平。实施“一带一路”战略，推动我国西部地区从开放“末梢”变身开放前沿。这就需要把握丝绸之路经济带建设的历史性机遇，把西部地区特色优势转化为经济优势，以西部大开放带动西部大开发。

（2）形成“一带一路”东北开放的大格局。开放度低是制约东北经济发展的“最大短板”，是产业结构调整滞后、体制机制改革难以破题的症结所在。以对外贸易为例，2015 年，东北三省的对外贸易依存度为 14.6%，比全国平均水平低 21.8 个百分点。为此，东北地区应加快融入“一带一路”战略，构建东北对外开放的大通道、大平台、大布局，由此形成东北振兴的新动力。

（3）推进沿边大开放。深化与周边国家和地区合作，实现沿边开放的重大突破，是沿边地区主动融入和服务“一带一路”战略重要任务。例如，设立沿边自由贸易试验区，全面实施贸易投资自由化政策；发展沿边出口加工区，承接沿海加工制造业转移；发展跨境、边境旅游合作区，加强与周边地区人文交流。

4. 赋予自由贸易试验区更大改革自主权，探索建设自由贸易港

（1）以服务贸易为重点加快自贸区转型。适应新形势的需要，应当鼓励支持现有的自贸区在服务贸易发展和服务业市场开放上先行先试。

（2）积极开展产业项下的自由贸易政策。从不同区域的特定优势出发，支持具备条件的地区率先实行旅游、医疗、健康、文化、职业教育等产业项下的自由贸易政策，走出一条开放转型的新路子。

（3）推进粤港澳服务贸易一体化。这是粤港澳区域一体化的重大选项，不仅有利于推动粤港澳区域经济一体化，充分发挥三地在服务贸易方面的优势，而且对促进和服务于“一国两制”将产生重要影响。当前，重要的是在管住货物贸易的同时全面放开人文交流。

（4）探索建设自由贸易港。十九大报告在对外开放上的一个亮点就是鼓励探索建设自由贸易港。从国际经验看，自由贸易港是自由贸易区的最高实现形式，其在免税减免、货物通关、企业设立、资金进出等方面有更高的自由度，对外国资本有较强的吸引力。未来几年，在具备条件的地区探索建立自由贸易港将是我国对外开放一个重大的战略布局。

5. 创新对外投资方式

（1）以产能合作为重点，建立产能与投资合作机制。十九大报告要求，

“创新对外投资方式，促进国际产能合作，形成面向全球的贸易、投融资、生产、服务网络，加快培育国际经济合作和竞争新优势”。从现实情况看，我国已与36个国家建立了产能与投资合作机制。在当前世界经济整体乏力的背景下，需要创新国际化的投融资模式，发挥产能合作基金等金融平台的作用，为国内企业开展国际产能合作创造良好的外部环境。

（2）积极引导和规范对外投资。数据显示，截至2016年底，我国累计对外投资1.36万亿美元，在境外设立企业3.72万家，2016年投资额1962亿美元，居世界第2位，存量居世界第6位①。2017年8月，我国出台了《关于进一步引导和规范境外投资方向的指导意见》，旨在引导和支持有条件的企业开展真实合规的对外投资活动。例如，鼓励企业走出去开展国际产能合作；严格限制房地产、酒店、影城、娱乐业、体育俱乐部等境外投资；禁止境内企业参与危害或可能危害国家利益和国家安全等的境外投资等。

建设现代化经济体系，是我国进入新时代后跨越关口的迫切要求和我国发展的战略目标。十九大报告对此做出了重大战略部署，明确了行动路线。贯彻落实十九大精神，加快建设现代化经济体系，将为我国如期实现新“两步走”战略目标奠定坚实基础。

［作者系中国（海南）改革发展研究院院长］

① 国家发改委主任何立峰在“推进中国经济平稳健康可持续发展”记者会的答记者问，中国网，2017-10-21。

第一编

由高速增长转向高质量发展

从理念到体制的深层次变革

张军扩　国务院发展研究中心副主任

十九大报告在很多方面都做出了重大判断，制定了发展的思路、目标和方略。在经济发展方面，就我个人学习十九大报告，有两点体会很深刻。

第一，十九大报告提出，中国发展进入新时代，我国经济已由高速增长阶段转向高质量发展阶段。从经济上来说，这是第一次在党的报告当中提出这一概念。这不仅是一个重大判断，也是我们进入新时代之后经济方面最重要的特征——从高速增长转向高质量发展，这将对我国在今后一段时期的发展，甚至全球的发展产生重要的影响。这一判断确实是抓住了中国经济的短板。经过近 40 年改革开放，我国经济总量已经是全球第二，但是人均还处在中等偏上的水平。那么，最大的短板在什么地方？我认为已经不是在数量方面，不管是从制造品的数量，还是城市建设，还是我们居民日常的吃、穿、住、行、用等方面，数量都不再缺乏，而短板就在于质量。要走向高收入发展阶段，最关键的也在于提高质量。当然，质量的短板和质量提升，不仅是表现在我们的制造业、工业产品方面，也表现在服务业领域；不仅表现在经济方面，也表现在社会、生态环境等方面。所以，提升质量，应该是全方位的工作，而不仅仅是生产领域、经济领域的事情。

那么，如何提升增长质量？当然，十九大报告也提到了，我国要推进建立现代化经济体系，深化供给侧结构性改革，最关键的还是发展实体经济，还是制造业。在这方面，各界也有很多研究，包括“中国制造 2025”也提出了很多发展方向，我想无外乎是提升智能化、精细化、绿色化、服务化、品牌化，进而提高价值。当然在促进传统产业转型升级的同时，我们的新技术、新业态、新产品等方面的发展也是至关重要的。包括互联网、大数据、人工智能、共享经济等方面，潜力也非常巨大。事实上，通过近些年的努力，我国在这些方面发展速度比较快，也成为最近这几年经济能够逐步企稳回升的一个重要原因。

当然，提升质量实际上是知易行难的工作。要使提升质量战略真正得到落实，需要从理念到体制上的深层次变革。实际上，十九大报告在这方面已经做出了部署，当提到 2035 年、2050 年发展目标的时候，没有再讲速度要求，没有再讲数量目标，而是提出了很多定性的要求和定性的目标。这实际上体现了我们的发展理念要逐步从追求高速度转向追求高质量。当然，更重要的是，在体制环境方面要做到位。从发展经济学或追求型经济发展的角度，事实上通过我们这些年的研究，得出一个非常重要的经验，就是从低收入向中等收入的转变与从中等收入向高收入的转变，其性质是不一样的。具体说来，从中等收入向高收入转变的过程主要是以创新驱动、效率驱动、质量驱动为核心的，该阶段对经济体制和经济环境的要求与之前是完全不一样的。所以，我们在这个阶段一定要有突破性的进展，特别是在政府和市场关系方面。如果说我们在前一阶段，政府的力量比较强的话，那么在下一步一定要更多地发挥市场作用。政府需要做的，主要就是在创新环境、人力资源环境、营商环境以及一些重大领域的改革等方面寻求突破。只有这样，我们做到了理念到环境的转变，才能真正推进高质量的增长。当然我还想强调一点，质量的提升应当是全方位的。比如智库建设，智库工作也要提升质量、深入研究，为党和政府的决策提供高质量的决策咨询意见。

第二，十九大报告提出的乡村振兴战略是一个新的战略，抓住了我国当前发展的短板。十九大报告提出我国最主要的矛盾，已经转向了人民日益增长的美好生活需要与不平衡不充分的发展之间的矛盾，最大的不充分就是乡村发展不充分。从实际来看，中国与发达国家最大的差距不在城市，而在农村。所以乡村的振兴，不仅涉及我国农村、农民、农业的发展问题，也涉及现代化目标的实现问题，涉及美丽中国建设问题，甚至涉及治理体系现代化和治理能力现代化的问题。所以，我们要深入研究制约乡村发展的体制因素，从更深层次的体制和政策方面着手，为乡村振兴提供我们的咨询建议。

建设现代化经济体系相配套的改革

刘世锦　中国发展研究基金会副理事长

十九大提出了“建设现代化经济体系”的重要概念。中国经济已经由高速增长阶段转向高质量发展阶段，正处在转变发展方式、优化经济结构、转换增长动力的一个攻关期。在这个攻关期，就是要以供给侧结构性改革为主线，推动经济发展的质量变革、效率变革、动力变革，提高全要素生产率。要建立一个新的产业体系，也就是实体经济、科技创新、现代金融以及人力资源协同发展的产业体系。建设现代化市场经济体系，就是建立市场机制有效、微观主体有活力、宏观调控有度的经济体制。

一、重点要推动三大变革

1. 质量变革。过去将近 40 年的发展，中国经济发展速度很快，规模也已经相当大，但是我们的质量水平还不高。我国人均国民收入只有 8000 美元，发达国家已经是 4 万 ~ 5 万美元以上，二者的差距体现在很多细节上，特别是一些产业制造的环节，很多质量上不去的那些地方尤为突出。

2. 效率变革。中国现在还有不少低效率的问题，比如，行政性垄断的问题，经济泡沫的问题，金融风险的问题，归根结底，这些都是效率不高的问题。

3. 动力变革。从 2012 年开始，中国 15 ~ 59 岁的劳动力人口每年减少 200 万左右。劳动力总数已经在减少了，但是我们的经济还要增长，所以工资在上升。下一步面临的问题，就是如何把中国过去劳动力人数多的优势，转化为中国人力资本的优势。

所以这三大变革，可以做如下描述：质量变革是主体，效率变革是主线，动力变革是基础。

二、目的要提高全要素生产率

1. 解决好对增长目标的认识和机制问题。十九大提出了新的“两步走”发展战略，没有 GDP 增长指标。我们需要关注的是怎么提高增长的质量和效益，实际上高速增长阶段已经过去，现在推高增长速度，实际上十分勉强，短期之内也许能搞上去，最后还是要降下来，欲速则不达。所以我们以后再也不能被那些不切实际的高增长指标绑架经济，阻碍经济转型的顺利推进，阻挡中国真正转向一个高质量、高效益的现代化经济体系。在经济发展目标上，我们以后更多地还是要关注就业创业、质量效益、经济的稳定性，以及经济的可持续性。

2. 稳定社会、市场和企业家的预期。十九大报告提出，加快完善社会主义市场经济体制必须以完善产权制度和要素市场化配置为重点，要实现产权有效激励、要素自由流动、价格反应灵活、竞争公平有序、企业优胜劣汰，要激发和保护企业家精神。我们的社会与市场，特别是我们的企业家，都需要意识到，中国有一个清晰、长远的发展目标，中国在坚定地完善社会主义市场经济体制，我们要创造一个公平竞争的市场环境，我们要保护产权，包括财产权、人身权、人格权。

3. 深化供给侧结构性改革，着力降低全社会的土地、能源、通信、物流、融资成本。十九大报告中特别提到打破行政性垄断，推动要素价格的市场化。我们要面对一个很现实的问题：中国现在的实体经济，特别是制造业，还承受着相当高的成本，比发达国家都要高。中国的土地、能源、通信、物流、融资等成本，比美国要高一到两倍，根源是什么？因为我国发展水平总体上还比较低。当然，这里固然有资源禀赋的原因，主要还是体制上的问题，企业没有一个充分的竞争环境，资源没有优化配置，这应该成为下一步供给侧结构性改革的重点。

4. 推动国有经济布局调整，结构优化和战略性重组。十九大报告提到做强做优做大国有资本，这应该是对过去十八届三中全会讲的从“管企业”向“管资本”转变，进行再一次延伸与提升。

5. 更加重视创新环境的建设。下一步创新是驱动中国经济很重要的动力。要创造一个有利于创新的环境，需要解决一系列的问题，包括知识产权的保护和运用、创新主体的稳定预期、创新要素的自由流动、不同阶段集中产品的有效服务、产业配套和创新基础设施的支撑等。

过去近 40 年的时间，我国取得了伟大的成就，成为世界上第二大经济体，但是我国人均国民收入水平只有 8000 美元。从工业化或者经济发展的整个历史阶段来看，我们现在还处在追赶期，我们还需要谦虚谨慎，我们还需要学习与模仿，在这一过程中努力创新。所以从这个意义上来讲，中国还要继续吸引外资，现在并不是因为缺资金，而是缺资金背后的技术、管理、供应链、品牌、营销渠道等。另外，十九大报告还提到，凡是在我国境内注册的企业，都要一视同仁，平等对待。要进一步扩大服务业对外开放。因为服务业是中国经济下一步新的增长点和重点。这样，中国经济才能够保持一定的增长速度。同时，更重要的是要提高质量和效益，让中国经济更加具有稳定性和可持续性地朝前发展。

十九大后的经济发展转型

徐　林　国家发改委城市和小城镇发展中心主任

习近平总书记代表中共中央所做的《决胜全面建成小康社会，夺取新时代中国特色社会主义伟大胜利》的报告，对未来中国经济发展做出了新的重要判断，特别是提出中国社会主要矛盾已经由人民日益增长的物质文化需要和落后的社会生产之间的矛盾，转化为人民日益增长的美好生活需要和发展不平衡不充分之间的矛盾，并据此明确了中国面向未来建设社会主义现代化强国目标所要推行的发展政策和改革取向。中国的发展转型也将呈现新的主要特征。

一、由高速增长转向高质量发展阶段

十九大报告提出，中国经济已由高速增长阶段转向高质量发展阶段，这是针对国际国内环境变化，特别是发展条件和发展阶段变化做出的重大判断。改革开放近 40 年以来，中国经济保持了年均 9% 以上的持续高速增长，占全球经济的比重也迅速由不到 2.7% 提高到目前的近 15%。这主要是因为改革开放形成了有效激励市场主体和充分利用国际市场的体制机制，使中国劳动力资源丰富、储蓄率相对较高的要素“红利”和改革“红利”，可以通过国内投资消费和国际市场需求的持续拉动，得到充分的发挥。

国际金融危机爆发后，国际市场环境和国内要素条件发生变化，中国经济发展开始进入新常态。一是世界经济复苏艰难、持续低迷。2008—2016 年，全球经济增速由前 10 年的年均 4.13% 下降为 2.85%，全球贸易增速由年均 11% 大幅下降为 -0.21%，导致外部需求对中国经济的拉动作用明显弱化。二是由于独生子女计划生育政策的持续影响，中国进入了劳动年龄人口下降阶段，老龄化程度持续升高。2012 年以来平均每年净减少劳动年龄人口 600 多万，劳动力供求关系出现变化，工资水平在过去 10 年年均上涨 12% 左右，与发达国家劳动力成本之间的差距迅速缩小，制造业成本优势逐渐减弱。三是更多新兴经济体加快了工业化步伐，利用其劳动力低成本优势吸纳制造业投资，加入了世界市场的竞争。四是随着中国居民收入水平的提高，市场需求结构升级加快，消费者对高品质农产品、制造品和高质量服务的需求更加突出，但国内供给侧还不能很好满足需求结构的这一变化，导致越来越多的优质农产品需求、高端制造品需求、高品质服务需求等外溢到海外市场。例如，近年来中国消费者越来越多地到国外采购消费品和优质食品，到海外留学、旅游、就医。上述发展条件的变化，使中国原有主要依靠要素投入、外需拉动、规模扩张的增长模式，受到越来越明显的制约。

十九大报告提出，必须转变发展方式、优化经济结构、转换增长动力。按照这一要求，中国未来的经济增长将呈现以下新的主要特征：

一是经济增速从过去 9% 左右的高速增长逐步下降到 6% 左右。根据国内外主流研究的观点，中国经济今后一段时间的潜在增长率总体上处在 6% ~ 7% 的区间。考虑到中国对外贸易占全球贸易的比重已经达到 14% 左右的较高水平，且原有的低成本竞争优势正在快速丧失，再综合考虑劳动力、资本等要素条件、生态环境约束强化、债务杠杆率较高等约束条件，以及创新形成的新动能难以在短期内取得爆发式突破等因素，今后一段时期，中国经济难以再现过去那样的高速增长。如果对经济增速持有过高的不切实际的预期，就会通过短期刺激政策长期化等措施推高增长速度，将导致债务杠杆率持续提高，产能过剩难以出清、房地产库存继续增加等问题，并孕育更大的经济金融风险。

二是向追求高质量和高效益增长的模式转变。从世界各国经济周期演变的规律来看，要实现中国经济的持续健康增长，根本出路在于推动经济发展质量变革、效率变革、动力变革，提高全要素生产率，从简单追求速度转向坚持质量第一、效益优先，从微观层面不断提高企业的产品和服务质量，提高企业的经营效益。要以供给侧结构性改革为主线，加快优化经济结构、转变发展方式、转换增长动力，加快推动产业结构升级，增加中高端产品和服务的供给，不断提高产品和服务的附加值和竞争力。通过创新促进新技术、新产品和新业态发展，特别是通过推进互联网、大数据、人工智能与实体经济的深度融合，大力发展新兴产业和跨界融合创新，使创新创业形成的燎原之势和新动能，成为推动中国经济增长的不竭动力，不断增强中国经济的创新力和竞争力。

三是加快推进有利于市场发挥对资源配置起决定性作用的市场化改革。追求高品质和高效益，必须坚持市场化配置资源这一基本标准，减少政府对市场资源配置的干预，降低政府配置市场资源的规模。要进一步深化经济体制改革，坚持以市场化为取向，加快构建市场机制有效、微观主体有活力、宏观调控有度的市场经济体制，赋予企业更大的投资经营决策自主权，更好发挥并激励市场主体的创新动力和创造活力，从微观上提高企业配置资源的效益，从宏观上不断提高全社会资源配置效率，最终提高经济整体竞争力和经济增长的可持续性。

二、加快构建现代化经济体系

十九大报告提出，中国正处在发展方式转变、经济结构优化、增长动力转换的攻关期，建设现代化经济体系是跨越这一关口的迫切要求和中国发展的战略目标。构建现代化经济体系是一个全新的政策表述，主要内涵是：

一是坚持质量第一、效益优先，以供给侧结构性改革为主线，大力推动经济发展质量变革、效率变革、动力变革，着力提升全要素生产率。经过改革开放后近40年的高速增长，中国经济总量今年底将达到12万亿美元，稳居世界第二，主要工业品生产规模已经位居世界第一，但质量效益不高、增长动能转弱的问题变得日益突出，政府不得不通过政策刺激维持较快增长，这不仅使产能过剩和房地产库存问题难以化解，还积累了越来越大的金融和债务风险。要改变这一状况，必须以提高质量和竞争力为目标，通过深化供给侧结构性改革，更好地发挥市场配置资源的决定性作用，更有效地激励科技创新和创业创新，加快传统产业改造升级和效率提升，提高供给侧产品和服务质量，更好地满足国内消费结构升级，使得供需关系实现更高质量和水平的动态平衡，真正实现新旧动能转换和经济整体效率的提高。

二是加快建设实体经济、科技创新、现代金融、人力资源协同发展的现代产业体系。十九大报告提出，加快建设实体经济是构建现代经济体系的战略任务，也是发展经济的着力点。中国应吸取国际金融危机的教训，明确把发展实体经济的着力点放在制造业上，加快实现由制造业大国向制造业强国转变。并特别强调实体经济、科技创新、现代金融和人力资本之间的协同发展，这意味着中国将进一步强化科技创新的实体经济特别是先进制造业的支撑作用，更好地发挥国家在基础研究和企业在技术创新方面的作用；强化现代金融对实体经济的融资服务功能，为实体经济提供高效便捷、成本合理、品种多样的融资服务，更好地发挥金融对实体经济的输血功能；强化人力资本培育，为实体经济升级提供更多具有更高专业素质和技能的劳动力，以弥补劳动力总量下降的不足。

三是加快构建市场机制有效、微观主体有活力、宏观调控有度的市场经济体制。市场机制有效，就是要通过完善社会主义市场经济体制，以完善产权保护制度和要素市场化配置为重点，实现产权有效激励、要素自由流动、价格反应灵活、竞争公平有序、企业优胜劣汰，这也是高品质、高效益增长必备的体制基础和保障；微观主体有活力，就是要尊重企业的主体地位，继续深化商事制度改革，全面实施市场准入负面清单制度，落实好企业经营决策自主权，深化国有企业改革、支持民营经济发展，培育形成更多具有全球竞争力的世界一流企业；宏观调控有度的提法在党和政府的文件中是第一次出现，核心就是要创新和完善宏观调控，发挥国家发展规划的战略导向作用，健全财政、货币、产业、区域等经济政策协调机制，形成政策合力。政府在实施宏观调控的同时，也要顺应市场规律，把握好政府与市场的边界和关系，政府要围绕公共服务和市场监管，做到不缺位也不越位，更好地发挥政府作用而不是更多地发挥政府作用。

三、继续深化供给侧结构性改革

十九大报告提出，深化供给侧结构性改革是构建现代化经济体系的战略任务，这是针对中国经济供给侧存在的结构性问题提出的根本解决之道，将进一步深入推进。

中国经济供给侧结构不合理、不能满足国内需求结构升级的矛盾日益突出。从农产品供给看，农产品供给总量持续增加，粮食库存高企不下，浪费严重，但高品质农产品和食品需求却难以满足国内高端消费者对安全绿色食品的多样化需求，国内农产品和食品的国际竞争力较弱，进口量逐年增加；从制造业看，国内产能过剩状况比较普遍，但包括高端装备、集成电路芯片等高端零部件、高端材料、高端消费品在内的高端制成品国内还不能生产，不得不依赖进口的状况依然存在，有的高科技产品和设备还受到西方国家的出口管制和技术封锁，中国一年进口的芯片就高达2200多亿美元，主要都是自己不具备生产能力的高端芯片；从服务业供给看，国内需求增速很快的医疗健康、教育培训、文化娱乐、旅游休闲、法律咨询等高端服务，也不能很好地满足国内需求，大量高端服务需求开始转向海外，导致服务贸易逆差逐年扩大。从基础设施服务水平看，尽管我国各领域基础设施投资增速和供给能力明显提高，但由于规划理念落后，供给体制分割等影响，基础设施网络化程度不高、相互配套连接不够，基础设施服务效率不高，浪费严重。

十八大以来，中共中央作出了实施供给侧结构性改革的重大决定，并在“十三五”规划纲要中进一步明确要以供给侧结构性改革为主线。以去产能、去库存、去杠杆、降成本、补短板为重点的短期目标，取得了积极成效。钢铁、煤炭等分别削减产能1亿吨和4亿吨以上，供求关系有所改善；房地产去库存取得成效，商品房待售面积特别是住宅待售面积显著下降；企业去杠杆初见成效，资产负债率开始略有下降；降成本也随着营改增等举措的推进有所成效；环境污染治理、脱贫攻坚等补短板工作力度明显加大，重点城市PM2.5浓度持续下降，脱贫年度目标超额完成。新经济、新动能加快形成，顺应消费结构升级的新产品新模式不断涌现，互联网经济、工业机器人、新能源汽车、光电子器件等新型产品和产业，都获得了年均百分之几十的增长，战略性新兴产业增加值取得了年均两位数以上的持续增长，增速大大高于规模以上工业增加值速度。

但上述短期目标的实现和星星之火尚未燎原的新动能、新增长点，还不足以缓解中国经济面临的困境，经济整体杠杆率不仅没有下降，还在持续上升，优质产品和服务的供给依然不适应需求结构升级和精细化，产业竞争力还有待进一步提高。因此，还必须以实体经济特别是制造业为重点，把提高供给体系质量作为主攻方向，继续深化供给侧结构性改革，提高存量供给品质，扩大优质增量供给，实现更高水平和更高质量的供需动态平衡。政府将鼓励在各行各业开展质量提升行动，不断增强经济的质量优势，实现由“以价取胜”向“以质取胜”的转变。加快发展先进制造业和现代服务业，培育若干世界级先进制造业集群，促进中国产业迈向全球价值链中高端，围绕中高端消费需求，在创新引领、绿色低碳、共享经济、现代供应链管理、人力资本服务等领域培育新增长点、形成新动能，推动互联网与实体经济的深度融合，更好地发挥大数据、云计算、人工智能与实体经济的融合创新效应。基于中国传统产业的庞大规模，中国将支持传统产业优化升级，瞄准国际先进标准提升产品技术、工艺装备、能效环保水平，提高传统产业的产品品质和附加值，特别是强化基础工艺、基础材料和基础元器件领域的高端制造能力。此外，还会继续加强水利、铁路、公路、水运、航空、管道、电网、信息、物流等基础设施网络建设，强化基础设施网络之间的相互连通和衔接，更好地发挥一体化网络效应。

要继续坚持去产能、去库存、去杠杆、降成本、补短板，继续采取有效措施推进去产能和去库存，通过并购重组和依法破产等完善市场化优胜劣汰机制，优化存量资产，增加优质供给，完善房地产调控措施，优化房地产市场供给结构，既要保供给、降房价，也要控规模、去库存。要进一步采取措施降低整体债务杠杆率，特别是要有效地控制地方政府债务风险。在补短板方面，要强化重点地区重要污染物排放的防控和治理，着力解决突出环境问题短板，进一步健全扶贫脱贫机制，坚持精准扶贫、精准脱贫，让贫困人口和贫困地区同全国一道进入全面小康社会，完成已经明确的脱贫目标，做到脱真贫、真脱贫。当然，从长期发展看，中国经济发展的短板还不仅限于环境污染和贫困，还包括创新能力不足、金融服务效率不高、社会保障制度不健全、收入分配差距较大、统一市场维护不够、国有企业效率偏低、人力资本积累不足等问题，对这些短板问题的解决，同样需要花大力气投入资源、完善制度、健全机制，不能让短板成为经济持续健康发展的制约。

执政党和政府意识到，企业家是推动供给侧结构性改革、振兴实体经济的主力军，企业家也是推动创新发展的主力军，政府将通过深化改革、完善制度，更好地激发和保护企业家精神，稳定企业家长期预期，支持企业家创新创业，使他们植根于中国经济的长期发展。振兴实体经济离不开高素质的劳动者，要加大人力资本培育，建设知识型、技能型、创新型劳动者大军。政府将在全社会弘扬劳模和工匠精神，形成劳动光荣的社会风尚和精益求精的敬业风气，提高普通劳动者的社会地位。

中国经济进入新阶段后的政策安排与前景

曹远征　中银国际研究公司董事长

一、中国经济真的出现新周期了吗?

2016年，当时我们预测中国经济已开始触底，其核心指标是PPI经过54个月后由负转正。2017年，我们又认为中国经济已经触底。中国经济增长已连续8个季度稳定在6.7%～6.9%之间。随着中国经济触底，争论再起。中国经济是否会持续上扬，并且进入新的周期?

1. 推动高速增长的结构性因素正在减弱

（1）要素成本不断上升，预示着低成本制造不再具有持续竞争优势。外出农民工数量增长速度不断放缓。2015年，我国外出农民工16884万人，仅比上一年增加63万人。40岁以上农民工比重不断上升，2015年这一比重已达到44.8%。与此同时，我国农民工工资快速上涨。2016年，北京、上海、天津、重庆、江苏等地农民工工资分别同比增长9.9%、8.4%、5.4%、20.0%、8.6%。要素成本不断上升，预示着低成本制造不再具有持续竞争优势。

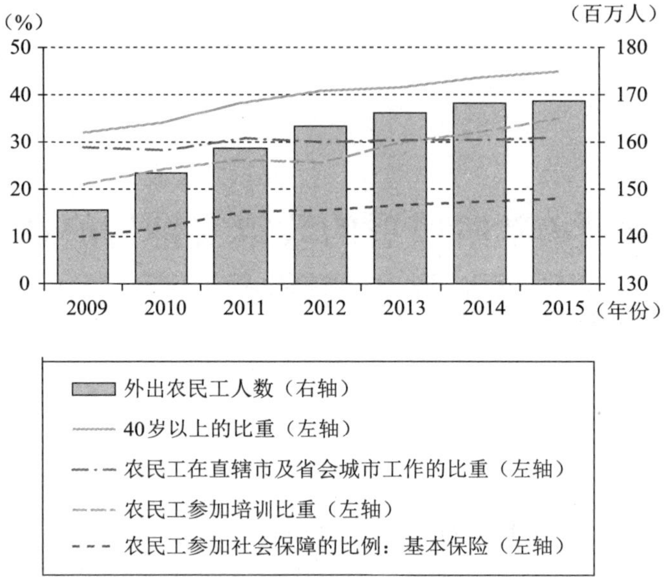

图 1：中国农民工基本状况

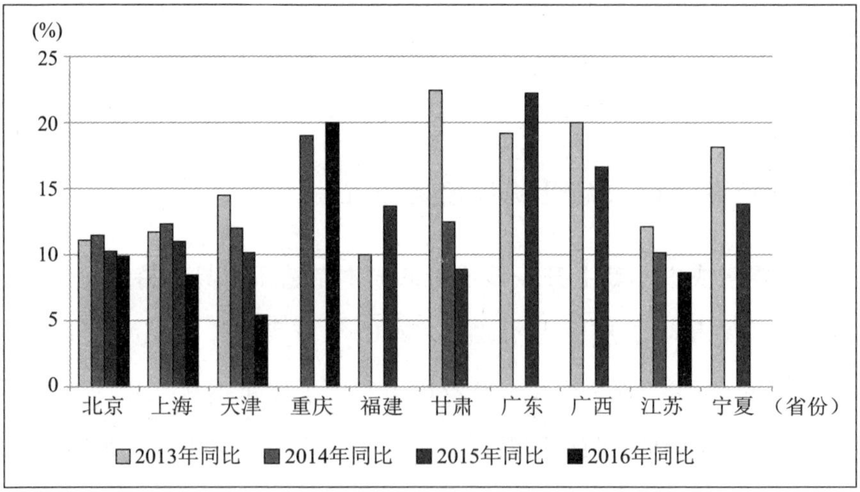

图 2：部分省份最低工资标准

(2)人口红利趋于消失，投资驱动型经济增长能力减弱。近年来，我国人口老龄化趋势明显。2016 年，我国 60 周岁及以上人口 23086 万人，占总人口的16.7%，比上一年上升1.2个百分点；65周岁及以上人口15003万人，占总人口的10.8%，比上一年上升0.7个百分点。此外，我国投资驱动型经济增长能力正在减弱。投资对GDP的拉动作用正由2009年的8.1%下降至2016年的2.8%；国内总储蓄率也由2010年的50.9%下降至47.9%。

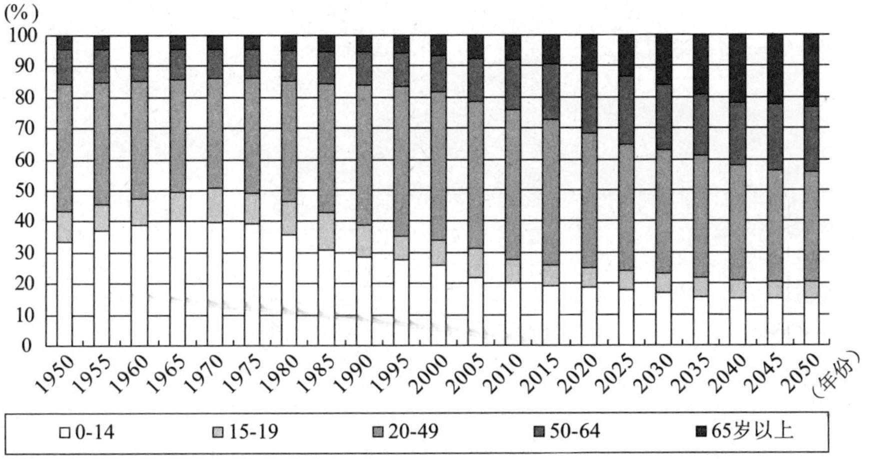

图3：中国人口年龄结构

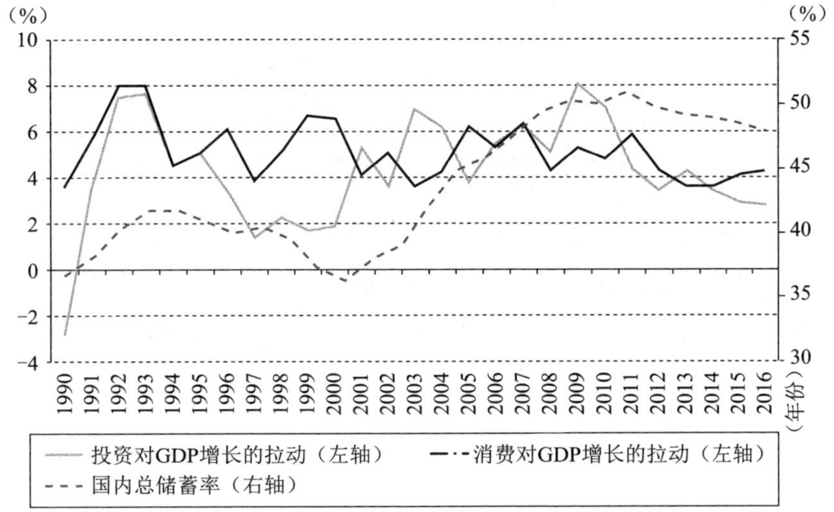

图4：投资、消费对GDP增长的拉动及国内储蓄率变动

（3）节能减排成为世界性趋势意味着资源消耗型经济难以维持。在能源供应方面，中国石油进口依存度已超过60%，并且随着居民消费升级、汽车消费量增加，工业化城镇化推进，石油消费量还将快速增加；在土地资源利用方面，2013年，中国人均耕地面积仅为1.2亩，不及世界平均水平的一半；在环境问题方面，虽然局部有所改善，总体尚未遏制，形势依然严峻，压力持续增大。

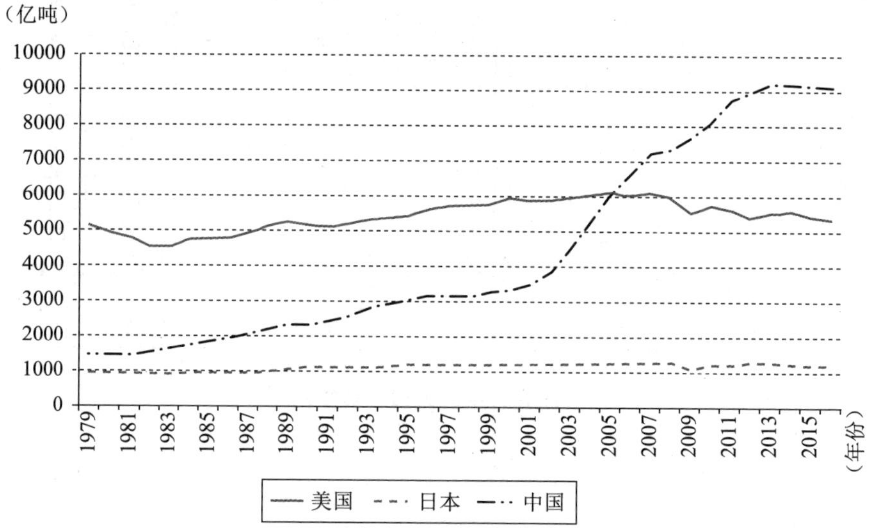

图5：二氧化碳排放量对比

（4）世界经济将进入低速增长，预示着出口导向必须转向内需扩大。2017年上半年，中国出口与2016年同期相比有明显增长，除了受全球经济边际复苏的影响，主要是基于商品价格回暖和过去的低基数效应。美国和欧盟是中国出口的第一大和第二大国家和地区，如果全球化的政策得以实施，中国出口将面临更大压力。

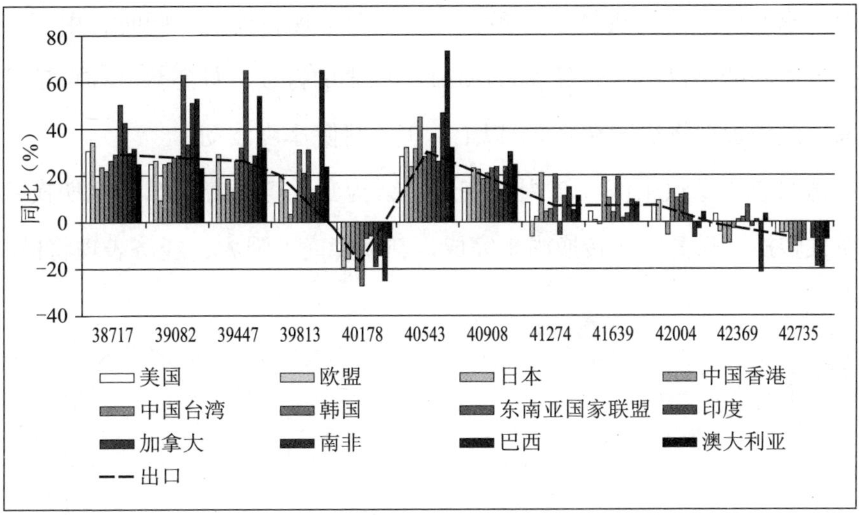

图 6：中国对主要地区出口

2. 中国经济触底是去产能的结果

从需求角度观察，总需求并不强劲。2017 年 1—8 月固定资产投资同比增长 7.9%，比 1—7 月回落了 0.5 个百分点，社会零售额同比增长 10.4%，与 1—7 月持平。仅出口有较好的表现，改变了过去两年出口负增长的局面。按人民币计，2017 年 1—7 月出口增长 14%，但按美元计只增长了 8%；8 月出口增速开始出现下滑，按人民币计，较上月下滑 3.9 个百分点，按美元计下滑 1.3 个百分点。

中国 PPI 的上涨，企业利润的增长主要来自供给侧去产能。以钢铁工业为例，2016 年去产能 6500 万吨，2017 年计划再去 5000 万吨。尤其 2017 年 6 月底，"地条钢"全面停止生产，剩余钢铁产能全部赢利。

3. 中国经济尚未出现新周期

经济周期是由需求变化引起的。目前看来，中国总需求仍不强劲，不会因需求驱动经济出现持续上扬，也就不会出现新周期。同时，由于供给侧去产能的结果也不太会延续自 2010 年以来的持续下行态势。在可预见的未来，经济表现将稳定在 6.5% 以上，但不排除季度波动。

结构变化导致中国经济周期变形。结构变化意味着新旧动能切换、新旧模式转换。只要这一转换尚未完成，新动能尚不强大，经济表现将横行。

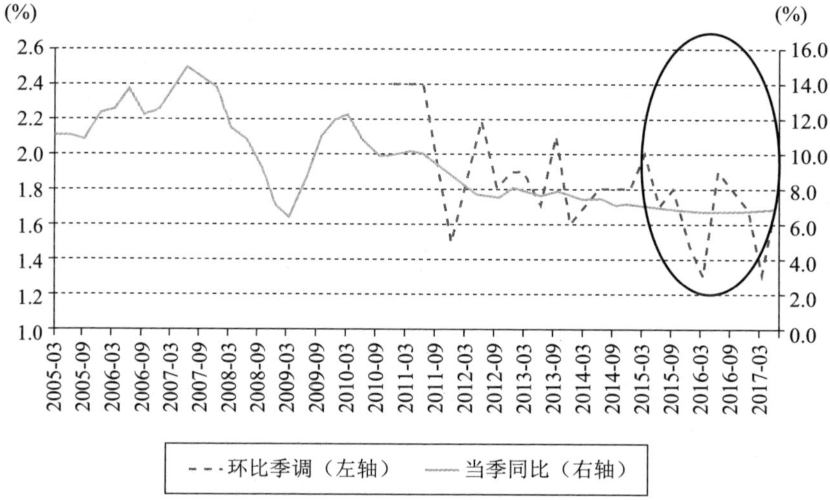

图 7：中国季度 GDP 走势图

二、未来宏观经济政策安排

1. 中国宏观经济政策的出发点

中国目前的经济政策要长期和短期相结合，在此基础上形成新的政策组合，具体反映在合理区间设置上。

（1）**短期稳增长**。中国经济目前告别两位数增长，下了一个台阶，在新的台阶是否能站住脚成为短期宏观经济政策的核心，即“稳增长”

问题。

（2）**长期经济发展。**从长期来看，有秩序地、平稳地实现可持续发展是增长的方向，这有赖于结构的调整，结构调整必须依赖改革。

2. 宏观调控的基本思路

宏观调控操作要领：经济表现合理区间内，总量政策稳定，财政和货币不发生方向性改变，预调，微调。政策重心在于结构调整。反之，经济表现不在合理区间内，则需要财政货币政策予以调控。要进行结构调整必须推进改革。

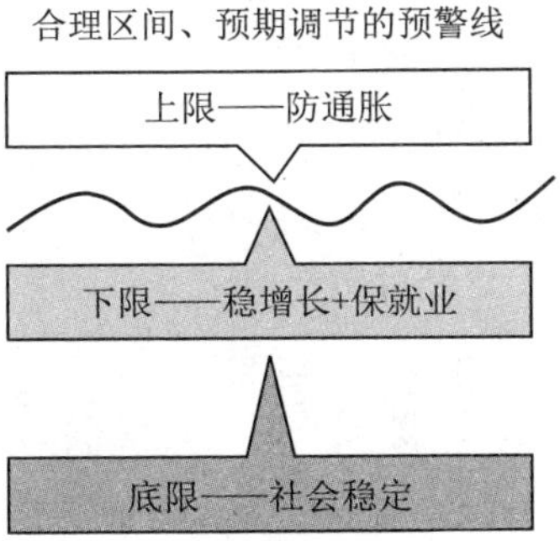

图 8：宏观经济政策框架

3. 我国经济趋稳态势明显

短期经济增长表现已经稳定，经济稳定的微观基础已经形成。从 2016 年第三季度开始，PPI 结束了连续 54 个月的负增长，企业利润结束了连续十几个月负增长，表明经济活动的主体，企业的销售转好，现金流和利润全面回升，经济稳定的微观基础已经形成。经济稳定使得杠杆稳定。产能过剩行业是高杠杆行业。通过去产能，使剩余产能价格稳定，盈利产生，提升还贷能力，杠杆开始稳定。

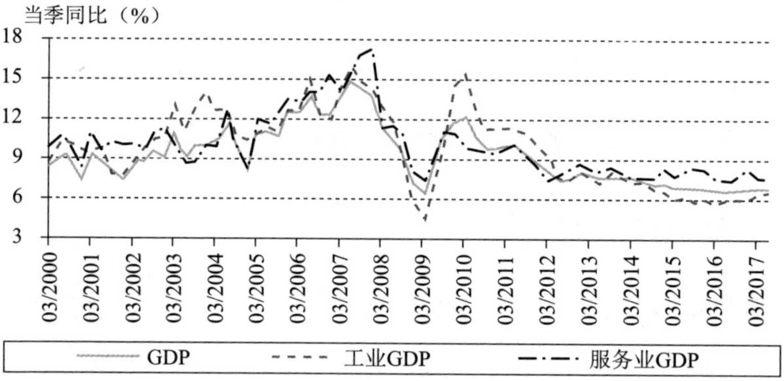

图 9： 主要部门 GDP 增速

资料来源：万得资讯，中银国际研究

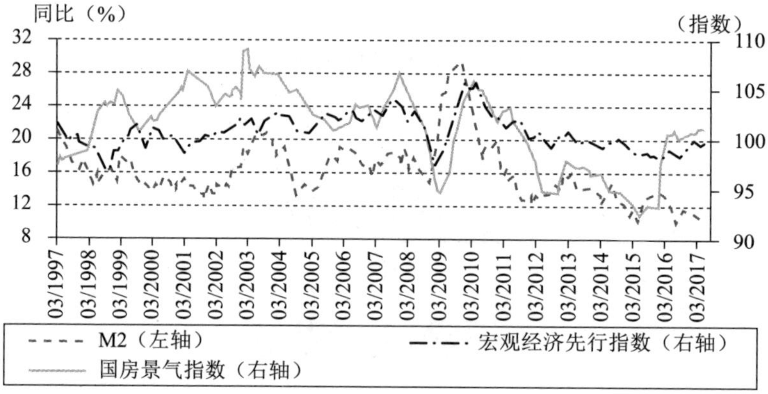

图 10： 经济领先指标

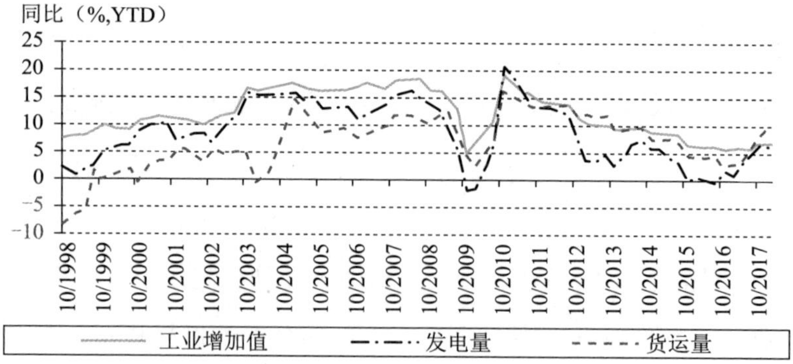

图 11： 工业产出与货运量

图 12：固定资产投资相关指标

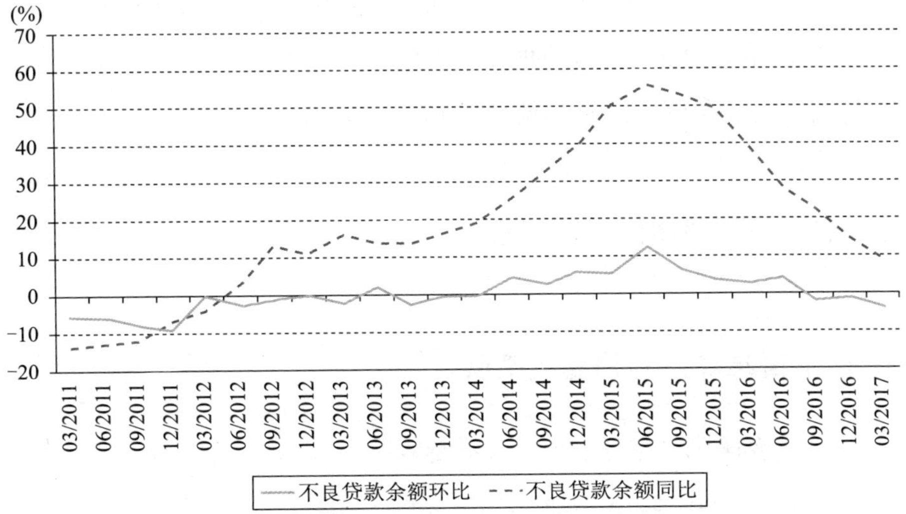

图 13：不良贷款余额变动

4. 通过实质性去产能来去杠杆成为政策重心

经济触底，意味着不需要为稳增长而采取大规模刺激政策，从而为实质性去杠杆创造了契机。除货币政策转为中性外，金融监管进一步加强，监管的重心是影子银行，而金融去杠杆的基础是经济去杠杆。目前 PPI 上扬，企业盈利回升，意味着前一段时间去产能取得进展。但由于过去去产能主要依靠停工停产，当价格回升，富余产能重新投入生产，致使价格再次下跌，企业经营依然困难，这意味着必须通过破产重组、收购兼并等企业资产负债表式的重组方式，使过剩产能彻底退出市场，即以去僵尸企业来实质性去产能。钢铁一项，在 2016 年去产能 6500 万吨的基础上，继续减少 5000 万吨。

5. 以十九大为契机供给侧结构性改革将加速

把降低国有企业杠杆作为重中之重，意味着国企改革必须深化。包括去僵尸在内，国有企业兼并重组将加速。严控地方政府债务增量，意味着财政体制改革必须深化。政府的支出责任和中央和地方政府的支出重新厘定，包括 PPP 在内的地方政府债务重组将加速。

三、中国经济可持续发展的前景

1. 中国经济结构调整成果初显

（1）城乡居民家庭可支配收入不断增加。我国城镇居民人均可支配收入由 2012 年的 24564.7 元增加至 2016 年的 33616 元；农村居民人均纯收入由 2012 年的 7916.6 元增加至 2015 年的 10772 元。

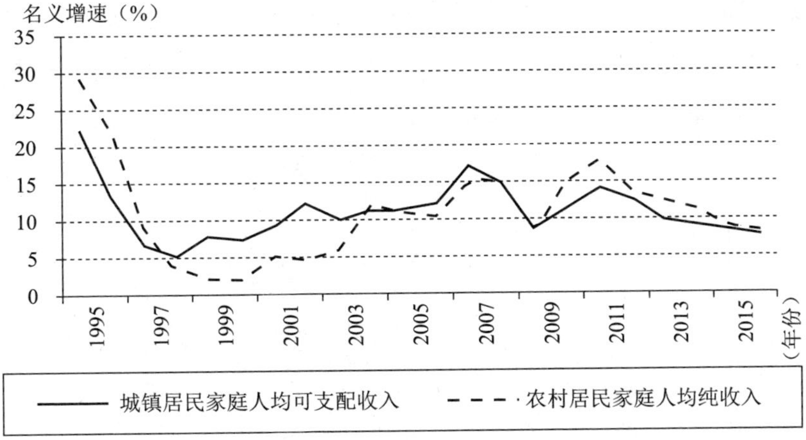

图 14：城镇、农村居民收入增长速度

（2）**研发投入不断增加**。2015 年，我国研发经费支出占 GDP 的 2%。2016 年，我国研发经费支出达到 1.6 万亿元，是 2010 年的 2.2 倍。

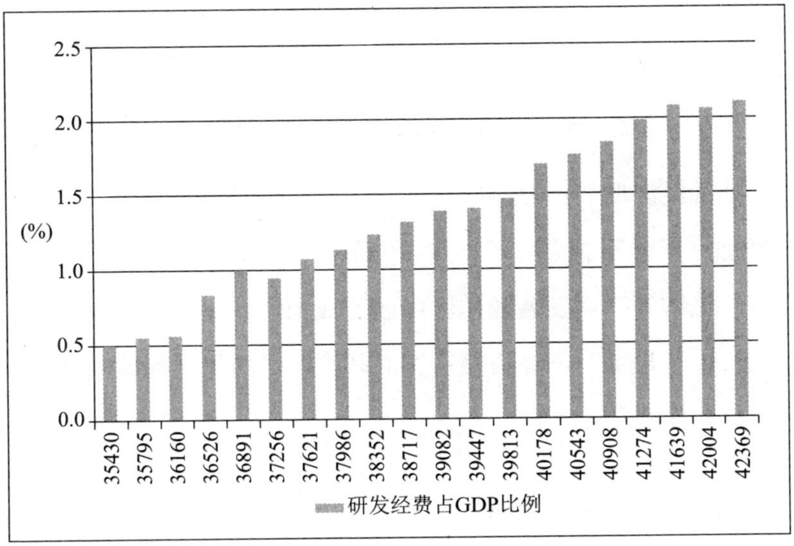

图 15：研发经费占 GDP 比例

（3）**服务业快速增长**。2016 年，我国服务业增加值 384221 亿元，比上年实际增长 7.8%，在三次产业中继续领跑，增速比第二产业高出 1.7 个百分点。服务业占 GDP 比重已上升为 51.6%，比上年继续提高 1.4 个百分点，比第二产业高出 11.8 个百分点。服务业对国民经济增长的贡献率为 58.2%，比上年提高 5.3 个百分点，比第二产业高出 20.8 个百分点。

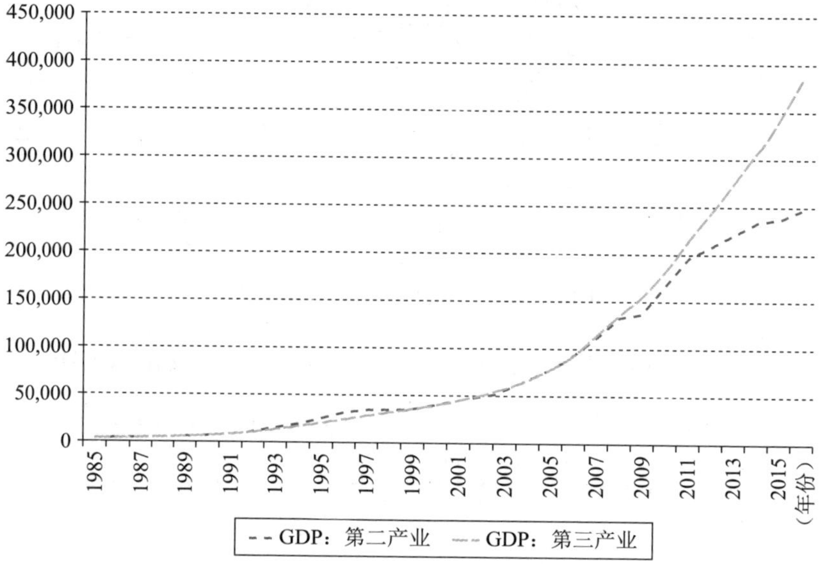

图 16：服务业增加值与工业增加值

（4）**新的经济增长点开始出现。**2016 年，通信器材、家具和装潢材料等消费增加；智能制造成为新亮点；向服务性消费转变，健康、教育、金融、养老、旅游等产业发展加速；中西部成为产业发展的新兴地区。宏观调控是为这些“嫩芽”产业提供适宜的环境，供给侧结构性改革的目的是培育这些产业长成参天大树。

2. 中国经济正在升级中

中国经济增长中高速，中国制造中高端。“十三五”期间是实现这两个目标的关键时期，也是新动能累积，新模式形成的关键时期，从而也是宏观经济表现平庸时期，却是改革加速、结构变动的时期。一是保持经济中高速增长，守住 6.5% 的经济增长底线，提高户籍人口城镇化率，提高服务业和消费的比重，实现产业升级。二是提高人民生活水平和质量，就业比较充分，就业、教育、文化、社保、医疗、住房等公共服务体系更加健全。三是国民素质和社会文明程度显著提高。包括公共文化体系基本建成，文化产业成为国民经济的支柱性产业。四是生态环境质量总体改善，包括提高能源资源开发利用效率，生产方式和生活方式绿色、低碳水平上升，主体功能区布局和生态安全屏障基本形成。五是各方面制度更加成熟更加定型，涉及国企改革、金融和财税改革、政府行为、对外开放等各个社会方面。

转型期中国经济所呈现的特点

苏薰燮　世界银行中国局国别业务主任

目前，中国的经济发展主要呈现出以下三个方面的特点：第一，经济增长速度在放缓，正处于再平衡状态；第二，出口对经济的拉动作用在减弱；第三，消费对经济增长的拉动作用在增强，强调消费对经济的引领作用。同时，中国正在向新的经济转型，在转型过程中将面临一些重要挑战。当然，挑战与机遇并存。

中国经济转型面临的挑战

总的来说，投资对经济的影响在减弱。通过对经济增长中资本投入的增加情况可以看出，投资的效用在不断降低，促进经济增长所需要的资本投入也越来越大。经济转型不仅需要服务业的转型，而且也需要制造业的转型。通过对比分析制造业和服务业的价格变化可以看到，二者的转型对于中国未来的增长都是十分重要的。所以，二者要共同发展，不能够厚此薄彼。虽然从总的趋势来看，服务业在经济增长中发挥的作用会越来越大，但是也不能忽视制造业的发展。

中国经济转型的巨大优势

可以看到，根据不同的指标来判断，中国拥有的庞大消费市场是比较突出的资源优势，也是中国具有国际竞争力的表现，这一点在现实中表现得非常明显。2007 年，与瑞士等国相比，中国有一些领域比较薄弱、亟待改善，比如基础设施等方面。在之后的十年里，中国通过对这些领域的改善，形成了经济增长的新的驱动力。

在过去的一二十年中，中国全面参与全球的供应链。中国已经成为世界的一个生产中心，同时中国在全球价值链的地位也在不断提升。中国出口产品的附加值不断增加，已经与很多发达国家的水平十分接近。总之，在利用出口来推动经济发展方面，中国做得越来越出色，值得其他国家参考和学习。

创新与技术进步影响中国经济转型

创新对于中国经济转型来说是至关重要的。中国的研发总投入和人均投入都非常高。一般说来，通过分析一个国家的研发投资总量以及研发投资总量占 GDP 的比重，就可以比较合理地预估一个国家的发展前景。中国在教育上的总投入、每万人的教育投入等指标的上升速度非常明显，正在不断接近美国、日本和韩国的水平，这些投资在未来一定会对中国的经济增长产生积极的效果。中国拥有数量庞大的高校毕业生，这是未来提高创新能力的一个基石。然而，与一些发达国家相比，中国在教育方面的投入还是相对较低。中国的劳动力市场情况以及劳动者技能情况还有很大的发展空间。中国仍需要继续加大教育投入，进而提升劳动力市场的整体劳动技能水平。

技术进步对中国经济转型的影响也是一个核心问题。在全世界范围内，由于技术进步的影响，劳动力技能水平出现了分化，中等技能劳动力的工作机会在下降。实际上，中国劳动力市场正向两极发展，不仅需要低技能的劳动力，更需要高技能的劳动力。因此，这个现实情况对于中国的教育体系也有一定的启示。

原有的增长模式对中国未来经济增长的促进作用已经越来越小，中国需要进一步提高劳动生产率，并实现经济转型。具体来说，需要从以下六个方面着手：第一，进一步提升劳动质量；第二，加快科技的发展；第三，制定新的产业政策；第四，发挥国有企业的作用；第五，促进新技术的发展；第六，加快现有产业的更新和转型。

以上这些对于中国的经济转型来说非常重要，各地政府要积极开展措施。比如，在中小企业发展、服务业开放方面。政府需要做的就是通过对本国或本地商业环境的评估，找到本国或本地在运营环境、生态环境等方面的优势，积极发挥比较优势来吸引更多的投资。

日本经济的危机与中国的政策选择

土井俊范　日本财务省财务综合政策研究所所长

中国进入了发展的新时代。在这样一个历史的十字路口，中国在迎接巨大发展机遇的同时，也面临着很多挑战。十九大报告强调，中国经济发展要从重速度转向重质量，要加强生态文明建设，要继续深化改革开放，使市场在资源配置中起决定性作用。所有这些都是朝着正确的方向开拓，也为市场经济的发展指明了道路。

中国经济进入新阶段面临的挑战

过去遗留的一些问题还须加以解决，这样才能保证中国经济更快更好地进入一个繁荣发展的新时代。过去，中国经济还存在一些问题，比如产能过剩、信贷过度、房地产市场过热、影子银行、财税问题以及地方政府收入问题等，同时还存在一些潜在的问题。

由于这些问题以及解决这些问题的措施都是紧缩性的，因此一些不负责任的人在评价中国政府的政策时，可能会产生一些消极的态度，并担心这些政策可能对经济产生不利的影响。

日本“遗失的十年”

同中国政府一样，日本政府在解决这些问题的时候，也不希望采取激烈的手段，而是尽量采取渐进的方式。比如日本当初针对去产能所采取的措施，从长远来看可能并没有达到预期效果，因为日本经济在20世纪80年代末至90年代初产生了泡沫，状况非常糟糕。经济泡沫破灭之后，日本政府也采取了一系列补救措施。20世纪90年代之后的日本经济实际上已经停止了增长，所以，这段时间也被称作“遗失的十年”。

日本经济过去也面临通货紧缩，日本当时也采取了一系列有效的措施来解决问题，同时也没有对市场造成严重的影响。20世纪90年代，日本经济遇到危机时，日本政府再次希望采取过去的措施来解决问题。但是，此时日本的经济环境发生了巨大变化。首先，日本经济完成了追赶美国和欧洲的阶段，在此之后，日本必须依赖本国的创新来维持经济的继续增长。20世纪90年代日本的工业出现了振荡，日本经济从高增长阶段进入中速增长阶段。其次，日本还面临人口老龄化问题，劳动人口开始减少。所有这些问题综合起来，就导致了日本经济潜在增长率的疾速下降。20世纪末，日本经济的增长率通常只有5%，这也表明日本进入了一个低增长时期。

总之，日本当时政策的前期假定是扭曲的，日本政府并没有认识到本国经济已经进入了特殊时期，还在采取与过去一样的措施来解决问题，从而导致了之后更多的经济困难。此外，日本虽然也在20世纪80年代进行了金融市场的自由化改革，包括利率自由化改革和汇率自由化改革，但结果都不是十分理想，这意味着日本政府在金融市场上也失去了控制。

中日两国新发展阶段的对比

通过将中国目前的情况与日本20世纪90年代的情况进行对比，可以发现，两者之间既存在相同之处，也存在一些差异性。

相同之处在于，当中国经济发展取得成功之后将失去追赶对象，中国最终就会进入依靠本国自身创新发展的阶段。但人口老龄化也会给中国经济的发展带来一定困难，最终有可能导致的结果是：即使劳动力增长也不会成为刺激经济的因素。

差异性在于，中国正在进行传统产业的优化升级，正在加快发展现代服务业。这种渐进性的做法是十分有效的，可以维持6%～7%的经济增长率。同时，中国政府对市场还有较强的调控能力，可以很好地应对各种局势，能够有效避免破坏市场经济平稳发展的情况出现。

中国经济发展新阶段的政策选择

虽然中国有能力避免经济出现大的振荡，但是这些问题的存在不利于今后经济的良性发展。同时，经济转型越向后推迟，最终的转型阻力会越大，从而对经济造成振荡的可能性也越大。但如果没有长远的规则和计划，仓促采取措施进行解决的话，可能会造成近期经济状况的不稳定；如果现在仅仅采取一些温和保守的解决措施，那么以后再进行转型和调整所带来的振荡可能会更大。总之，在经济转型和调整的力度与时机方面要把握住理想的平衡点。

从短期来看，中国经济的发展还有很多可操作的空间，同时也还有很多政策工具可以加以利用。总之，完善市场经济体制是一个漫长的过程，也面临一系列复杂的问题，这些问题必须尽快加以解决，不能等、不能拖。对于中国的决策者来说，要在短期的经济稳定与长期的经济可持续发展之间做好权衡。

当然，中国政府在过去制定重大经济政策的表现给世界带来了很多惊喜。我们也希望中国政府继续像过去一样克服困难，带领中国进入一个更加光明、更加具有前途的新时代。

加快完善中国市场经济体制需要解决的问题

菲贝尔　德国斯拜尔公共行政大学教授

中国一直都在通过改革来不断完善市场经济体制。与中国不一样的是，德国改革的初始总是非常艰难，中国有很多的改革经验值得德国借鉴。

十九大报告向全世界展示了中国非常开放的态度。习近平总书记特别讲到，市场经济需要“有形的手”来避免资本主义的消极影响。自马克思时代以来，资本主义制度没有发生本质性的变化。生产扩大和资源分配都要依靠市场的力量，但是市场有时也会失灵，需要政府来做补充。现在，中国将继续坚持全球化、坚持对外开放，中国在全球化方面还将起到重要的引导作用。

总的来说，加快完善中国市场经济体制主要需要解决以下三个方面的问题：第一，公共债务和基础设施问题；第二，区域发展不平衡问题；第三，政府间的财政关系改革问题。

公共债务和基础设施问题

国内基础设施建设对一国的经济发展具有重要的促进作用。不仅是“一带一路”沿线国家，中国本身也需要更多的基础设施建设，贫困地区要与非贫困地区连接。大城市的发展、教育卫生事业的发展等都需要基础设施建设。然而，一些基础设施项目都不是由中央政府进行投资的，而是由地方政府投资建设，地方政府在获取相应建设资金方面有较大的困难。从理论上来说，地方政府可以通过借贷来解决基础设施建设的资金问题，待建成之后依靠项目收费来支付贷款。但由于金融危机的影响，以及资本市场存在较强的相互关联性，导致贷款的风险比较大。国际经验表明，基础设施收费要非常谨慎。在欧洲，很多国家把 GDP 的 0.25% 用于公共投资。在中国，地方政府可以通过公共借贷来进行基础设施建设，并创造 GDP。同样地，德国地方政府也有隐性债务，还贷风险非常大。德国有些地区的经济在不断衰退，有些地区的人口在不断减少，这些地方通常无法对贷款进行偿还。

因此，需要对不同地区采取不同的监管方式，同时也要考虑隐性的公共债务。中国很多省级养老基金存在现收现付、空账运行的状况，未来养老金并不取决于现在的收支状况，将来养老金可能面临难以兑现的难题。因此，公共债务需要有更好的监管。各国需要共同努力，携手解决公共债务这个国际共性问题。

区域发展不平衡问题

从经济学角度来看，区域发展不平衡主要有两方面的原因：第一，有些地区是农业区，以传统农业经济为主；第二，有些地方工业生产非常发达，城市化水平很高。这两个原因造成了不同地区间的分化。现在德国有些地区的生产力在下降，比如，过去盛产煤的鲁尔区开始衰败。德国政府也采取了很多措施来促进区域间的均衡发展。然而，相关的促进区域间均衡发展的政策措施都需要资金的支持，也必须通过权力下放来具体推进。

政府间的财政关系改革问题

这种经济结构的变化是区域性现象，不是全国性现象。中央政府的垂直转移支付和专项拨款无法解决贫富省份之间的财政差距，同样也无法解决贫富市县间的财政差距。因此，需要对政府间的财政关系进行改革，应该建立一种多层次的财政均等化制度，或者是通过适当的税收体制，向地方一级下放更大的财权。德国正在进行这方面的改革，增值税占整个财税收入的35%左右，其中的50%下放到了各个州，这是财政均等化的一种手段。这种制度不仅可以解决财权的问题，还适用于基础设施建设、扶贫或者经济结构调整。当然，这种财政均等化的方式需要在法律上加以确定，并以透明的方式来具体执行。

同时，也要进行不同级别的税收改革，通过建立一个均衡的税收制度，让中央和地方能够分享税收收入。在德国，由于省市一级的政府非常强势、不愿意放弃自己的税收，导致很难进行财政均等化的改革。虽然这类改革推进艰难，但是各国政府应该设计相应的改革方案，努力做到共赢。

新加坡建设现代化经济体系的经验与启示

陈企业　新加坡国立大学李光耀公共政策学院亚洲竞争力研究所所长

在很多人的意识里，新加坡是一个小国。新加坡国内也在对此进行争论，新加坡到底是不是一个小国？从地理上看，新加坡国土面积的确很小，但是从其他国际指标来看，新加坡又可以说不是一个小国。2017 年 9 月，国际货币基金组织发布的资料显示，新加坡是全世界吸引外来投资量第一大国，达到 750 亿美元；第二大国是中国，达到 450 亿美元；第三大国是印尼，达到 120 亿美元。将外来投资贡献到其他国家，第一大国是日本，达到 2640 亿美元；第二大国是新加坡，为 2170 亿美元；第三大国是美国，为 1340 亿美元。仅有 560 万人口的新加坡，为什么吸引外来投资居世界第一，贡献外来投资居世界第二？对此，我想谈谈新加坡建立现代经济体系的几点看法。

新加坡特色的社会邦城经济

新加坡推行的不是西方全面自由经济，不是华盛顿共识的资本主义，而是有新加坡特色的社会邦城经济。在不同的发展阶段，新加坡都始终关注贫富分化问题，因为新加坡是一个居者有其屋的国家，政府对老百姓发放就业补助金，所以，新加坡的基尼系数相对较低。

推动数码经济

新加坡设有未来经济委员会。我们看到，中国的数码化，如支付宝，在迅猛发展，所以新加坡未来经济委员会第七个策略中的第四条，就是要推动数码经济，尤其是针对中小企业。我们认为，如果没有政府扮演积极的作用，数码经济时代带来的贫富悬殊影响可能比全球化还要严重。究其原因，中小企业与跨国公司没有办法在同一个平台竞争，所以政府必须“伸出手”。第一，根据《世界竞争力年报》的数据显示，新加坡的数码经济在世界上的竞争力排在第一位。第二，关于新加坡政府的电子化水平。新加坡的数码经济在很多方面的行动比中国缓慢。在生产力、创新方面，新加坡还是比欧洲大部分国家，以及日本低了一点。

中国经济影响的比重逐渐增大

第一，与发展中国家的增长率比较。发展中国家的 GDP 增长水平比较高，但自从 2010 年后，新加坡 GDP 的增长率已非常接近发展中国家了。第二，经济周期的改变。我们做一个形象的比喻，如果西方发达经济体打了一个喷嚏，新加坡就要感冒。因为我们的经济周期是紧密连在一起的。但是，自从 2012 年以后，经济周期已经开始不一样了。究其原因，最大的影响是来自中国经济的比重越来越大。

发挥政府作用

随着新加坡经济不断转型，政府必须扮演更重要的角色。首先，新加坡政府要提供一个有竞争力的国际贸易环境，提供较好的基础设施，以及科技与创新的保障，并且必须提供有效的、能够负担得起的公共服务。民生问题未来可能会左右整个亚洲的发展，如果公共服务做得不好，政府就很难得到支持。APEC 过去太关注跨国公司，现在开始重视中小企业，因为中小企业是解决贫富悬殊最有效的渠道。在很多国家，60% ~ 70% 的就业都是来自中小企业。其次，对于经济结构转变带来的阵痛。目前，中国的去产能开始看到成效，去产能到了某一个程度，对价格是有帮助的。如何让技术不落伍应当成为下一步考虑的重要问题。针对这一点，新加坡也在推动数字技术的创新、企业的国际化等。

“一带一路”倡议是未来改变亚洲，甚至改变整个世界的一个重要的大格局策略，新加坡是“一带一路”的既得利益者，因为中国与新加坡共同组成枢纽。在“一带一路”进程中，新加坡也是积极的推动者。

北欧模式对中国经济的借鉴经验

米沃尔德　挪威城市区域研究所研究主任

挪威的地理位置几乎接近北极，历史上曾经是欧洲最穷的国家。现在，挪威逐步蜕变为世界上最富有的国家之一。挪威人民的幸福指数最高，这听起来像是一个童话故事。那么，中国是否可以从这个接近北极的国家的“童话故事”里借鉴经验？

没有一个国家会完全复制另一个国家的体系，但是一个国家的发展可能会对中国的发展有启发和激励作用。我想谈两点，一是与挪威的发展、北欧的发展模式有关；二是与挪威的石油基金有关。现代化金融体系有什么作用？在我看来，第一，它保障了人民的福祉，它在财富的分配方面是公平有效的；第二，它能够带来稳定的增长，能应对各种危机；第三，它的发展考虑到下一代的利益。

完善的社会保障体系

在挪威以及其他的北欧国家，我们成功地找到了适合本国的发展模式。挪威人的工资收入差距是最小的，同时也享有世界上最好的社会保障体系，因为挪威的保障体系是基于税收的，而且是普惠的、全民享有的，不需要个人支付养老金。此外，挪威的就业率很高，尤其是女性就业率，有强有力的工会在协调工资上发挥着重要的作用，所以挪威很少有人罢工，也很少有各种社会冲突，这和美国的福利和社会保障体系完全不同。我们也看到，美国人收入不均，两极化较为严重。美国收入总体水平紧跟在挪威之后，但贫富差距较大，美国人民的不安和矛盾，显然与贫富差距有很大关系。

慷慨的福利体系和适当的资本主义竞争制度

挪威经济的独特模式在于：拥有一个非常慷慨的福利体系，而且有合适的资本主义竞争制度，它给挪威人民带来了利益和福祉，同时提高生产率，促进了经济增长。很多人认为，这种福利社会制度也许与资本主义的本质相冲突，而事实并不是这样的。我们看到这种体系将社会不安因素与政治两极化的程度压缩到最小。所以，我们在挪威以及其他北欧国家那里看到的是，工人受到良好教育的支出相对来说很小。

挪威的石油基金

因为挪威养老基金、失业基金是世界上最大的主权基金，归政府所有，主要由挪威财政部所有并具体管理，也称之为石油基金。总体来看，石油基金的收入来源于挪威的石油产业，以及针对挪威石油公司的税收。由于挪威的这些石油公司要付很高的税，勘探石油资源需要申请执照，他们还要支付相关的执照费用。还有一些收入是来自国有股份占有一定比例而产生的利润，这些都是挪威政府的收入来源。这种基金也不一定完全来自于石油基金，比如，在中国也有很多其他的收入来源，那么中国也可以建立这样类似的基金。世界上最大的主权基金是挪威的石油基金，现在它的总值接近 75000 亿元人民币，这就意味着现在如果平均分到挪威公民的头上，每个人能分到接近 100 万元人民币，建立这个基金是为了让下一代人也能够分享通过石油获得的财富。

石油基金还有一个更重要的功能，那就是稳定整个国家的经济局面。石油基金在挪威国内和国外都有投资，如果全部都投资在国内的话，可能会完全摧毁挪威的经济，那样的话将会有非常高的通化膨胀率，所以挪威石油基金把很大一部分的资金都投资在国外。从 20 世纪 90 年代开始，石油基金的总额增长和价值增长情况十分乐观，现在它的总额已经超过挪威 GDP 的两倍。

在挪威国内，关于如何使用、用多少石油基金有很多不同的讨论。总体来讲，对于石油基金，主要是为未来准备的。虽然挪威现在也面临老龄化和全球范围内日益增长的贸易保护主义等问题，但挪威经济总体上受到的影响很小，因为挪威劳动力参与程度很高，退休年龄也很高。在挪威，大部分人在 65 ~ 67 岁退休，有的人甚至到 70 岁才退休。这意味着除了极少数的情况外，比如警察之类的职业，大部分人在理论上都可以到 70 岁才退休。挪威拥有丰富的自然资源，有受过良好教育、并得到合理报酬的劳动力，有公平的福利制度，有强有力的政府财政资源，所以这也使得挪威从几十年前欧洲最贫穷的国家成为最富有、人民最幸福的国家之一。这种北欧模式在福利以及均衡收入分配等方面，可能会对其他国家起到一点参考作用。

经济转型升级中的中国与世界

迟福林　中国（海南）改革发展研究院院长

中共十九大提出，中国进入发展新时代，社会主要矛盾发生历史性变化。面对人民日益增长的美好生活需要和不平衡不充分的发展之间的矛盾，需要推进经济转型升级，建设现代化经济体系，推动中国经济发展走上高质量、可持续的新路子。作为世界第二大经济体，中国的经济转型升级具有国内国际的双重意义。它在推动自身转型发展的同时，也正在促进全球的经济复苏与经济增长，为全球经济转型发展和全球经济治理变革注入新活力。

一、经济转型站在历史新起点，要以经济转型升级为重点推动经济由高速增长向高质量发展转变

中国是一个转型发展的大国。分析中国经济发展前景及其对世界经济的影响，离不开对经济转型升级趋势的判断。新阶段的经济转型，主要目标是建设现代化经济体系，实现经济增长由高速向高质量的升级。

1. 经济转型升级正处在历史关节点。经过近 40 年的改革发展，中国总体上进入工业化后期，经济转型升级呈现历史性特点。例如：产业结构正由工业主导向服务业主导转型。2017 年前三季度服务业占比达到

52.9%[①]，预计到2020年有可能接近或达到60%左右。更重要的是，在服务型经济比重不断提升的同时，新产业、新业态、新模式不断涌现，成为助推产业变革的新动能；消费结构正由物质型消费为主向服务型消费为主转型。估计到2020年，城镇居民服务型消费比重将由目前的40%左右提高到50%左右，中国正在进入一个“新消费时代”；城镇化结构正由规模城镇化向人口城镇化转型。预计到2020年，常住人口城镇化率有可能由2016年的57.35%[②]提高到60%以上。新型城镇化和乡村振兴融合并进的趋势明显增强。

2. 经济转型升级蕴藏着巨大的发展潜力和市场空间。建设现代化经济体系，就是要在经济转型升级的新趋势、新结构下形成新动能、新增长。例如：产业结构升级将倒逼不断提高供给体系质量。初步估算，到2020年，中国服务业规模有可能从2016年的38.4万亿元人民币[③]增加到50万亿元人民币左右，由此将显著优化经济结构，不断拓宽新的增长空间；消费结构升级将不断创造增长新动能。13亿人消费潜力的释放，将形成一个巨大的新增市场。初步估算，到2020年，社会消费品零售总额有可能由2016年的33万亿元人民币[④]增加到50万亿元人民币左右。更重要的是，13亿人的消费结构升级已经并将继续成为产业变革、新经济发展的重要动力。这对中国和全球来说，都是一个重大利好；城乡结构变革将释放农村大市场的潜能。未来5～10年，城乡一体化和城乡融合发展，将形成近百万亿元人民币的投资与消费需求，成为中长期发展的“最大红利”。

---

① 国家统计局：前三季度国民经济稳中向好态势持续发展，国家统计局网站，2017-10-19。

② 国家统计局：《中国统计摘要2017》，北京：中国统计出版社，2017。

③ 同上。

④ 国家统计局：中华人民共和国2016年国民经济和社会发展统计公报，国家统计局网站，2017-02-28。

3. 产业变革助推经济转型升级。全球范围的新一轮科技革命与中国经济转型升级交汇融合，形成建设现代化经济体系的新动能。例如，作为新经济大国，中国数字经济在过去几年快速发展，成为产业变革的突出亮点。首先，数字经济加快推动制造业的转型升级。当前，涌现了一批具有标志性意义的重大科技成果，涌现了一批新产业、新业态，数字技术开始深度融入传统制造业变革之中，引领传统产业转型。其次，数字经济发展加快创新驱动进程，创新创业成为转型发展的新引擎。估计到 2025 年，中国信息消费总额将达到 12 万亿元人民币，电子商务交易规模将达到 67 万亿元人民币左右[①]。以新经济为重点的产业变革将推动经济增长方式从以资源要素投入为主向创新和科技驱动为主转变，形成“中速—高质”增长的新格局。

4. 经济转型升级不仅决定增长速度，而且决定增长质量。在内外发展环境发生深刻复杂变化的背景下，中国经济总量从 54 万亿元人民币增长到 80 万亿元人民币，重要原因就在于经济转型与结构升级有明显进展。未来 5 ~ 10 年，产业结构、消费结构以及城镇化结构的变革和升级，仍将带来巨大的叠加效应，预计经济增速不会低于 6%，对全球经济增长的贡献率将保持在 30% 左右。更重要的是，经济转型升级有助于提高经济增长质量。例如：新增长的就业弹性明显提升。2012—2016 年，GDP 每增长 1 个百分点，吸纳的非农就业达到 170 万人，这比 2009—2011 年多吸纳 30 万人[②]。随着服务业占比的提升，每增长 1 个百分点将吸纳更多的就业。新增长促进着社会结构的优化：未来 5 ~ 10 年，中等收入群体占比有可能达到 50% 以上。新增长降低对资源环境的依赖：初步估算，2020 年如果服务业占比不低于 55%，能源消耗量有望下降 14% 左右，二氧化硫（SO_2）有望减排

---

① 2025 年中国信息消费总额将达 12 万亿元，中国经济网，2016-07-31。

② 深入推进供给侧结构性改革 新动能打开就业新空间，央视网，2017-08-20。

18% 左右。由此，走出一条经济转型升级与环境治理相互促进的绿色发展之路。

二、经济转型升级是一场深刻变革，要按照经济转型升级的内在要求深化供给侧结构性改革

经济转型升级的本质是创新变革，核心是发展实体经济，关键是使市场在资源配置中起决定性作用和更好发挥政府作用。这就需要深化供给侧结构性改革，推动经济发展质量变革、效率变革、动力变革。

1. 以着力发展实体经济为重点加快企业制度变革。十九大报告强调，“建设现代化经济体系，必须把发展经济的着力点放在实体经济上，把提高供给体系质量作为主攻方向，显著增强我国经济质量优势”。当前，经济转型升级的突出矛盾是重大结构性失衡，主要表现为实体经济结构性供需失衡、金融和实体经济失衡、房地产和实体经济失衡。深化供给侧结构性改革要聚焦振兴实体经济发力、聚力。例如，要推动企业制度的变革，加快产权保护制度化、法治化进程，以形成稳定扩大民间投资的良好制度预期；要按照加快“培育具有全球竞争力的世界一流企业”的目标，加快发展混合所有制经济；要按照“国有资本做强做优做大”的要求，改革国有资本授权经营体制；要尽快形成保护企业家创新创业收益的制度安排，以激励和保护企业家精神，鼓励更多社会资本投身创新创业。

2. 以打破垄断为重点推进营商环境建设。优化营商环境是参与全球经济竞争的现实需求，是激发国内市场活力、振兴实体经济的重中之重。这就需要“打破行政性垄断，防止市场垄断”，“清理废除妨碍统一市场和公平竞争的各种规定和做法”。例如，要以服务业市场开放为重点，全面实施市场准入负面清单制度，在创新市场准入制度方面取得新突破；要破除服

务业领域的行政性垄断和市场垄断，释放服务业发展的巨大潜力；要完善国家中小企业发展促进机制，形成维护中小企业发展的公平竞争市场环境；要进一步加大减税降费的力度，实质性降低企业的制度成本。

3. 以监管变革为重点纵深推进简政放权。总的来看，经济运行中经济金融风险的形成和积聚，与政府的监管体制变革滞后、监管不到位直接相关。防止各类经济风险的发生，守住不发生系统性金融风险的底线，需要加快推进监管转型与变革。例如：要尽快实现由分业监管向混业监管的过渡，建立综合性金融监管体制；要尽快形成统一的国家反垄断体制，强化反垄断的权威性、统一性，建立既适用于内资又适用于外资，法治化、规范化的反垄断体制；要尽快完善统一权威的食品药品监管体制，以形成与全社会消费结构升级相适应的市场环境。

三、经济转型与扩大开放相融合，要适应经济转型升级与对外开放的新形势，推动形成全面开放新格局

当前，经济转型升级与扩大开放直接融合，经济转型升级的双向影响显著增强：中国从高速增长走向高质量发展，从主要依赖于资源要素投入走向主要依赖于科技创新，需要发展更高层次的开放型经济；全球经济复苏与经济增长，需要中国转型发展不断创造新的市场空间；经济全球化、区域一体化离不开中国的参与和推动。推动形成全面开放新格局，将赢得国内发展与国际竞争的主动，使中国继续成为全球经济增长的重要贡献者。

1. 以“一带一路”为重点形成双向互济的开放格局。在经济全球化新的十字路口，“一带一路”为经济全球化与区域经济一体化提供了新动力、新平台。中国进入发展新时代，以“一带一路”建设为重点扩大开放，重在加快形成与沿线国家和地区双向互济开放的新格局。例如：以“一带一

路”建设推动国际贸易发展。“一带一路”不仅为沿线国家和地区带来大量基础设施投资，而且能够明显降低各区域之间的贸易成本。未来 5 ~ 10 年，打通“一带一路”在陆上、海上、空中的贸易流、物流、资本流、人流、信息流通道，形成放射性、网络化的互联互通布局，将加快建设连接中国与贸易伙伴的经济大走廊，提升贸易物流便利化水平。实践表明，中国与“一带一路”沿线国家和地区共建基础设施给相关国家和地区经济发展带来的“溢出效应”，已超出基础设施投资收益本身，它将促进经济全球化进程与中国经济转型升级。

2. 以服务贸易为重点发展更高层次的开放型经济。中国推进经济转型升级，需要加快从以货物贸易为主向以服务贸易为重点的开放转型。预计到 2020 年，服务贸易占对外贸易比重将由 2016 年的 18% 提高到 20% 以上，发展服务贸易成为开放转型的突出特点和重大任务。要推进服务项下自由贸易进程。从不同区域的特定优势出发，支持具备条件的地区率先实行旅游、健康、医疗、文化、职业教育等服务业项下的自由贸易政策。要推进服务贸易的双向开放进程。一方面，中国全面实行准入前国民待遇加负面清单管理制度，大幅度放宽市场准入，扩大服务业对外开放，优化区域开放布局，提高国内自贸试验区水平，在某些具备条件的地区探索建立自由贸易港；另一方面，国际社会、特别是发达国家，需要扩大对中国的服务贸易市场开放，包括环保等高技术市场的开放。加快服务贸易的双向开放，有助于国内经济转型升级形成的大市场与国际先进技术的有效对接。这将裂变出巨大的能量，形成经济全球化的新动力和全球经济增长的新活力。

3. 以务实推进自由贸易区网络建设为重点，坚定推动经济全球化进程。务实推进自由贸易区网络建设，既是中国经济转型升级的客观需求，又是促进全球自由贸易进程的重大战略。例如：面对全球深刻复杂变化新形势，要主动推进多种形式、不同层次的自由贸易区网络建设，以点连线、以线带面重点突破，成熟一个推进一个，努力实现自由贸易的新突破，不断形成经济全球化的新动力。在经济全球化的新背景下，有的国家试图复活TPP，这不是理智和务实的选择，也难以达到主导者的目的。

中国经济转型升级正处于重要的历史关口。赢在转折点，以转型赢得未来，不仅是建设现代化经济体系的务实选择，也是中国对经济全球化的重要贡献。从国内看，它将对经济增长方式、经济结构升级带来深远影响，并将明显提升经济增长质量。从国际看，中国经济转型升级的全球影响显著增大：它形成的巨大内需市场将成为全球经济复苏增长的突出亮点；它推动的自由贸易新格局将加快促进经济全球化进程与全球经济治理变革。

第二编

深化供给侧结构性改革

新时代、不平衡与供给侧结构性改革

贾　康　华夏新供给经济学研究院首席经济学家

中国共产党第十九次全国代表大会上，习近平总书记代表第十八届中央委员会向大会所作的报告中，深刻指出中国特色社会主义进入新时代，科学标定了我们所处的历史方位和时代坐标，提出我国社会主要矛盾已经转化为人民日益增长的美好生活需要和不平衡不充分的发展之间的矛盾。这些重要论断，成为以深化供给侧结构性改革为主线推进现代化宏伟事业的战略性认识依据和设计指导方略的关键性原点。

"新时代"：与时俱进中的历史方位新判断、新指南

报告明确指出，"经过长期努力，中国特色社会主义进入了新时代，这是我国发展新的历史方位"。这个新时代的显著标志，是中国共产党领导人民历经近百年的奋斗，终于使近代以来久经磨难的中华民族，迎来了从站起来、富起来，到强起来这一历史飞跃。我们比任何时候都更接近、更有信心和能力实现中华民族伟大复兴的现代化"中国梦"目标。

这一关于新时代、新的历史方位与历史起点的新判断，也对应着新时代中国特色社会主义思想的确立及其基本方略的系统化设计。这一马克思主义中国化的最新成果和党与人民实践经验和集体智慧的结晶，将成为全

党全国人民为实现中华民族伟大复兴而奋斗的行动指南。

"不平衡"：关于我国社会矛盾的新判断、新分析

改革开放新时期，我们党重新确立实事求是的思想路线，以 1981 年十一届六中全会的表述为标志，对我国社会主要矛盾的认识，回归了党的八大认识框架，表述为"人民日益增长的物质文化需要同落后的社会生产之间的矛盾"。基于进入"新时代"的历史方位新判断，十九大报告明确提出了"我国社会主要矛盾已经转化为人民日益增长的美好生活需要和不平衡不充分的发展之间的矛盾"的新判断。这一重要判断对于我们在新时代继续推进社会主义现代化事业，具有统领和指导全局的理论支柱作用。

从基础理论层面分析，社会主义的生产目的是为了最大限度地满足人民群众不断增长的物质文化生活需要，即以解放生产力形成有效供给来不断满足社会需求。原来在十一届六中全会上所形成的社会主要矛盾的认识，抓住了这个供需的"对立统一"关系，指引我们坚定地以经济建设为中心推进"三步走"现代化战略。而十九大形成的关于社会主义矛盾的新判断，在延续原来需求与供给间对立统一认识框架的基础上，顺应新时代，明确地把原来的定义表述，转化为需求侧更综合、更具概括性的"人民日益增长的美好生活需要"，同时把供给侧回应需求所存在的问题，表述为发展的"不平衡不充分"。可进一步具体分析："充分"与否，是动态变化中更偏于总量描述的概念；而"平衡"与否，是动态变化中直指结构状态的更偏于质量描述的概念。原来的表述中关于不充分的问题，已由"落后的社会生产"指明，而新的表述中，是把这一不充分问题，放在了从属于不平衡的位置上，在"不平衡不充分"的问题中，最为关键的是"不平衡"，这是新时代我们必须追求的"质量第一、效益优先"发展中必须牢牢把握

的“矛盾的主要方面”。关于新表述可展开的这方面新的分析认识，其政策含义是十分清晰的：其逻辑指向是与最高决策层业已反复强调、十九大报告称为“建设现代化经济体系”之“主线”的供给侧结构性改革战略方针一脉相承的。

“供给侧结构性改革”：着力化解社会主要矛盾的主线

既然新时代社会主要矛盾的内涵，清晰地聚焦于发展的“不平衡”这一关键性问题，那么总体上把握的现代化战略方针的主线，就必须顺理成章地紧扣以优化结构来化解矛盾的“供给侧结构性改革”。

我国经过改革开放后近四十年的超常规发展，在取得一系列成就的同时，也面临矛盾累积、隐患叠加的复杂局面，集中体现为种种结构失衡问题。为进一步大踏步跟上时代，突破“行百里者半九十”的现代化瓶颈期即关键的冲关期，必须在“目标定向”与“问题导向”下，着力以供给侧性改革和供给体系质量和效率的提高，来化解“社会矛盾和问题交织叠加”的潜在威胁，在制度结构、产业结构、区域结构、收入分配结构、人文与生态结构等方面，有效地克服“不平衡”的问题。

以往的宏观“需求管理”，更多地侧重的是总量问题，而现在必须强调的“供给管理”，更多地侧重的是结构优化问题。依“主线”而推进的供给侧结构性改革，实为以改革为核心、以现代化为主轴攻坚克难的制度供给创新，以及以制度创新打开科技创新、管理创新的巨大潜力空间，形成动力体系和供给体系转型升级的系统工程式创新，它将以“全要素生产率”支撑我国的现代化进程在追赶——赶超路径上，继续实现超常规发展。这样才能于化解社会主要矛盾的动态过程中，实现在2020年全面小康，之后更进一步对接“2035年前后基本实现社会主义现代化”和“2050年达到民族伟大复兴”的战略目标。总之，深化供给侧结构性改革，就是我们着力化解社会主要矛盾而为现代化“中国梦”奋斗的主线。

变化中的不变：对我国基本国情和国际地位保持清醒头脑

十九大报告强调：“必须认识到，我国社会主要矛盾的变化，没有改变我们对我国社会主义所处历史阶段的判断，我国仍处于并将长期处于社会主义初级阶段的基本国情没有变，我国是世界最大发展中国家的国际地位没有变。”这一强调意味深长。在新时代面对以“不平衡”为关键特征的社会主要矛盾，我们在创新与奋斗过程中，必须保持清醒的头脑，牢牢把握关于基本国情和我国国际地位的正确认识，也就是要牢牢立足“几代、十几代、甚至可能几十代人”才能走完的“社会主义初级阶段这个最大实际”，并“牢牢坚持党的基本路线这个党和国家的生命线、人民的幸福线”，把供给侧结构性改革的主线，紧紧结合于生命线、幸福线，在中国特色社会主义道路上坚持不懈的长期奋斗中，保持我们“无比强大的前进定力”。

共产党人的远大理想，是实现共产主义，关于这一未来“自由人的联合体”的美好社会何时实现，目前还无法在时间表上量化，但马克思历史唯物主义原理揭示的“两个必然”和“两个决不会”，却在对这个理想彼岸逐步到达的“前进定力”问题上，给予了我们最基本的指导。在揭示资本主义必然灭亡、社会主义必然胜利的历史大潮流与长远趋势的同时，马克思于 1859 年 1 月在《〈政治经济学批判〉序言》中清楚地指出：“无论哪一个社会形态，在它所能容纳的全部生产力发挥出来以前，是决不会灭亡的；而新的更高的生产关系，在它的物质条件在旧社会的胎胞里成熟以前，是决不会出现的。”自马克思主义诞生以来，在人类社会文明发展的进程中，中国特色社会主义的伟大实践，既表明了社会主义初级阶段业已形成的蓬勃生命力，也表明了社会主义初级阶段难以避免的种种不成熟。如把我们必须充分认识到位的十九大报告重申和强调的“两个没有变”结合起来认识，“两个决不会”的马克思主义基本原理，就是在时刻提醒我们：中国现代化的新长征与共产主义远大理想的理性对接，只能在遵循社会发展基本规律而长期不懈的奋斗中形成，我们当下所处的新时代，又是基本国情和国际定位尚未发生根本变化的时代，我们要紧紧抓住党的基本路线实现可持续发展“一百年不动摇”。这是我们在学习领会十九大指导精神推进现代化事业时所必须稳稳站定的马克思主义原则立场和共产党人的党性立场。

发展实体经济要优先推进降成本的供给侧改革

刘世锦　中国发展研究基金会副理事长

中国经济最近几年发生的一个重要变化，就是服务业的比重在上升，工业和制造业的比重有所下降，我们不能认为制造业不重要，制造业仍然是我们国家经济竞争力的基础所在。但是制造业发展不容易，不赚钱，原因在什么地方呢？曾有企业家通过在美国的投资经历算了一笔账：中国除了劳动力成本比美国低之外，其他的成本，包括土地成本、能源成本、物流成本、通信成本、融资成本都比美国高。这一结论基本是可以成立的。

土地成本。关于中国和美国的比较，中国 36 个城市平均土地成本与美国 3 个城市大概相差 25.47 倍、7.43 倍、3.24 倍（见图 1）。

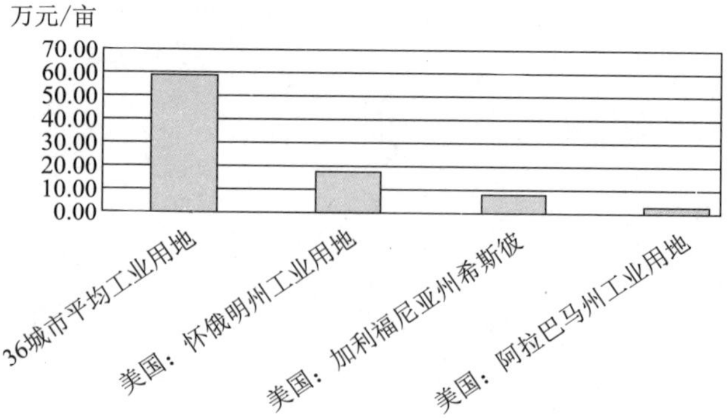

图 1：中美工业用地价格对比

能源成本。从图 2 可以看到，中国用电价格大约比美国高出 1 倍左右。

物流成本。通过中美两国的汽油价格比较，中国在 1 万美元左右，美国是 6 千美元左右。图 3 显示了中美两国柴油价格比较，大体也是如此。

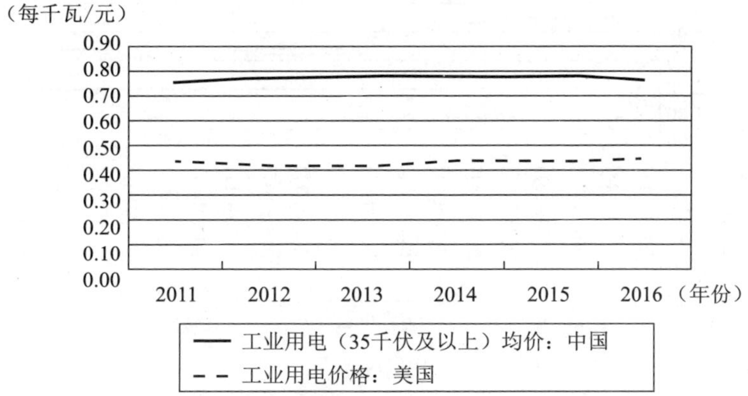

图 2：中美工业用电价格对比

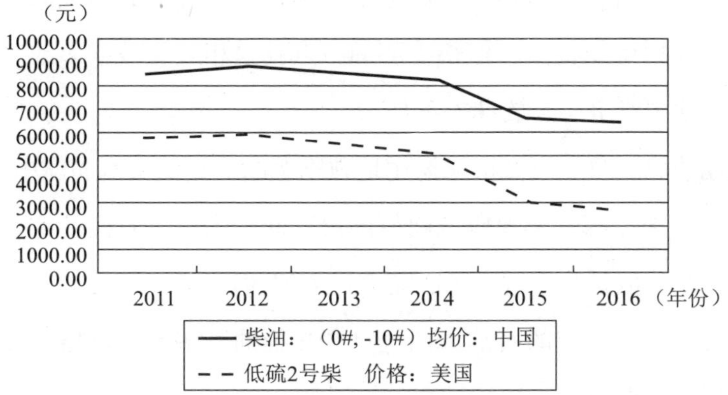

图 3：中美柴油价格对比

通信成本。这一数据来自于中国移动官网和英国移动公司官网，大体计算了一下，关于价格的对比，中国一个单位的通信流量大概是 600 元，英国不到 200 元。

融资成本。图 4 显示了中国内地与加拿大、日本、韩国、英国、美国等国融资成本的比较。从图中可以看到，中国内地的融资成本最高，英国最低。

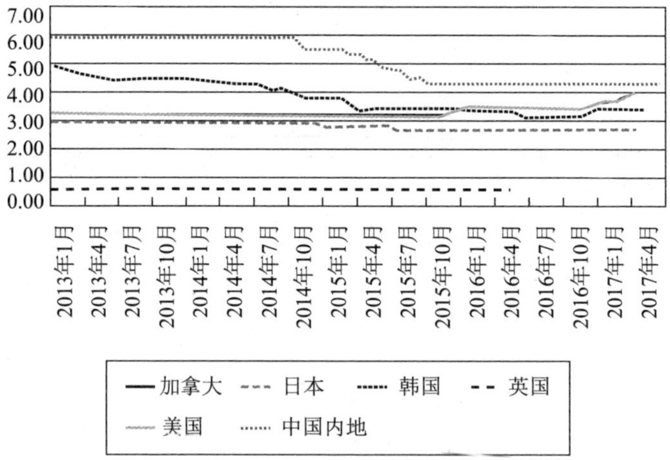

图 4：融资成本：贷款利率

这样就提出一个问题，我们除了人工成本之外，其他成本大部分比美国要高。原因可能很多，但很重要的一点就是相关领域或多或少存在行政性垄断、缺少竞争、开放准入不足。

土地领域。政府对城市建设用地独家垄断。党的十八届三中全会提出，农村集体土地和国有土地应该同权同价、同等入市，农民的宅基地也要逐步进入流转，但是几年过去了，至今进展迟缓。

能源领域。我们的石油天然气是“几桶油”垄断。价格持续增长，反映了竞争的不充分性。

电力领域。我们已经呼吁了很多年，电力企业要竞争上网，目前有一些试点，但没有太大的进展。

物流领域。铁路建设这么多年取得很大的成绩，特别是高铁，令中国人自豪。但和航空公司的情况有很大区别。在全国范围内，航空公司有好几家，铁路公司就一家。其实过去几年我们也提过方案，比如网运分离、区域公司等，但这几年垄断造成的问题依旧存在。

电信领域。中国移动8亿多用户，是全世界最大的移动通信公司，其他两家电信公司与它很难形成对称性竞争。中国拥有世界上最多的电信用户，电信资费理应是最低的，但我们的资费价格并不低。归根结底，还是缺乏竞争所致。

金融领域。中国GDP比重，金融业占GDP比重超过8%，美国不到7%，在中国上市公司中，银行利润占到整个上市公司利润的一半，一个关于世界500强的数据显示，中国进入500强的公司，其他行业盈利水平都不如国际上领先的公司，只有一个行业——银行业，其盈利水平超过美国。所以大家就提出一个问题，中国银行业真的是素质高、水平高吗？显然不是，原因是这个领域还是没有充分竞争。

环保领域。这也涉及成本的问题。有的企业很赚钱，但是造成了严重的污染，把污染排到外面去，经济学叫作成本的外部化。比如雾霾，在京津冀地区大家都有切身感受，相当一部分是企业排出来的，这是很大的社会成本，这个成本应该由排放的企业来承担，但是没有承担，或者大部分没有承担。所以，我们整个的环保成本也是很高的。

"降低实体经济成本"，我们现在提出来讨论到底有什么意义？我们讲中国制造业利润薄、朝外走，是转型期的一个重大挑战。中国处于转型期要做两件事情：一是已有的优势要守住，特别是制造业的优势；二是我们需要创新，发展新的优势。要守住并发展原有的优势，很重要的一点就是降低成本。

刚才讲到美国和中国的比较，中国人工成本相对较低，其他成本居高不下。现在的问题是我们的人工成本正在提高，如果其他成本降不下来，将无法与其他国家竞争。人工成本上去了，其他成本降不下来，原有的优势守不住，如果创新又跟不上，最后中国企业就会失去国际竞争力。这是中国现在面临的一个巨大挑战。

过去中国有一个重要的优势：劳动力的低成本。下一步我们要通过深化供给侧改革，创造另外一种优势，那就是我们整个经济体系的低成本。从经济学意义上讲，就是经济体制的低交易成本。具体办法就是使市场在资源配置中发挥决定性作用，重点是在相关领域进一步打破垄断、鼓励竞争，促进生产要素流动和优化配置。

许多人讨论降成本，讲得比较多的是减税，我也同意有些税收是需要降低的。但是我们务实地想一想，在目前的情况下，想大规模地减税，使税收比重降一个比较大的幅度，实际上是很困难的。最切实可行的、比减税更优先的办法应该是促进供给侧改革。改革要解决的问题很多，这就存在优先排序的问题，在当前和今后一段时间，要把和降成本相关的供给侧改革摆在优先位置。

第一是土地制度改革，要认真地再次学习和落实党的十八届三中全会精神，推动农村集体建设用地和宅基地的改革。在市场经济条件下，农民的土地只有进入市场进行交易，它的价值是多少才能说清楚。在推动农村土地制度改革的时候，要把农村的社会保障体制改革配套推进。

第二是能源领域改革。石油天然气，通过上海石油交易所等渠道，把国际和国内的市场打通，原油、成品油，国内外市场打通联动，这样国内企业可以参与国际竞争，国外企业也可以参与中国国内的竞争。

第三是物流领域改革。铁路领域还是要考虑在网运分离、区域竞争等方面进行探索，逐步形成既有利于统一管理又适度竞争的市场格局。在公路收费管理中引入新的机制和技术。物流经营许可和物流设施要实行负面清单制度。

第四是电信领域的改革。中国联通的改革引人注目，大家关心的是，外部的资金进来的同时，治理结构的改革能否跟上，企业体制的效率能否提升。

第五是金融领域改革。进一步放宽准入，着力发展有助于实体经济企业和产业转型升级、创新驱动的金融机构、业态和工具。同时我们要挤出金融自我循环的泡沫，真正回归为实体经济服务的初心。现在我们讲不忘初心，这个金融的初心是什么呢？就是金融要为实体经济服务。金融监管也是一个重要话题，严管与放宽并不矛盾，要切实放宽不必要的管制，促进发展，同时能找到关键环节管控风险，把两者结合好，需要很强的敬业精神和专业技能。

第六是环保领域的改革。首先要明确，通过严格的环保监管，将企业造成的严重污染所引起的环境成本，不是由社会、由人民群众来承担，而是由污染制造者自身承担。去产能的相当大一部分，就是那些不绿色的、黑色的、污染的产能。在这个方面，也要多发挥市场的作用，比如不仅有排放权交易，还要开征碳税、环境税，尽可能用一些经济手段和市场机制，同时要防止某些地方政府的“懒政监管”或“歧视监管”。监管标准，不能是“规模标准”或“所有制标准”。关企业，不是只关小企业或民营企业，而要依环保标准而行。不论哪种类型的企业，符合环保标准的，就应该放行，不符合的，都应该按照规则治理。环保问题，不要把它仅仅看成是一个减法，或者看成不得不付出的成本。环保压力加大后，对环保的投资就要增加。我们要树立一种新的理念，环境保护，更宽泛一些说，绿色发展，不仅要做减法，更重要的是做加法，甚至还要做乘法，能够形成新的消费动能、创新动能和经济增长的动能，是一种全新的发展方式。

地方政府竞争与产能严重过剩

宋晓梧　中国经济改革研究基金会理事长

“三去一降一补”是我国当前经济工作的重点。其中去产能又是重中之重。尽管学者们收集整理的国内外关于产能过剩的标准不尽相同，但我国的产能过剩十分严重是不争的事实。目前收集的资料表明，钢铁、水泥、电解铝、平板玻璃、船舶等行业的产能利用率都大大低于国际正常水平。而一些新兴产业，如光伏和风电设备等，由于各地一哄而起，产能过剩甚至比传统产业还要严重。产能过剩成为当前经济运行中的突出矛盾，引起党中央、国务院高度重视。2012 年底，习近平总书记在中央经济工作会议上提出，把化解过剩产能矛盾作为经济工作重点。2013 年 10 月，《国务院关于化解产能严重过剩矛盾的指导意见》发布。2015 年起，不同行业产能过剩情况随着经济波动虽有些变动，但从总体上看，仍是当前及今后一个阶段经济工作的重点。

一、产能过剩的一般成因

通过分析一些行业和地方的产能过剩状况，可以看出，我国目前的产能过剩大致可以分为三种类型：

一是投资消费失衡型产能过剩。这是市场经济国家经济周期性波动的重要成因，马克思早在150多年前就深入分析了这一现象。这种情况，随着经济全球化的曲折进程，有了新的特点，但本质并未改变。我国投资消费比例长期严重失衡，投资形成的产能在国内不能充分发挥作用，曾依靠大量出口保证生产的再循环。在经济全球化背景下，在中国作为“世界加工厂”的特定条件下，这不失为一种加速发展的机遇。但13亿人口的大国，不能长期把国内产能的释放过多地寄托在国际贸易上。美国次贷危机和欧洲债务危机相继爆发后，出口受挫，国内消费不足导致的产能过剩随即凸显出来。仅就2014年的数据来看，中国的消费率是相当低的，不仅远低于欧美日等发达国家20 ~ 30个百分点，也低于蒙古、越南、印度、巴西等发展中国家10 ~ 20个百分点。

这种类型的产能过剩不是产业结构或行业结构调整所能根本解决的，为了短期GDP增长，再盲目加大投资力度更是“饮鸩止渴”。这表明经济社会发展出现了深层次全局性问题。解决这类产能过剩问题的着眼点应放在调整收入分配结构方面，侧重提高劳动所得比重，提高居民收入尤其是中低收入者比重，缩小收入分配差距，同时严格控制各地大量重复建设投资。中央政府应避免在经济换挡期再度出手，制定金融财政等强刺激投资的政策。

二是经济发展阶段型产能过剩。在一个国家的经济高速增长阶段，特别是大规模基础建设阶段，需要钢铁水泥等产业的支撑，大规模基础建设基本完成后，在高峰期形成的这些行业产能就明显过剩了。美国、日本、韩国等发达国家都经历过这样的发展阶段。2004年，浦项钢铁公司一位高管表示，韩国的大规模基础建设告一段落，浦项钢铁产能韩国国内消化不了，希望把公司产能用到中国建设上来。这样中国就不必再大量建钢铁企业了，以避免10多年之后中国钢铁行业重蹈韩国的覆辙。我们当然不可能接受这一建议。中国经济经过多年的高速增长，已经处在中速换挡期，未来还会进一步减速，在高速发展阶段形成的一些行业产能出现过剩是必然的。需要指出的是，这种经济发展阶段性产能过剩并非一些学者所说的周期性产能过剩，即由于受到经济周期波动的影响，正常规模投资形成的生产能力在经济衰退期表现出来的暂时性过剩，当经济周期再次处于上升期，这类产能将自然被释放。欧洲、美国、日本的钢铁、水泥等行业的变动情况表明，当大规模基础建设达到一定程度后，这些行业的总产量不仅不再增长，甚至大幅度下降。也可以换个角度说，经济的再度增长，不能依然立足于原有的产业结构，而需要建立在深度的结构调整之上。

解决这种类型的产能过剩，完全靠市场自行调节需要很长周期，还可能造成局部性甚至全局性的失业，何况不少企业就是当地政府以各类优惠政策支持建立的，因此政府有责任在财政、金融、产业政策等方面给予一定的支持引导。即便是市场经济国家，在面临这类产能过剩时，政府也不会袖手旁观，例如，法国在 20 世纪 60 年代成立了领土整治与地区行动署，不仅负责资源枯竭地区的经济转型，也研究夕阳产业的调整政策。日本在 20 世纪 90 年代出台《产业再生法》，美国、德国、英国等政府在化解严重产能过剩时期也都伸出了那只“看得见的手”。

三是资源环境约束型产能过剩。当一国或一地整体资源环境不能支持某些行业现有产能发展时，会出现这类产能过剩。我国的大气污染、水质污染、土地污染都到了十分严重的程度，特别是华北地区出现大面积的雾霾，早就敲响了资源环境约束型产能过剩的警钟。2015 年，河北省的钢铁产能 2.75 亿吨，超过美日韩三国总和，环境污染成为约束这一地区钢铁、水泥、平板玻璃等高耗能、高排放行业发展的重要因素，在东南沿海等地区，也不同程度地存在类似问题。这类产能过剩，也是发达国家经历过的，伦敦的雾霾、日本的水俣病就是典型案例。我们在 20 世纪 80 年代曾明确宣布，中国绝对不走一些发达国家先污染后治理的老路。遗憾的是，30 年后不得不承认，在这方面，我们不仅重蹈覆辙，而且在一些具体问题上更为甚之。

解决这类产能过剩，关键是提高环保准入标准。包括单位能源消耗，单位碳、二氧化硫等污染物的排放等。标准一经公布，不分国有与民营，企业一律平等竞争，政府加强监管，那些无法达到标准的企业将自动退出。至于地区排放总量是否仍然上升，最终还是在于环保准入标准的设定是否严格。如果环保准入标准门槛低，又按照某一排放总量下达压缩产能的行政指标，如何落实到企业将变得十分困难，也很难做到公平公正，还给行政自由裁量权留下过大的空间。此外，西部一些环境相对还比较好的地区，提出可以把东部环境难以承载的重化工业项目转移过去，对此应十分慎重。西部决不能再走先污染后治理的老路。

二、中国产能严重过剩的特殊性

上述三种类型的产能过剩，在其他发达国家、新兴工业化国家也都不同程度地经历过。那么，照搬它们的经验是不是就可以解决我们的问题？应当说，发达国家处理产能过剩的经验确实有值得借鉴之处，但我国产能严重过剩的特殊成因不是简单照搬国外经验就可以化解的。政府与市场的关系没有理顺，尤其是各个地方政府的GDP竞争，大大加剧了上述三种类型的产能过剩，是去产能研究中必须高度重视的问题。

2004年，我提出要防止“双冲动”（政府政绩冲动与企业利润冲动）推动经济过热，最终造成产能过剩[①]。当时国务院已经明确钢铁等行业面临产能过剩问题了，出台了上百个防止产能过剩的文件，其中2009年9月，国务院批转发改委等部门《关于抑制部分行业产能过剩和重复建设引导产

① 宋晓梧，李建立：防止双冲动推动经济过热，载《宏观经济研究》，北京，2004，第4期。

业健康发展的若干意见》，要求部门和地方政府认真贯彻执行。但实际情况竟然是产能过剩越演越烈。症结何在？我想举两个案例，说明中国式产能过剩的特点。

2012年，南方某海边城市尚未得到发改委正式批复，已经大规模动工建造2000万吨产能的钢铁企业，现场大型机械遍布，一千万吨产能的基础建设已经开工。全市为此已投入130多亿元进行交通、水利等基础建设，合作方也先期投入了50多亿元。当时全国钢铁产能已经过剩，我预计审批这个项目难度很大。市领导表示新上马的这个钢铁企业采用的是先进技术，且从澳大利亚和南美直接进口铁矿，大大减少了运输成本，污染又小，建议国家发改委出面，压缩河北的落后钢铁产能，指标转给他们。项目最终还是未获批准。

2017年，当时沿海的五个城市，都提出要建设航运中心，要建成30万吨的造船厂。五个城市都规划如此大规模的造船厂，有那么多订单吗？我曾建议，能否把其中四个地级市整合起来，制定一个统一的造船产业发展规划，以避免重复建设。可相关领导表示，省里要考核每个市的GDP，压哪个城市都不行。

这两个案例绝非个案。明知将来会造成产能过剩，但在地方GDP激烈竞争的大背景下，似乎谁也无力扭转。如此才能理解，为什么钢铁、水泥、平板玻璃、电解铝、造船等行业被列为严重产能过剩行业，却屡屡在各地产业振兴规划、园区规划中成为重点发展甚至主导产业。

如果说有一种中国式产能过剩，那就是曾经许多地方政府，以分解指标、末位淘汰的行政手段，大张旗鼓地进行招商引资。例如，有条件上钢铁项目的，河北一个市就建了近40个钢铁厂，一个县就建了18个钢铁厂，因为各县、镇政府都要政绩。又如，在全国600多个城市中，有300多个城市把光伏、风电设备作为本地重点扶植产业，导致2016年，甘肃、新疆风电弃风率分别高达43.11%、38.37%，光伏弃光率分别为30.45%、32.23%，预计到2020年，弃风、弃光率仍将高达25%以上[①]。

另外，地方政府对那些“僵尸企业”也极力加以保全。本该破产的企业不能破产，产能过剩问题必然恶化。相关研究报告指出，我国企业难以进入正式破产程序的主要原因是地方政府对企业破产的阻挠。在中国，破产案件只有在法院裁定受理时才开始，而地方法院在人、财、物上又受制于地方政府，难以做出独立的判断。另外，企业的破产管理人员通常由地方政府官员组成的清算组担任。在破产重整过程中，政府官员实际控制债权人会议，强迫续贷，往往使债权人会议变身为企业“输血”的银团。这就造成我国多个行业产能严重过剩，但破产企业很少。2008年，公司正式破产占全国所有公司清算数量的0.37%，同年美国的这一数据为8.17%，英国为10.16%[②]。

地方政府GDP竞争大大加剧产能过剩，这一诱因几乎是其他国家从未有过的。但在前一阶段，这一问题不仅被掩盖，还被一些不负责任的经济学家誉为中国经济超高速增长的“密码”，是“中国模式”中的最独特的经验。

客观来说，地方政府的GDP竞争曾经调动了地方政府的积极性，为中国经济高速发展做出了历史性的贡献。但这一模式也在一定程度上扭曲了市场配置机制，付出了过高的资源、环境成本，同时压低了劳动力成本，降低了国民福利，还造成了巨大的权钱交易空间，导致制度性腐败。针对中国当前的实际情况，关于去产能的各类政策建议中，如果不把政府与市场的关系理顺，不坚决摒弃地方政府GDP竞争，就谈不上对症下药，就是治标不治本。

---

① 未来弃风弃光现象将依然严重，载《经济参考报》，北京，2017-07-24。

② 供给侧结构性改革背景下的破产法修订，载《中国改革》，北京，2017，第4期。

三、抑制地方政府公司化倾向

去产能涉及的问题很多，如相关的财政金融政策、下岗人员的安置政策、产业结构和企业技术结构调整所需的配套措施等。理顺政府与市场的关系，尤其是理顺地方政府与市场的关系，仍然是一项十分艰巨的任务。多年形成的地方政府公司化倾向，在现有的利益格局局限下，还曾普遍存在[①]。因此，在五大发展理念的指导下，深化相关体制改革，是去产能命题中的应有之义。

第一，建议以基本公共服务均等化、公共设施基本完备，作为衡量省、市、区是否协调发展的主要指标。如果教育、医疗、社保、住房等民生指标大体相当，供水、供气、供电、供暖大体平衡，铁路、公路、民航等交通设施以及现代通信设施基本具备，那么就可以判断为区域发展水平大致协调了。应尽快取消地方的GDP、投资等规划指标，以利于保证全国政令统一、市场统一。同时加快劳动力、土地、资金等要素配置的市场化进程，打破行政性分割，特别是“诸侯经济”对要素市场配置的分割阻碍。国际经验也表明，政府建立面向全民的均等化的基本公共服务和基本公共设施，是在发展过程中缩小地区居民收入差距的普遍做法。

第二，建立统一的市场体系应成为各地协调发展的基本准则。新时期促进各地协调发展，必须把各省市区的发展放到全国发展大局中，立足于全国总体目标、全局目标和长远目标制定发展战略、发展规划。要警惕过多的国家级区域规划形成的各类层次不等、种类繁多、画地为牢的财税、土地、外贸等方面的优惠政策，结果反而在一定程度上割裂了全国统一的

---

① 宋晓梧：《地方政府公司化研究》，北京：中国财富出版社，2014。

社会主义市场经济体系，最终加大了各地协调发展的难度。

按照五大发展理念的指导，各地协调发展应更加关注全面深化改革和全面建设小康社会的总目标，着力促进全国统一大市场的形成和市场要素的自由流动，激发各地区的发展活力和发展潜力，促进各地区的合理分工，理顺阻碍区域协调发展的体制机制，破除各种限制生产要素尤其是劳动力合理流动的障碍。要加快建立全国统一的医疗、养老、失业等社会保障制度，并相应提高统筹层次，重点解决基本社会保障项目跨地区转移和异地接续的问题，特别是东部沿海地区应加强对外省务工人员的社会保障，强化劳动力使用地的责任，促进劳动力要素跨区域合理流动。与此相应，应进一步加大户籍制度改革的力度，放宽对人口流动的限制，在此基础上，有序推进公民自由迁徙权的确立。

第三，基本公共服务方面合理划分中央与地方的财权、事权。把基本公共服务作为区域协调发展的主要衡量指标，必然要求在基本公共服务方面规范中央与地方的财权、事权。在财政关系方面，各级政府间职责、事权划分不清，中央和地方职责交叉，地方事权过大，财权过小，尤其是教育、卫生、社会保障、公共安全、环境保护等基本公共服务供给方面的事权集中由地方承担，但没有相对应的财权。这导致经济发达地区有财力进一步提高本地区的基本公共服务水平，而一些欠发达地区尽管得到了中央的转移支付，仍然远跟不上发达地区的基本公共服务财政投入水平。

一是要明确界定基本公共服务的范围，并随同经济社会发展水平提高而相应调整；二是要明确全国实施基本公共服务均等化的标准，由中央政府平衡各地基本公共服务的投入水平，并建立科学的评价指标体系，再经过 5 ~ 10 年的努力，力争初步达到基本公共服务主要项目全国均等化的目标；三是明确划分各级政府提供基本公共服务的权责，保证责任归属清晰、合理；四是完善财税制度，合理调整政府间财权配置，扩大地方税收来源，完善财政转移支付制度；五是鼓励发达地区吸纳欠发达地区的人口，促其融入当地社区，成为稳定的迁徙者。中央和地方政府应以常住人口、而不是户籍人口为基数来制定基本公共服务的发展政策和发展目标，在财政转移支付等各项政策上，对主动吸纳外来人口的地区给予适当鼓励。

第四，更好地发挥地方政府的作用。不仅要求政府对市场失灵进行补救，而且要求政府进一步培育生产要素市场，打破地方行政性市场分割，建设统一的社会主义市场经济体系。地方政府要确保中央方针政策和国家法律法规的有效实施，加强对本地社会经济事务的统筹协调，努力提供良好的经济发展环境，提供基本公共服务，维护市场竞争秩序和社会安定。

中央政府和地方政府都要加快推进政企分开、政资分开、政事分开、政社分开，深化行政管理体制改革。把不该由政府管理的事项，如企业经营决策、企业投资方向等，坚决转交出去。把该由政府管理的事项，如基本公共服务等，切实管好。以制度保证充分发挥市场在资源配置中的决定性作用。

第五，大力发展和规范社会组织。改革开放以来，中央向地方放权，调动了地方的积极性，为我国经济总量高速增长起到了巨大的推动作用。同时应看到，在社会组织发育不完善的背景下，中央向地方放权，地方又向哪里放权？地方政府面对成千上万的企业和分散的市场主体，由于缺乏各类社会组织的自律维权和相互协调机制，只能直接干预经济和社会生活。

扭转地方政府公司化倾向，抑制地方政府的 GDP 竞争，绝不是把所有权力再次集中到中央，而是要清晰界定政府，尤其是地方政府与市场的界限。中央政府和地方政府都不应做市场、企业、社会组织、中介机构本应做的事情，地方政府更不应再充当资源配置的主体。要借鉴发达市场经济国家的行业协会、商会在去产能过程中的积极作用，以及这些协会、商会在制定行业准入标准，进行行业自律方面的经验。结合我国经济社会实际状况，进一步培育和发展社会组织，使之成为社会主义市场经济体制的重要组成部分。

以服务业市场开放为重点深化结构性改革

迟福林　中国（海南）改革发展研究院院长

优化营商环境不仅是提升经济竞争力的现实需求，而且是激发市场活力、推动经济转型升级的关键所在。当前，我国的营商环境与大国的经济地位很不相适应，优化营商环境具有现实性、迫切性。未来几年，能不能在优化营商环境上取得实质性突破，既取决于产权保护的制度化、法治化进程，又取决于税收结构的转型，更取决于公平竞争市场环境的形成。

把完善中小企业发展的市场环境作为市场监管的重要职责

近年来，中小企业发展在我国经济转型升级中的作用日益凸显，数量明显增加。但其成长与发展并不稳定：一是中小企业平均寿命短，二是民间投资增速和占比出现“双下降”。总的来看，中小企业发展问题已成为经济转型升级与结构性改革的突出矛盾。

促进中小企业发展的关键是营造公平竞争的市场环境。客观地看，我国中小企业平均寿命短和民间投资的“双下降”，既是产业结构调整带来的“阵痛”，同时也反映了中小企业仍面临着某些不平等竞争的市场环境。例如：尽管国家从政策上规定了民营企业可以进入法律未禁止的领域，但许多领域投资准入仍实行严格的前置审批和“牌照管制”；教育、医疗、文化等服务业领域，仍保持着一定的行政审批和行政管制；一些领域尽管实行了投资备案制，但实际上仍是变相审批。由此，使中小企业发展面临的制度性交易成本难以真正降下来。

为中小企业发展提供公平竞争的市场环境是市场监管的重要职能。深化简政放权，尽管说进一步减少行政审批很重要，但更重要的是通过市场监管变革，为中小企业发展提供公平竞争的市场环境。例如，通过强化事中事后的有效监管，有条件全面实施企业自主登记制度，从而形成与经济大国相适应的商事制度的基本框架；有条件取消企业一般投资项目备案制，全面推行法人承诺制等。

促进中小企业发展是现代市场经济条件下政府的重要职责。从改革的实践看，促进中小企业发展相关政策的落实，涉及众多部门，如果没有一个政府部门牵头推进落实，中小企业发展很难取得预期效果。适应中小企业发展对公平竞争市场环境的现实需求，建议在市场监管部门组建国家中小企业发展促进机构，主要职能是依据新修订的《中华人民共和国中小企业促进法》，制定和实施改善营商环境的监管规则，形成并维护中小企业发展的公平竞争市场环境。

把形成新经济公平竞争的市场环境作为市场监管的重要任务

在我国经济转型升级进程中，新经济是新旧动能转换的重要因素。近些年来，我国新经济快速发展。预计到 2020 年新经济占比将达到 40% 左右，到 2025 年达到 50% 左右。适应新经济发展趋势，既要有规范化的监管，实现公平竞争和防范风险，也要避免用“旧制度管理新经济”，加快探索市场监管理念、模式、技术、手段的创新。

当前，市场监管明显滞后于新经济发展。总的来看，面对新经济跨界竞争、网络效应、平台模式等新特征，“不会监管、不能监管”的矛盾逐渐突出。例如，当前评定垄断的标准主要是以往的市场占有率。现实情况是，在新经济发展模式中，一些企业如华为，已开始建立开放式的产业生态和产业平台，中小型创业创新企业可以在这个平台上孵化、发展。因此，市场份额是不是界定新经济垄断的有效指标，如何判定垄断和不正当竞争，还需要研究探索。再例如，在传统的监管手段和方式下，监管部门很难及时了解新经济的业务流程、业务形态和盈利模式，很难准确识别并把握其风险点。市场监管方式变革滞后于新经济发展的矛盾，不仅影响到市场的公平竞争，容易形成新的经济风险，而且对新经济发展也会带来多方面隐患。

尽快建立科学、灵活、有效的新经济监管体制。新经济能够带来创新，能够提升经济运行效率，但新经济的发展不能建立在排挤竞争者的基础上，不能以挤压中小企业发展空间为代价。这就需要加快建立与新经济发展相适应的市场监管体制。例如，坚持“包容审慎”的原则，不要轻易给新业态、新模式贴上垄断的标签，要给创新留出一定的时间和空间；积极探索新的监管方式，比如对平台经济的监管，要加快探索构建“政府监管平台、平台监管个体”的监管新格局；充分利用大数据进行监管，尽快构建“用数据说话、用数据决策、用数据管理、用数据创新”的市场监管新体制。

明确把新经济监管作为市场监管部门的重要职责。经济转型升级是一个动态过程，市场监管也应该是一个动态的过程。对新经济的监管既需要各个部门的协同配合，也需要市场监管机构来牵头主抓。建议在市场监管部门成立专门的新经济监管机构，动态跟踪新业态，根据情况提出并试行新经济的监管条例，以适应新经济发展需求实行科学有效的市场监管。

把反行政垄断作为市场监管变革的重大任务

我国经济转型升级的趋势明显，服务业逐步成为支撑经济增长的主导产业。2017 年上半年，我国服务业占 GDP 的比重已经达到 54.1%。从发展趋势看，无论是产业结构升级，还是消费结构升级，都依赖于服务业市场开放。问题在于，服务业市场开放与服务业发展面临着比较突出的行政垄断或行政管制。适应我国经济转型与市场化改革的客观需求，需要把反行政垄断作为市场监管变革的重大任务。

适应服务业市场开放建立行政垄断审查机制。多年来服务业领域难以对社会资本放开，关键问题在于服务业领域的行政垄断没有真正被纳入到反垄断的范围。随着服务业市场的发展，建立服务业领域反行政垄断的审查机制、推进反行政垄断，对于促进和保障服务业市场开放与发展至关重要。这就需要对国有垄断行业、城市公用事业、公共服务领域等相关行业监管内容进行清理、修改，废除各类导致行政垄断的行政法规；实行服务业领域市场准入的负面清单管理，并不断减少负面清单长度。

将反行政垄断纳入市场监管范畴。当前，我国尚未将反行政垄断纳入反垄断法，建议尽快改变这一现状，在反垄断法中修改增加反行政垄断的内容。按照十八届三中全会的要求，要实行以政企分开、政资分开、特许经营、市场监管为主要内容的改革，根据不同行业的特点形成不同的反行政垄断措施，在放开竞争性业务、推进公共资源配置市场化方面取得重要突破。

以完善服务业市场监管标准体系为重点，推动市场监管标准与国际接轨。适应我国服务业发展与服务贸易市场开放的大趋势，需要尽快把服务业领域的反行政垄断作为市场监管机构的重要职责，加快建立与国际接轨的监管标准：在生活性服务业领域，重点加快健康、教育、文化、电信等监管标准建设；在生产性服务业领域，重点加快互联网金融、电子商务、研发、设计等监管标准建设。

把尽快建立统一的反垄断体制作为市场监管变革的重要举措

从现实情况看，无论是传统经济领域，还是新经济领域，都面临着不同程度的市场垄断和不正当竞争的挑战。突出的问题是，由于反垄断职能分散在不同机构，反垄断缺少统筹协调，实际效果并不理想。为此，完善公平竞争的市场环境，重在建立统一的反垄断体制。

统一反垄断职能。从经济转型升级的大趋势看，实现传统经济与新经济的公平竞争需要把新经济纳入市场监管的范畴；从经济全球化的大趋势看，实现内外资公平竞争，需要将内资与外资的反垄断统一起来。统一反垄断职能已成为市场监管改革的当务之急。

实行统一的反垄断体制。加强反垄断的统筹协调，需要尽快建立统一的反垄断体制，全面提升反垄断的公平性、有效性，为各类市场主体营造一个公平竞争的市场环境。例如：对不同所有制的企业实行统一的市场监管标准和监管规则，实质性增强反垄断的有效性；与国际接轨，尽快建立既适用于内资又适用于外资，法治化、规范化的反垄断体制。

以优化营商环境为目标，以完善公平竞争市场环境为重点的市场监管变革，既涉及监管职能的调整，也涉及监管理念的变革，还涉及深层次的监管权力结构调整。纵深推进简政放权，重要的是加快推进市场监管的转型与变革，为形成法治化、国际化、便利化的营商环境提供重要保障。

以监管改革为重点建设现代化经济体系

魏加宁　国务院发展研究中心宏观经济研究部巡视员

随着经济增长放缓，财政收入增长速度也在放缓，但是在支出方面，尤其是民生支出方面在快速增长，而且这些支出都是刚性的，只能上不能下。因此，财政将来也面临一个可持续性的问题。这些年，我们的财政一直对环境保护加大支出。实际上，我们早在 2008 年就开始推动绿色金融、绿色信贷、绿色财政，对绿色产业政策的研究一直没有停止。另外，加强文明城市建设也需要财政支持。这几件事情单独来看都非常重要，如果这几件事同步走将会对中国经济带来怎样的影响？经济学中有“理性人”的概念，大多数人在大多数时候都是理性的，但如果一个组织的所有部门或者所有个体都追求自身利益最大化，就有可能出现合成的非理性谬误。最令人担心的是，监管部门产生的“羊群效应”，可能会对经济带来过大的向下压力。

中国的监管存在“一放就乱、一收就死”的问题。该如何解决这个问题？最为关键的是，一定要注意防范风险，大家齐步走，包括货币政策环境保护、城市建设等方面一起用力。但齐步走带来的“同步振荡”可能会对中国经济带来危险的局面。所以，建设现代化经济体系就要对监管体制进行改革，就是要处理好监管对上和对下的关系，监管部门要更多地对市场负责、对人民负责、对法规负责。

进一步来讲，对于风险的防范，仅靠加强监管是不够的。为什么金融风险、财政风险和环境风险居高不下？其中一个很重要的原因就是，由于我们过去传统的增长方式存在问题，高资源投入、低效率、低质量、不平衡、不平等的增长方式。我们现在进入新时代，这样的增长方式难以为继。高投资遇到了新问题：以前储蓄率是快速提高，现在储蓄率却在下降。同时由于各种原因，包括这些年金融改革和金融创新的成就，使得人们的支付方式变得非常便利，导致的结果就是在一定程度上影响储蓄。现在很多人，尤其是年轻人都没有储蓄，甚至在透支消费。另外一个很重要的原因，随着世界经济不景气、贸易保护主义抬头，投资效益在递减，所以高投资难以维持。实际上，我们的国际竞争力在持续下降。因为国际的竞争比的不是规模，而是效益。关于不平等的问题也应格外提起注意。从各国的经验来看，基尼系数超过 0.45 以上的国家，很少能跨越中等收入陷阱。除了像美国这样极个别的国家以外，大部分跨越中等收入陷阱国家的基尼系数都在 0.45 左右甚至 0.4 以下。相比之下，过去这些年中国的基尼系数是比较高的，能不能跨越中等收入陷阱，对于我们来说是一个极大的挑战。

我们要建设现代化经济体系，关键在于转变增长方式。我个人认为十九大报告最大的亮点之一，就是对主要矛盾的判断，就是我国社会的主要矛盾已转化为人民日益增长的美好生活需要和发展不平衡不充分之间的矛盾。十九大报告还指出，我国经济已由高速增长阶段转向高质量发展阶段。所以，经济增长方式必须转变——重消费、稳出口、低投入、低污染、高效率、高质量、包容性、可持续性的增长。要巧投资，归根结底就是要提高投资效率，不能像过去那样完全依靠投资拉动经济增长。要想提高投资效率，其中一个重要的方向就是要把资金更多地投向民营企业。民营企业与国有企业的效益相比，无论是微观的经济效益指标，还是宏观的社会效益指标，前者都远远超过后者。研究发现，除了人均工资指标外，其他指标都是民营企业的效率明显高于国有企业。要提高效率，要更多地依靠民营经济。需要特别强调的是，在努力发展环境友好型的产业的同时，要更加注重经济的增长质量，保持包容性的增长。只有这样，才能使我国经济发展得更平稳、更平衡、更平等、更公平。

中国改革的基本经验、关键环节和可持续发展的前景

曹远征　中银国际研究公司董事长

十九大强调，中国特色社会主义进入新时代，中国经济进入新的阶段，未来要建立现代化经济体系，改革是重要的任务。习近平总书记带领政治局常委与记者见面时特别提到，2018 年是中国改革开放 40 年，改革开放是改变中国命运的关键一招，我们要总结经验，乘势而上，全面深化各方面的改革，中华民族的伟大复兴将在改革开放中得以实现。我主要针对三个问题发表自己的见解：第一，中国改革的基本动力、推进方式；第二，中国下一步改革的关键环节；第三，中国经济进入新阶段与改革开放的基本经验。

一、中国改革的基本动力、推进方式

发生在 20 世纪后半叶的向市场经济转轨的中央计划是人类历史上的重大事件。从全球范围看，改革的转轨过程可分为激进式和渐进式，逻辑上这两种方式似无优劣之分，但在现实中，由于改革成本是预付的，改革收益是预期的，一旦改革成本预付过高，预期的改革收益不能及时覆盖改革的成本，改革不仅会陷入停滞倒退，而且会引发其他意料之外的风险。中

国的改革是渐进式的，分步实施的，每一步改革的收益可以及时覆盖改革成本，具体表现为改革使人民群众受益。改革近40年而不竭，改革成为动态演化过程，不但不断逼近目标，而且呈现为“帕累托最优改进态势”。回顾中国改革过程，其中最重要的经验是人民群众得到实惠，人民群众有了获得感，形成了改革持续深化的动力。中国已进入中国特色社会主义建设的新阶段，十九大指出了新时期主要矛盾是人民日益增长的美好生活需要和不平衡不充分的发展之间的矛盾。新的美好生活的向往，不仅仅是物质文化的需求，也包括民主、法治、公平正义、环境、安全。改革需要全方位展开并进一步深化，其指向更多的是与民生有关。到21世纪中叶，只有让老百姓有获得感、有实惠，中国改革才有不竭的动力，才能形成支持现代化目标的可靠的体制依托。

二、中国下一步改革的关键环节

下一步改革的关键是什么？如果观察一下中国经济的发展历史，我认为到目前为止，中国经济的很多问题都可以找到解决的办法，但是有一个挑战很难绕开，就是中国人口老龄化。按照现在人口变化的趋势，再加上中国还是一个发展中国家，未富先老就是中国面临的最大的挑战，也是人民对美好生活向往最大的制约。因此，改善民生首先要从这个基本国情出发。从这个角度观察，有两项改革最为重要、最为迫切，一是国有企业的改革，二是财政体制的改革。

第一，国有企业的改革。未来中国国家资产负债表最大的缺口是社保缺口，其中主要的是养老保障。但中国有能力解决这个问题，因为中国有庞大的国有资产，可以通过变现来填补这个缺口，因此国有企业的改革变得十分重要。这不仅要求国有企业改善经营，提高效率，更要求对国有资产的管理体制进行改革。十九大提出，要完善各类国有资产管理体制，改革国有资本授权经营体制。换言之，下一步改革的重点是国有资本的运用与国有资本的配置。以此看来，如果从资本概念的角度分析，所有的国有资产应该推到可变现状态，因此进入资本市场由此变得非常重要。根据我们的推算，按中国人口老龄化的速度，在 2020 年前，中国的上市公司 30% 的股权应该划进社保，大约到 2030 年，80% 的股权应该进入社保。国有企业股权划进社保，成为很重要的改革方向，使我们国有企业出现一个新的状态，其股权已经不仅仅是国有了，事实上是全民社保资产。这一改革方向也是执政为民的体现。我们认为在历史的交汇期，在未来三年中，应该尽早起步。

第二，财政体制的改革。人民对美好生活的向往，要求政府要提供均等化的公共服务，政府职能尤其是地方政府职能由建设性政府转变为公共服务政府就至为关键。其中加快推进财政体制改革就是应有之义。十九大提出建立权责清晰、财力协调、区域均衡的中央和地方财政关系。尤其目前在“三去一降一补”供给侧结构性改革深入展开的时候，财政体制改革的迫切性更加凸显，这是因为去杠杆，除了企业去杠杆，就是地方政府去杠杆。在十九大召开前不久的第五次全国金融工作会议中，对地方债务做了明确的要求，要求倒查责任，同时要进行化解。坦率地说，地方债务问题不是金融问题，是财政问题。财政的支出责任不清、支出边界过大才产生的债务问题。过去几年中，在财政体制改革方面，已对预算体制进行了改革，过去分门别类的预算，现在统一预算；在收入体制方面，税制也进行了改革，营业税改增值税全面完成，下一步应对财政支出制度，尤其是中央和地方政府的支出责任尽快进行改革。

财政是国家治理的基础，财政体制改革是建立现代化国家的基础。国有企业改革，尤其是国有资产管理体制的改革与财政体制改革是相互关联的，需要协调推进，突破口是中央与地方财政关系，需要重新理定关系。在地方财政制度方面进行细致化的、机制化的建设，应是下一步的重点工作。

三、中国经济进入新阶段与改革开放的基本经验

回顾近 40 年的改革开放历程，总结为一点就是调动积极性。40 年前，地还是那么多地，人还是那么多人，就是不长粮食，3 亿人口处在半饥饿状态。现在饭吃饱了，不仅解决了温饱问题，而且全面小康指日可待，正在跨越中等收入陷阱，迈入高收入社会，就是激励机制的改善，积极性被调动这是中国走向现代化国家的最重要的动力，是我们最宝贵的财富。今天，无论在国内大众创新，万众创业，还是在国际共商共建共享构建人类命运共同体，唯有改善激励机制，调动一切可以调动的积极性才能实现，这是下一步深化改革应该遵循的原则。

经过近 40 年改革开放，中国特色社会主义建设进入新时期。反映在经济上就是中国经济进入新阶段。

中国经济日益呈现出现代经济的特征。

中国经济进入新阶段，新的经济增长点开始出现。2016 年，通信器材、家具和装潢材料等消费扩大；智能制造成为新亮点；向服务性消费转变，健康、教育、金融、养老、旅游等产业发展加速；中西部成为产业发展的新兴地区。这预示着新的动能正在累积，新的结构正在产生，从这个意义上讲宏观调控是为这些“嫩芽”产业提供适宜的环境，供给侧结构性改革的目的是培育这些产业长成参天大树。

十三五期间，是全面建成小康社会并为第二个 100 年奠定基础的历史交汇期。十九大指出，这一时期是我国经济由高速增长阶段转向高质量发

展阶段，正处在转变发展方式，优化经济结构，转换增长动力的攻关时期。建设现代经济体系是跨越关口的迫切要求，和我们的发展战略相符。建设现代化经济体系，需要有现代经济体制作依托。从这个意义上讲，改革比任何时候都显得更重要。我坚信，中华民族伟大复兴将在改革开放的进程中得以实现。

从整体观和风险观认识降成本

刘尚希　中国财政科学研究院院长

“三去一降一补”是供给侧结构性改革的重要内容，其中的“一降”是指降成本。需要政府推动降成本。2016—2017 年，国务院及地方都出台了降成本的政策措施。如何理解成本过高？为什么成本会高？如果这些问题搞不清楚，可能无法真正实现降成本的最终目标。

一、降成本是整体性问题

过去我国的发展是低成本、低附加值，现在变成高成本，但依然是低附加值。一些地方当年的经济增加值已经低于当年的总投资，可是随着时间的推移，经济发展的成本越来越高。为什么从低成本变成了高成本？很显然，这个高成本不能说是税收导致的，因为这些年来政府都在不断减税，我国并没有整体性地进行制度性加税，这只能从其他方面来解释。直观地从会计成本的角度来看，成本高就是原材料成本、能源成本高，还有销售费用、管理成本、财务费用高，这些都构成企业的成本。严格来说，在会计核算上的成本和费用还有区别，我在论述过程中就不那么严格区分了。

单从一个企业的角度来看，降成本是很难的，因为企业之间的成本，以及企业的各项成本之间都是相互关联的，这是一个整体性的问题。当然，企业内部成本控制则是另外一回事。其实，成本问题还是一个分配问题。比如人工成本对企业来说是成本，对劳动者来说就是收入；原材料成本对下游企业来说是成本，对上游企业来说就是收入；融资成本，对实体经济企业来说是财务费用，无疑属于成本，而对金融企业来说就是收入。

所以，从整体来看，降成本同时也是利益分配关系的调整。比如降了工资，人工成本虽然下降了，但是劳动者的收入也会减少，这就涉及分配的比例关系。如果仅仅是从财务会计的角度去看待降成本这一问题，就很可能形成一个两难悖论，按下葫芦浮起瓢。因此，降成本要整体考虑，统筹施策，很难针对局部去降成本。

二、高成本形成的直观原因

从我国经济社会发展的整体来看，以下六个方面导致成本趋势性上升。

1. 产能过剩、杠杆率高、库存多

“三去一降一补”的“三去”都是和成本关联在一起的：产能严重过剩意味着有大量的无效成本，无效成本不能带来增值；杠杆率很高意味着财务费用很重；库存多显然导致资金周转慢，这些都会带来高成本。从经济学的角度来讲，由这些问题导致的成本是经济成本，是资源错配的成本。僵尸企业就是典型的资源错配现象，大量宝贵的社会资源消耗在这些企业里，产能不能有效地发挥出来；杠杆率高实际是资金的配置出了问题。从经济成本的角度来说，这样还带来很高的机会成本。社会资源是有限的，不能用在合适的途径上，实际上就是资源错配，经济运行成本就会居高不下。

当前企业成本高，与资源错配密切关联，与市场扭曲有深刻联系。

2. 研发投入不足

试想一下，企业如果没有新技术、新产品、新工艺、新模式，一方面，生产过程消耗就会很高，单位产品的原材料消耗、能源消耗、管理费用等都会居高不下；另一方面，成本的增值率，或者说转化率低，带来附加值偏低。这样的成本是低效成本，甚至是无效成本。这同时产生两个结果：企业成本高、产品附加值低。因此，企业技术进步缓慢导致的这种高成本、低利润，是研发不足的结果，是长期跟随、模仿形成路径依赖而产生的结果。

靠跟随、模仿而生存、发展的时代已经从整体上结束了。没有研发，没有创新，企业成本就会越来越高，利润越来越薄，直至被淘汰而退出市场。从现实来看，越是重视研发的企业，日子越是好过。相反，陷入困境的企业，都是不重视研发的企业。这也证实了研发与企业成本的相关性。

3. 人口老龄化

人口老龄化也会带来高成本。我国在不到 20 年的时间之内就进入了老龄化社会，而发达国家进入老龄化社会，一般用长达几十年至一百多年的时间。我们在还没有富起来的时候就进入老龄化社会了，而这些养老的成本是由全社会来负担的，最终是由企业来承担的。不仅如此，老龄化的另一面是适龄劳动力减少，劳动力市场发生逆转，从买方市场变为卖方市场。企业雇工不愁的时代结束了。当这些变为一种普遍现象时，不只是企业雇工成本上升，而且问题还会衍生扩大，使各项企业成本同时上升。简单来说，缺少劳动力，一切都会变得更贵。

从社会加持到企业身上的成本与从市场加持到企业身上的成本，两者叠加在一起，致使企业的人工成本快速上升，并连带引发各项成本上升。

4. 资源匮乏

我国已经成为世界第二大经济体，生产、生活所需的资源不断增扩，我国自有资源已远远满足不了发展的需要。相对于我国的生产规模和生活水平，我国已经成为一个资源匮乏的国家。当资源供应越来越依赖于国际市场时，就不能不导致资源成本的上升。

例如，我国石油、铁矿石对外依存度超过60%，国内的资源不够，要到国际市场上去购买，这不仅取决于国际市场供求状况，还取决于国际政治格局以及国与国之间的关系。其中既有市场风险，也有国际政治风险，充满了各种不确定性。国内资源不足，国际资源争夺加剧，全球风险水平上升，整体导致资源使用成本提高。而地球上的资源许多是不可再生的，尽管技术进步为资源节约、资源替代提供了可能性，但我国生产、生活对资源的需求快速扩增。从长期趋势来看，资源成本是上升的。国际大宗商品价格的波动，也不会改变这个趋势。

5. 环境污染

环境污染带来的是环境成本。环境成本一部分是由社会来承担的，付出的是大众健康代价和政府治理代价，一部分是由企业来承担的，最终转变为企业的成本。随着环境保护要求越来越高，企业用于环境保护方面的支出会不断扩增，企业承担的环境成本也就越来越高。这就是环境成本内部化的过程。

环境成本内部化，体现为多个方面，如缴纳环保税、环境保护的研发投入、环保设备购置、更换工艺流程等。在其他条件不变时，这方面的成本开支多了，企业利润就减少了。有的企业因此而陷入亏损，最终退出市场；有的企业会被迫转型升级，转向清洁生产，得以生存发展。我国生态环境污染日积月累，已经形成很高的污染存量，对现有企业来说，意味着再也不能通过外部化的方式来转嫁环境成本。环境污染的存量现在不得不靠政府大量投入来治理，而环境污染的增量治理势必将由企业来承担。企业承担的环境责任越来越大，其承受的环境成本也将越来越高。

6. 社会诚信缺失

社会诚信缺失，整个经济社会运行成本就会全面提高。比如契约意识淡薄，签了合同不履行，导致企业之间的相互拖欠增加、法律诉讼增多。经济运行是一个大系统，企业与企业之间通过投入产出链、供应链、价值链紧密地拴在一起，相互依存。其中一个企业不守契约，会影响一串企业。若企业普遍不讲诚信，则企业之间的关系将会面临不确定性程度的风险整体上升，交易成本会大大增加，由此导致企业成本高。例如，融资成本高，就与诚信不足直接相关，这导致过度的增信措施，如抵押、担保、认证和公证，这些都不是免费的，最终都会添加到融资成本的账单上。劳资关系同样如此，无论是资方还是劳方，一旦双方之间契约关系因社会诚信而受到不良影响，不只给企业带来成本，也会给收入分配、居民收入增长以及消费需求带来不确定性影响。政府的诚信水平对经济社会运行的不确定性影响，具有类似于基础货币那样的乘数效应。若政府诚信水平下降，会增大公共风险，导致生产、生活成本全面提升。

市场经济就是信用经济。诚信缺失，信用不足，风险上升，最终都会转化为企业成本。

三、高成本的根本原因是制度变迁滞后

资源错配的成本、养老的成本、资源的成本、环境的成本以及诚信缺

失带来的成本等，之所以会越来越高，根本原因是制度变迁滞后。这里所说的制度变迁滞后是相对于风险而言的，制度变迁跟不上风险的衍生、扩大，而风险会转化为生产、生活的成本。前面所说的六个方面的成本，其实都是风险凝结沉淀的结果。今天的结果，是因为我们昨天没看到风险，制度没有跟进，风险没有及时化解，甚至风险还在衍生扩大。风险水平上升，全社会的整体成本就会上升，微观主体的成本也就会水涨船高。

事实上，现在人类社会已经进入“风险社会”，全球经济也进入“风险经济”状态，这也是经济新常态的一个基本特征。但我们的制度变迁无疑是慢于风险产生的速度，这时整个经济社会的不确定性就会加大，行为方式也会转变，最终会导致成本快速上升。

从定价的角度来看，我们过去说的定价就是按照历史成本来定价，或者说是以历史成本为基础的。而现在的定价机制已经改变，是按照风险来定价的，或者说是以未来风险为基础的。企业的成本也不是过去的历史成本，而转化为风险成本。在这种情况下，传统意义上的那种定价方式已经悄然改变了，我们要重新认识市场的定价机制。

按照历史成本定价与按照未来风险定价，是两种完全不同的定价机制。一旦按照风险来定价，就不是以前那种所谓的供求规律——供大于求就会降价，供小于求就会涨价，而是供求双方的风险判断，风险上升，就会涨价；风险下降，则会降价。比如煤炭、钢材的产能是过剩的，政府正在推动去产能，结果2016年下半年出现了煤炭、钢材价格大幅度上涨，这用流行的经济学理论是无法解释的。是去产能，减少了产量，导致价格上涨，还是需求突然大增所致？这恐怕都难以自圆其说。这其中更具有决定性的因素是供求双方对风险的判断。对风险的预期比实物交易行情更能决定价格的走势。风险预期改变了行为，行为改变了供求关系，从而改变了价格。从期货与现货价格的关联中不难发现这一点。再比如，现阶段的资金是相对过剩的，但是当银行给企业贷款的时候，首先要评估企业的风险状况。中小企业风险大，利率就要高，大企业风险低，利率就低。除此之外还有抵押，抵押要评估，担保还要再担保，这就产生了交易费用，所以整个实体经济的融资成本变得很高。

当定价机制不是按照历史成本，而是按照未来风险在定价的时候，风险水平全面上升，就意味着所有的生产要素都会变贵。在这种情况下，包括实体经济在内的成本都会提高。

从社会的角度来看，风险社会意味着有很多的风险要内部化解，比如，老龄化的风险要靠企业承担，客观地说，就是社保缴费，导致企业的成本上升。还有环境污染的风险要内部化解，也会导致企业的成本上升。社会领域的风险内部化解就意味着企业的成本被转化。社会诚信水平下降，信用风险普遍增高，所有企业的成本都会由此而增加。

对于经济、社会各种各样风险的扩大，也就是不确定性的增加，会使整个经济的运行成本上升，进而使整个实体企业的成本上升，由此进入一个高成本的时代。高成本时代实际上和高风险时代是一致的。从这个意义上讲，现在的成本不是会计学意义上的成本，而是风险的转化。在这种情况下，如果不能降低整个社会的公共风险水平，那么，成本高的问题是无法彻底解决的。

而要降低整个社会的公共风险水平，那就要加快改革，加快制度的创新，推进制度变迁，使制度和风险之间形成一种良好的匹配，充分发挥制度及时地防范化解风险的功能，避免风险的累积。从这个角度来分析，我们当前面临的高成本，其实归结起来可称之为广义的制度性成本。

从分析得出的结论来看，成本的普遍上升，都是制度变迁滞后所造成的。所以，只有加快改革，降低制度性成本，才可能实现我国经济的转型升级。

基于国际分工的中国服务业结构调整

盛　毅　四川省社会科学院《经济体制改革》总编

中国自改革开放以来，服务业占三次产业比重一直偏低，与工业制成品对国际市场的依赖度较高有直接联系。国际产业分工的深入，使中国成为“世界工厂”，大量工业产品进入全球市场，而与之相关的服务业，却没有同步同比例走出去，从而形成“生产国际化，服务国内化”的格局。在制造全球化迅速向服务全球化转变的重要时期，中国服务业结构调整的任务之一，就是以全球化的视野主动适应服务业全球化的大趋势，促进服务业在更大力度上走出去，建立制造业与服务业协同参与国际分工的新格局。

一、中国服务业结构的国际比较

1978年，中国的三次产业比重为27.7 ∶ 47.7 ∶ 24.6，第三产业的比重较低，这与当年的人均GDP只有385元一致。1978—2016年，服务业占比一直呈现稳步上升的走势，2014年以后增长速度开始快于第二产业，服务业占比的上升步伐也在加快，一改2002—2012年徘徊不前的态势。2016年，服务业增速比第二产业高出1.7个百分点，占GDP比重的51.6%，比第二产业高出11.8个百分点，服务业对国民经济增长的贡献率为58.2%，比上年提高 5.3 个百分点，加速的趋势非常明显。尽管如此，中国与国际上同阶段的服务业占比相比，则一直明显低于大多数国家的正常值。

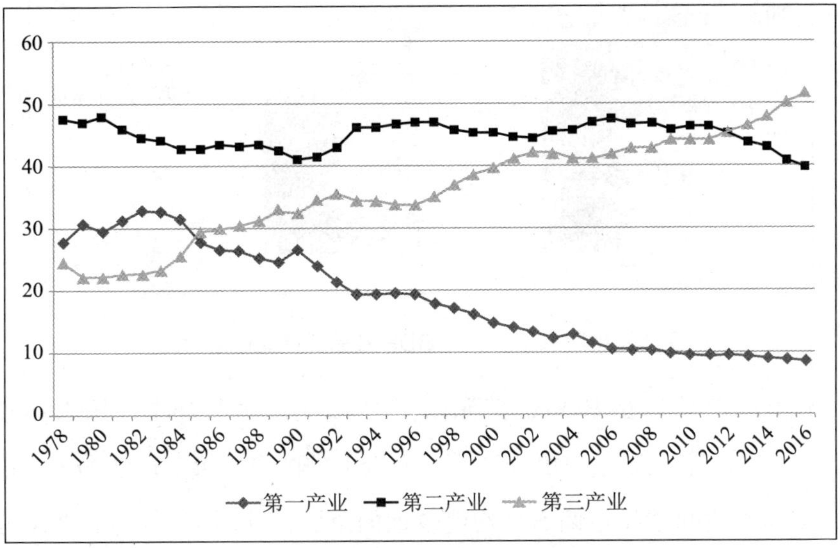

图 1：中国 1978—2016 年三次产业结构变化

针对这一问题，尽管许多学者作过研究，并发现不仅发达国家的第三产业占比明显高于中国，而且与中国发展水平相近的国家，第三产业占比也高于中国，甚至发展水平低于中国的国家，第三产业也高于中国。然而这些研究一般选择少数几个国家进行比较，也没有剔除各国在资源禀赋、发展阶段、经济规模等方面的差异，容易产生误判。为此，我们以 2014 年的人均 GDP 指标为参照，分别将中国与世界平均水平和按不同人均 GDP 分组的国家来进行比较，进一步减少个别样本比较造成的误差。

从与世界平均水平比较看，2014 年中国的人均 GDP 低 3165 美元，为世界平均水平的 70.6%；而第三产业占比低 22.7 个百分点，为世界平均水平的 67.8%。以世界平均水平为 100 计算，后者比前者低 2.8 个百分点，即第三产业占比与世界平均水平差距大于人均 GDP 的差距。

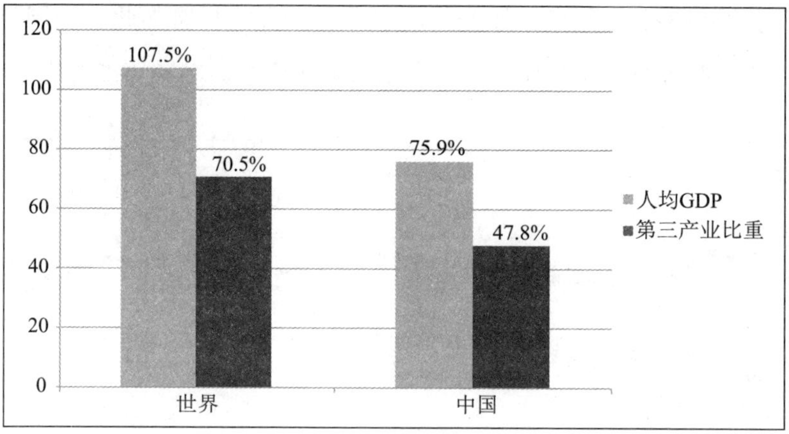

图 2：中国与世界人均 GDP 及第三产业比重对比

选择 GDP 总量在 1000 亿美元以上的 45 个国家为样本，按人均 GDP 分组进行比较看，人均 GDP 在 3 万美元以上的国家，第三产业的平均值为 73% ~ 74% 之间（扣除偏离平均值较远的个别特殊国家），并且 3 个分组的平均值很接近；在人均 GDP 1 万 ~ 3 万美元的国家分组中，第三产业的平均值为 63% ~ 65% 之间，并且两个分组的平均值同样很接近；在人均 GDP 1 万美元以下国家的分组中，第三产业的平均值为 50% ~ 54% 之间，并且 2 个分组的平均值也比较接近。

表 1：2014 年按人均 GDP 分组的服务业占比（%）

组别	国家	第一产业	第二产业	第三产业	人均GDP（美元）
人均GDP 5万美元以上	挪威	1.7	38.4	59.9	97031
	瑞士	0.7	25.7	73.6	81324
	澳大利亚	4.0	26.6	69.4	61219
	瑞典	1.4	25.7	72.9	58491
	美国	1.5	20.5	78.1	54597
	爱尔兰	1.6	24.1	74.3	53462
	荷兰	2.0	21.4	76.6	51373
	奥地利	1.3	28.4	70.3	51307
	加拿大	1.5	27.7	70.8	50398

续表

组别	国家	第一产业	第二产业	第三产业	人均GDP（美元）
人均GDP 4万～5万美元	芬兰	2.8	26.0	71.2	49497
	比利时	0.7	22.5	76.7	47722
	德国	0.8	30.7	68.6	47590
	英国	0.6	19.8	79.6	45653
	法国	1.7	19.4	78.9	44538
	新西兰	6.9	23.4	69.7	43837
	阿联酋	0.7	59.0	40.3	43180
人均GDP 3万～4万美元	日本	1.2	26.2	71.4	36332
	意大利	2.2	23.4	74.4	35823
	西班牙	2.5	23.1	74.4	30278
人均GDP 2万～3万美元	韩国	2.3	38.2	59.4	28101
	沙特阿拉伯	1.9	56.9	41.1	24454
	葡萄牙	2.3	21.2	76.5	22130
	希腊	3.8	13.3	82.8	21653
人均GDP 1万～2万美元	捷克	2.6	37.9	59.5	19563
	波兰	3.3	33.3	63.5	14379
	匈牙利	4.4	30.2	65.4	13881
	俄罗斯	4.0	36.3	59.8	12926
	阿根廷	8.2	28.8	63.0	12873
	巴西	5.6	23.4	71.1	11604
	马来西亚	9.1	40.5	50.4	10804
	墨西哥	3.5	33.8	62.7	10715
	土耳其	8.0	27.1	64.9	10482
	罗马尼亚	5.4	27.3	67.4	10035
人均GDP 0.5万～1万 美元	哥伦比亚	6.7	38.2	55.1	8076
	中国	9.1	43.1	47.8	7589
	委内瑞拉	8.7	49.3	42.1	6757
	南非	2.5	29.5	68.1	6483
	秘鲁	7.5	36.8	55.8	6458

续表

组别	国家	第一产业	第二产业	第三产业	人均GDP（美元）
人均GDP 0.5万美元以下	印度尼西亚	13.7	43.0	43.3	3534
	埃及	14.5	40.0	45.6	3304
	尼日利亚	20.2	20.7	59.1	3298
	菲律宾	11.3	31.2	57.5	2865
	越南	18.1	38.5	43.4	2053
	印度	17.0	30.1	53.0	1627
	世界	3.1	26.4	70.5	10754

数据来源：根据《世界银行报告》数据整理得出。

将中国第三产业占比与各组别的平均值比较，可以看到在人均 GDP 高于中国的分组中，只有阿联酋和沙特阿拉伯两个低于中国，这与两个国家的经济发展水平实际上不高，但石油工业占比很高有关，不具代表性。在人均 GDP 与中国相近的国家中，只有委内瑞拉比中国低。在人均 GDP 明显低于中国的国家中，只有印尼、埃及、越南的第三产业占比低于中国。而在这些国家中，越南和印尼也属于工业制成品出口迅速增长的国家，正在向“世界工厂”行列迈进，并且人均 GDP 只有中国的三分之一左右。委内瑞拉与阿联酋、沙特阿拉伯的产业结构相似，也是世界上主要石油输出国之一，第三产业低同样不具有可比性。埃及的人均 GDP 只有中国的一半，正处于工业加快发展阶段，与中国 2008 年的水平相近。如果选择以达到同样人均 GDP 标准的年份来比较，中国的第三产业占比为 42.8%，低于埃及 45.6% 的水平。

表2：2014年按人均GDP分组的第三产业平均值、最高值和最低值（%）

分组	平均	最高	最低	中国比均值
人均GDP 5万美元以上	71.8	78.1	59.9	–24.0
人均GDP 4万～5万美元	69.3	79.6	40.3	–21.5
人均GDP 3万～4万美元	73.4	74.4	71.4	–25.6

续表

分组	平均	最高	最低	中国比均值
人均GDP 2万～3万美元	65.0	82.8	41.1	–17.2
人均GDP 1万～2万美元	62.8	71.1	50.4	–15.0
人均GDP 0.5万～1万美元	53.8	68.1	42.1	–6.0
人均GDP 0.5万美元以下	50.3	59.1	43.3	–2.5

注：（1）在人均 GDP 5 万美元以上国家分组中，如果扣除挪威，平均值为 73.3%；（2）在人均 GDP4 万—5 万美元国家分组中，如果扣除阿联酋，平均值为 74.1%；（3）在人均 GDP 2 万—3 万美元国家分组中，如果扣除沙特阿拉伯，平均值为 72.9%。

以上国际比较结果显示，中国第三产业占比明显低于世界平均水平，也明显低于绝大多数国家在同一发展阶段的正常值，只是比出口石油较多的国家和少数经济发展显著落后的国家高。

二、出口结构对服务业发展的影响分析

在不参与国际贸易的情况下，一个国家的第二、第三产业发展，在相同的阶段，会有大致相近的比例。即使参与到国际分工体系中，三次产业之间的比例，一般也不会出现太大差异。尤其是大的经济体，其经济结构更为均衡，为何中国会出现这种非常态的情况。观察过去近 40 年的投资和分产业增长数据，可以找到表面上的原因，第二产业的投资明显快于第三产业，第二产业增加值的增速，相应也快于第三产业。而其背后的原因，则是中国在建立起规模庞大的、为世界生产商品的加工制造体系的同时，没有建立起与此相应的服务体系。从出口结构就可以看到，2016 年，中国货物出口 138455 亿元，服务出口 18193 亿元，后者只相当于前者的 13%。显然，是货物贸易与服务贸易的不平衡，导致了服务业比重过低。

以 2016 年的出口规模为例，如果货物出口额按 20% 的增加值比率计算，出口仅占中国当年 GDP 总额的 3.7% 左右，比重并不大。将其从第二

产业中扣除，服务业占比只有53.6%，比现有提高2个百分点。但是，如果我们考虑到围绕货物出口而形成的生产体系，它所创造的增加值，会远大于这个数值。有研究机构测算，中国出口带动就业人数在1.5亿人左右，对经济增长的贡献率平均达到17% ~ 20%。尽管货物出口中，工业制成品已经超过95%，机电产品出口上万亿美元，但主要是在卖商品，服务业没有以相应规模跟进。2016年，世界服务出口4.77万亿美元，占货物和服务出口之和的比重为23.5%，中国只有10%多一点。同时，服务贸易长期为逆差，并且逐年呈现逆差扩大的走势。2016年服务出口18193亿元，进口35291亿元，逆差为17097亿元，主要的逆差国为美国等，说明服务业不仅走出去规模小，同时还受到发达国家服务业的挤占，占比低自然不可避免。

服务全球化浪潮的兴起，源自制造业全球化深入发展的带动。国际市场需求变化尤其是消费者对产品质量、档次、个性化等要求的提高，不仅扩大了物流、金融、保险、信息、售后服务、展示等业务规模的扩大，而且推动了研发设计、服务外包、软件、旅游、咨询、技术指导、中介等业务的全球化发展，形成了行业门类更加丰富、层次更加多元化的国际服务业体系。尤其是信息与网络技术的广泛应用，降低了企业的信息传递成本，跨越了生产与消费不可分离的障碍，而现代化交通网络的形成，提供了服务业广泛拓展的空间。由此可见，服务全球化正在悄然改变着世界产业的发展模式，孕育着新一轮产业革命的新机遇。

不过，主导服务业全球化发展的力量是发达经济体，新兴经济体更多地扮演着补充角色。国际产业转移已经经历了四次浪潮，其划分都是以制造业转移为标准，即“世界工厂”的大迁移过程。在前三次国际产业转移中，第一次由英国主导、第二次由美国主导、第三次由日本主导，从主导国家的产业转移动力看，主要是通过将劳动密集、资源密集型制造业向外转移，进而转向发展资本密集、技术密集型制造业。这类产业转移，更多地表现为制造业的全球化。而发端于20世纪90年代的第四次国际产业转移，具有许多新的特征。一是产业输出地不仅有日本，而且有东亚“四小龙”，还有美国和欧盟。产业承接地既有东盟四国，也有中国内陆。二是发达国家之间、发达国家与新兴经济体之间、新兴经济体自身之间的相互转移成为新趋势。三是“世界工厂”在发展中国家普及，对发达国家的服务业提出了更大需求，使美国、西欧、日本的服务业比重进一步上升，从而进一步强化发达国家主要承担国际服务功能，发展中国家主要承担国际制造功能的分工格局。这次国际产业转移的结果，使发达国家的制造业“空心化”现象更为明显。如美国的第二产业所占比重，从1990年的24.1%下降到1999年的21.8%，平均每年下降0.25个百分点。尤其在1990—1991年期间，第二产业比重下降了1.2个百分点，而第三产业的比重上升了1.5个百分点。1991—2001年的十年间，第三产业比重上升6.1个百分点①。美国和部分欧洲国家在本轮国际金融危机后提出的“再工业化”、“复兴制造业”等，就是对制造业比重继续下降的应对策略。但如果从国际分工利益分析，发达国家制造业比重下降和服务业比重上升，尤其是服务业的价值创造体系在全球范围内的优化与整合，获得的利益是递增的，享有了产业升级的红利。中国过去通过扩大产品出口，使制造业获取了增长动力，解决了更多的就业，但服务业发展却滞后了。在新的历史时期，中国应抓住服务业全球化这一历史机遇，结合中国深度参与国际分工需要，在“走出去”上实现跨越式发展。

---

① 景跃军，王晓峰：美国三次产业结构现状及未来趋势变动分析，载《东北亚论坛》，长春，2006，第1期。

三、推动服务业走出去的途径分析

第一，要把推动服务业走出去作为新时期的重要竞争战略，通过几年的努力，形成货物出口与服务出口协同发展的局面。应当看到，中国经济发展进入新常态后，服务业发展已经成为产业转型升级的重要抓手，未来几年服务业增速高于其他产业，是不可逆转的大趋势，具有很大的拓展空间。同时，国家为支持服务业发展，陆续出台了大量的政策措施，这也为促进服务业走出去，培育外贸新的增长点创造了有利条件。在服务业基础进一步巩固，出口步伐加快的条件下，顺应新时期服务业发展趋势，需要制定服务业走出去的长远战略和具体的实施方案，包括与更多的国家建立政策协调机制，系统制定服务业“走出去”的财政和税收支持政策，出台服务企业境外投资扶持措施等。

第二，借助中国制造“走出去”战略取得的效应，尤其是出口的机电产品技术含量和系统集成要求明显提高，部分产品如通信设备、运输设备逐渐成为出口主体，对技术研发、售后服务、维修保养等需求上升的实际，以这类产品出口为依托，引导相关企业向综合服务提供商转型，不断增加为出口产品服务的内容，促进其服务与产品的融合，努力延伸“微笑曲线”两端的服务内容，提高服务的档次，推动服务外包转型升级，带动技术、标准、服务和品牌走出去，推动服务外包与制造、交通、金融、保险等垂直行业深度融合，使其在更多方面能够助推中国制造走出去。

第三，运输服务和旅游服务的出口总额，占服务贸易出口总额的比重接近50%，是市场份额最大的领域。针对服务贸易市场潜力较大的旅游、运输服务及专有权利使用等领域，制定鼓励发展的政策措施，引导更多的资金、人才和技术向这类领域流入，明显提高产品的技术含量，增强参与国际市场竞争的能力。中国文化产品丰富，优势明显，在鼓励演艺、餐饮、租赁、商务等走出去的同时，要积极扩大文化创意、数字出版、动漫游戏等新兴文化出口。

第四，逐步将技术和知识密集型服务业，作为参与国际分工和获取贸易利益分配的重点产业。目前，技术含量相对较高的服务业，出口总额占服务贸易出口总额的比重还较低，如市场潜力大的金融、通信等，在服务业出口中的占比，也就 1% 多一点，开发潜力巨大。当前应增加金融、通信、保险等服务业走出去的规模，促进维护和维修服务、广告服务、金融服务的快速增长。顺应服务贸易数字化越来越明显的趋势，尤其是利用好中国在电子商务、网上支付等方面已经形成的优势，扩大云计算、大数据、物联网、3D 打印、VR 等数字技术的出口，争取尽快形成一定的比较优势。

第五，借助“一带一路”建设的历史性机遇，拓宽市场范围，使市场更加多元化，改变目前过度依赖香港、美国、澳门、日本、韩国等市场的现状。建设一批面向“一带一路”等重点市场的国家文化出口基地。积极承接欧美发达国家外包业务。

第六，引导一批企业参与国外服务企业的并购，采取在海外上市融资，利用资本市场壮大企业走出去的实力。引导有条件的企业设立海外研发中心，建立完善的国际市场营销网络。通过这些措施，改变经营业态单一、经营规模小、经营管理落后、品牌缺乏等现状。

新供给主义经济学视角下 中国经济的新供给周期研究

滕 泰 万博新经济研究院院长
刘 哲 万博新经济研究院院长助理

当前中国经济正处于新旧动能转换的关键时期，需求周期、供给周期、金融周期、政治政策周期等多周期叠加，再加上行政去产能等短期政策使市场出清的自身节奏难以辨认，“新周期”成为各界争论的焦点。新供给主义经济学认为，当前中国经济周期的核心驱动因素已发生变化，是否有新周期不取决于老供给出清，而取决于新供给扩张。笔者以万博新供给指数所代表的新老供给权重变化为基础，预计中国经济有望在3年内再次回到7%以上的增速水平。

一、当前关于中国经济新周期的争论

在2017年第一二季度经济增速持续超预期之后，8月部分宏观经济指标增速回落，“新周期”的讨论持续发酵，分歧进一步扩大。在激烈的分歧与争论中，各方对“新周期”这个概念背后的理解其实有两种：一种理解是新周期指中国经济结构已明显优化，经济进入“L型的新阶段”；另一种理解则认为是经济的“新上升周期”。

关于是否进入“L 型的新阶段”有两种不同观点：乐观者认为，中国经济新动能已经成为拉动中国经济增长和就业的重要力量。服务业增加值占 GDP 比重已超过 50%，而且还在不断扩大。新业态、新商业模式对经济的支撑已经显现。比如国家信息中心发布的《中国分享经济发展报告 2017》显示，我国分享经济市场交易额约为 3.5 万亿元，比上年增长 103%。不仅如此，新动能对就业的带动作用非常明显，李克强总理在 2017 年夏季达沃斯论坛上指出，在 2016 年城镇新增就业中，新动能的贡献率占 70% 左右。

悲观者则认为，人工智能、互联网等新产业还难以整体形成强大的经济动能，中国经济周期还是取决于传统制造业以及房地产、基建投资等领域的周期性波动。他们认为，本轮经济的企稳是补库存和去产能政策下的短期反弹，总量上还不是结构性改善。由于 PPI 没有从上游顺畅传导到下游，下游企业承受的压力很大，补库存不可能长期持续下去，而上游利润增加的企业也不太会增加投资。此外，个别机构依然认为房地产依旧是压在中国经济头上的“达摩克利斯之剑”，只有房地产泡沫消灭之后，才会有真正的新周期。

而关于是否存在“新上升周期”，也有两种不同声音：乐观者认为，根据过剩产能出清进入尾声，即将有大量新产能释放，并梳理了 3 ~ 5 年的基钦周期、8 ~ 10 年的朱格拉周期等用来佐证在时间上也已经到了新周期的起点位置。但无论是以存货为主要考察指标的基钦周期，还是以设备投资为主要变量的朱格拉周期，其前提假设都是存货下降后，一定会回到前期历史均值；设备老化后，一定会带来新设备的投资。新供给主义经济学则认为，在当前去产能政策和环保政策背景下的过剩产能出清，虽然带来了产能利用率和产销率的提升，以及相关大宗商品和化工原料价格的上涨，但是不一定带来投资的大幅增加。行政力量造成了去产能在出清后会再次迎来新产能扩张的假设难以变为现实。政策背景、背后的驱动因素、工业化进程的不同阶段，使得用历史的统计规律来预测当前的新周期也就未必正确了。

悲观者认为，基建拉动下的投资增长不可持续，消费和出口保持稳定，进而得出没有新周期的结论。新供给主义经济学认为，关于三大需求的分析其实隐含了供给条件不变的假设，从需求出发来预测需求，可能忽略了现实中供给侧的动态积极变化。新供给主义经济学认为，需求由供给创造，预测需求未来的变化要看一个经济的供给结构所决定的供给创造需求的能力。从中长期看来，供给创造需求的能力在两种情况下会发生变化。一是当新供给创造新需求时，带来的供给条件改变。比如技术创新。在乔布斯创造出苹果手机之前，世界对它的需求是零——苹果智能手机用新供给创造了新的需求，相关产业链拉动了美国经济的持续复苏。在钢铁、煤炭等这样的供给老化的领域，一个单位的老供给只能创造出 1/N 单位需求，而像阿里巴巴、微信、网约车这样的供给扩张领域，一个单位的新供给却能够创造出 N 倍的需求。二是通过供给侧结构性改革解放生产力时，也会带来供给条件的改变。供给侧的五大生产要素——人口与劳动、土地与资源、金融与资本、技术创新、制度与管理是经济增长的真正动力，通过减税降费、降低融资成本等方式放松行政性供给约束，并通过解除要素的制度性供给抑制，降低上述五大要素的供给成本，提高要素的供给效率，也可以“释放新供给，创造新需求”。当考虑上述两个供给条件可能发生变化，凯恩斯主义从三大需求出发的预测框架就不一定正确了。

二、从传统周期理论到新供给经济周期

工业社会早期，产业结构相对单一，收入分配两极分化严重，而且政府对宏观经济缺少必要的干预，经济周期性波动剧烈。比如，从 1825 年英

国第一次经济危机爆发，到1929—1933年的“大萧条”，西方经历了十几次经济危机，每次都伴随着企业大批倒闭、大量工人失业和物价暴跌。这一时期的经济危机，是“生产相对过剩型”经济危机。

工业社会中期，尤其是第二次世界大战以后，工业国经济仍会出现周期性经济波动，甚至出现负增长，但经济波动的强度、对生产的破坏，以及对人们生活的影响，都远没有工业社会早期剧烈。比如1957—1958年期间，美国经历了战后第一次经济衰退，商品滞销、库存增长，但并未造成大规模的企业倒闭和失业现象，物价表现也相对温和。这个时期，经济波动的强度大幅降低，主要是由于产业结构已高度复杂和多元化，有的产业供给不足，有的产业供给过剩，成千上万的产业此消彼长，产业之间能够有效对冲。同时，相对于原先封闭的市场，贸易和分工带来的经济全球化，使得宏观供给和需求波动的风险能在更大范围内分散，也有效熨平了经济的波幅。加之，第二次世界大战以后，受国际共产主义运动的影响，收入分配的极端现象有所缓解，工业化成果向更多人扩散，中产阶级逐步形成，生产相对过剩不再明显。这个阶段，是在边际消费倾向递减等三大心理定律的作用下，经济表现出更为温和的“有效需求不足型”经济衰退。

“生产相对过剩型”经济危机理论和“有效需求不足型”周期理论在当时各自的历史背景和经济发展水平下，都曾经具有较强的解释能力。但是在工业社会后期，人们的物质生活已经进入丰裕社会，基础设施建设已经基本完成，房地产开发经济向物业经济转变，耐用消费品更新速度也在减缓，低值易耗的生产资料和快速消费品维持着相对稳定的增长，在这样的背景下，财政政策和货币政策的边际效用越来越小。知识产业、信息产业、文化产业、金融产业和其他服务业的占比越来越高。不仅如此，宏观经济风险的特征也出现了明显变化，2008年，爆发了战后最为严重的一次金融危机，也没有出现经济持续负增长、大面积企业倒闭和大范围失业风潮，只表现为温和的失业率增加和经济增速下滑，这显示出传统经济周期理论的解释力大幅下降。

新供给经济周期理论认为，在产业结构变化、消费升级、社会再分配制度调节等因素影响下，边际消费倾向和资本边际效率不再显著递减，而宏观经济仍然出现周期性的下行，这在很大程度上是“供给结构老化型”经济下行。

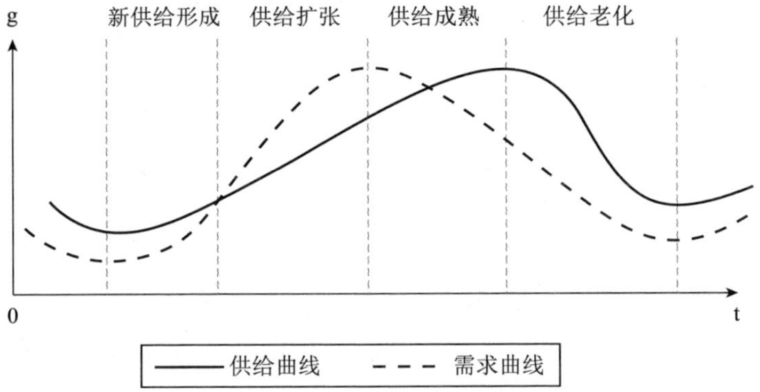

图 1：新供给经济周期

数据来源：根据万博新经济研究院相关研究数据得出。

一个完整的新供给经济周期可以划分为新供给形成、供给扩张、供给成熟、供给老化等四个阶段。如果一个经济中大部分行业处于新供给形成和供给扩张阶段，这个经济就会充满活力，其经济增长速度就会提高，整体运行趋势是向上的；反之，如果一个经济体的较多行业处于供给成熟和供给老化阶段，这个经济体的活力就会下降，其经济增长速度就会降低，整体运行趋势就会向下。

三、2007 年以来中国经济的新供给周期

2007—2017 年，中国经济经历了市场经济以来最长时间的下行周期。

表面上，这十年经济下行的短期影响因素各不相同：2007—2010年是先后受到金融危机和需求刺激影响，经济出现了短期的V型波动；2010年下半年是由于控制通货膨胀，连续五次加息，货币政策收缩导致经济回落；之后是市场作用下的产能逐步退出，使得经济持续下行，而2016以来的行政干预则在很大程度上加速了市场去产能、去库存的进度，快速释放了经济下行压力。但实际上，即使剔除上述人为需求刺激、金融伸缩、存货调整、产能扰动等短期因素，中国经济也连续十年一直处于增速下行的趋势中。这么长的经济下行，在全球经济发展史上也很少见，其背后一定有着超出上述短期因素的更深层次原因，经济周期的核心驱动因素与之前相比或许已经发生了明显的改变。

新供给主义经济学认为，中国经济这一轮增速下行既不同于工业社会早期的生产相对过剩型经济危机，也不同于工业社会中期的有效需求不足型经济衰退，而是工业社会后期的“供给老化型经济下行”，增速持续下行的主要原因是供给结构老化。

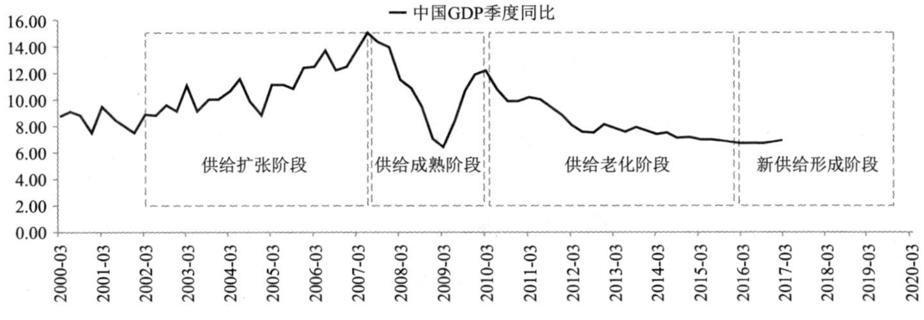

图2：中国经济的新供给周期

数据来源：根据万博新经济研究院相关研究数据得出。

2002—2007年，中国经济体现出典型的供给扩张特点，在WTO、工业化和城镇化的带动下，钢铁、公路、房地产、汽车、家电等供给扩张行业带领中国经济高速增长。到2007年以后，中国的产业结构发生了重要变化，制造业占GDP的份额开始由升转降，服务业份额开始上升，之前拉动经济高速增长的房地产、汽车等供给扩张产业进入供给成熟阶段，而钢铁、煤炭等供给成熟产业则进入了供给老化阶段。这些供给老化产业产能严重过剩，大量闲置生产要素无法充分就业，资源的配置效率降低，使得经济增长一直处于下行趋势。

2016年以来，老供给已经逐步出清，设备更新换代、产能利用率和产销率的提升、相关大宗和原材料价格的上涨，以及部分上游企业的盈利改善等都是积极的微观信号。但行政去产能造成的供给出清只能使得供给老化导致的经济下行压力不再明显，在供给结构老化背景下，新的上升周期并不取决于老供给的出清，而是取决于新供给扩张。在物质产品越来越丰富的时代，石油、煤炭等深层资源加工出来的日常用品的供给远超过了基本需求量，物质消费占总消费的比例会逐渐变小，钢铁、煤炭等老供给无法再创造出等量的新需求。即使没有严控产能的政策，老化产业在出清以后，也不具备大规模扩产、投资大幅增加的市场基础。即使出现短期产能反弹，也必然会带来新一轮的更为严重的产能过剩。中国经济的未来不取决于那些供给老化的产业，而取决于哪些新供给，将来会创造哪些新需求，形成多大的增长新动能。

四、中国经济展望：新旧动能转换与2018年新周期

按照新供给主义经济学的定义，新供给是能够持续创造新需求、形成新市场的一种新技术、新产品或新的商业模式或管理模式。在不同的经济发展阶段，新供给背后对应的产业、技术或商业模式也会发生变化，以前新的技术可能会变成老的技术，原有新的商业模式也可能面临更迭。

相对于农业时代而言，工业技术是新供给；而当进入工业时代后期向

软价值转型的时代，以消耗地球资源、污染环境为财富源泉的传统工业则成了老供给，不主要依赖自然资源、以人类创造性思维为财富源泉的知识产业、信息产业、文化产业、金融产业以及其他服务业等软产业将成为未来的新供给。这五大软产业在美国经济占比已达到80%，它们满足的是人们永无止境的精神追求，代表着工业社会后期具有无限未来发展潜力的新供给、新动能。

除了软产业之外，高软价值制造业也是未来新旧动能转换的方向，也属于新供给。高软价值制造业主要包括以软资产为支撑，以软价值的创造和实现为主要产品或服务的制造业。我们用“软价值系数”来描述制造业中软价值所占的比例，即软价值系数 = 软价值 / 产业总价值。可以粗略地认为原材料成本、加工成本等硬成本在产业总价值中占比越小，其软价值因素占比越大，从而得到大致的产业软价值系数。越是富含科学技术含量，或带给消费者更多基本功能以外的良好消费体验的产品，其软价值占比越大。比如茅台酒本身的硬生产成本比不高昂，所占比重不到20%，简单地说就是高粱、酒曲加蒸馏及其他基本工艺的成本，而软价值占了绝大部分，满足的是人们的精神需求。而那些软价值创造能力较弱的行业，比如家电、饲料等，以大规模、同质化加工、创造硬价值，其软价值自然较低。我们将软价值占总价值比重60%以上的制造产业，统称为高软价值制造业。

我们以代表未来长期新供给方向的软产业和高软价值制造业为基础，构建了万博新供给指数。将第三产业中以新供给为主体的产业统计为软产业，其中剔除了第三产业中房地产、公共设施管理等供给成熟行业和公共福利行业，同时将第二产业中，电子及通信设备制造、航空、航天器材及设备制造等高技术产业统计为高软价值制造业，最终得出分布于服务业与制造业的十五大行业，如表1所示。

表1：新供给产业

<table>
<tr><td rowspan="15">新供给产业</td><td rowspan="9">软产业</td><td rowspan="2">知识产业</td><td>科学研究、技术服务和地质勘查业</td></tr>
<tr><td>教育、咨询、智库、论坛等</td></tr>
<tr><td>信息产业</td><td>信息传输、计算机服务和软件业</td></tr>
<tr><td>文化产业</td><td>文学声乐、形象艺术、技能和体育、现代休闲娱乐、文物与收藏品</td></tr>
<tr><td>金融产业</td><td>银行、证券、保险、信托、基金等</td></tr>
<tr><td rowspan="4">其他服务业</td><td>批发和零售业</td></tr>
<tr><td>住宿和餐饮业</td></tr>
<tr><td>租赁与商务服务业</td></tr>
<tr><td>居民服务和其他服务业</td></tr>
<tr><td rowspan="6">高软价值制造业</td><td colspan="2">信息化学品制造</td></tr>
<tr><td colspan="2">航空、航天器及设备制造</td></tr>
<tr><td colspan="2">电子及通信设备制造</td></tr>
<tr><td colspan="2">计算机及办公制造</td></tr>
<tr><td colspan="2">医疗仪器设备及仪器仪表制造</td></tr>
<tr><td colspan="2">医药制造及其他高软价值制造业</td></tr>
</table>

资料来源：根据万博新经济研究院相关研究成果得出。

根据公开的统计数据，2016年的万博NSI指数为39.01%，即新供给占中国经济GDP的比重为39.01%。根据历史数据进行测算，上述十五个新供给产业2015年和2016年的平均加权增速为10.22%，老供给产业的增速为4.77%。按照每年新供给产业和老供给产业的增速，进行新供给产业权重调整，预计2017—2019年万博NSI指数分别为40.23%、41.45%、42.69%。

图 3：中国经济 GDP 增速预测

数据来源：根据万博新经济研究院相关研究数据得出。

假设未来新供给产业将以 10.22% 的增速增长，老供给产业大概能保持每年 4.77% 的增速，以万博 NSI 指数所代表的新老供给权重变化为基础，线性外推估算，预计 2017 年中国经济 GDP 的增速为 6.9%，2018 年增速在 7% 左右，2019 年大概率在 7% 以上。新供给已成为中国经济增长的重要驱动力量，未来几年中国经济既有质的积极变化，也有量的边际提升，既是 L 型增长水平上的新阶段，也有经济增速的稳步复苏，即中国经济将在新供给扩张的带动下进入缓坡型增长新周期。但仍要特别关注钢铁、煤炭等上游大宗商品大幅涨价对下游制造业上万亿成本冲击所造成的滞后负面影响，以及房地产泡沫的“灰犀牛风险”。

第三编

加快建设创新型国家

第四次工业革命下的中国转型发展趋势

迟福林　中国（海南）改革发展研究院院长

中国是一个转型大国。当前，经济转型正处在重要的历史关节点。一方面，经济转型为产业结构变革提供了新机遇；另一方面，产业结构变革也为经济转型升级提供了新动能，并由此推动中国经济走上有质量、可持续的新路子。

一、中国经济转型升级的大趋势

作为一个拥有 13 亿人口的大国，中国的经济转型升级呈现出比较明显的趋势：

1. 产业结构正由工业主导向服务业主导转型。2013—2016 年，中国服务业增加值年均增长 8.0%，超出 GDP 增速 0.8 个百分点，2016 年服务业占比达到 51.6%。预计到 2020 年中国服务业比重有可能达到 60% 左右，基本形成以服务业为主导的产业结构。需要指出的是，在比重不断提升的同时，中国服务业领域的新业态、新模式、新产业不断涌现。

2. 消费结构正由物质型消费为主向服务型消费为主转型。2016 年，中国消费率为 53.6%，比 2012 年提高了 3.5 个百分点。预计到 2020 年，中国的消费总额有可能由 2016 年的 33 万亿元人民币增加到 50 万亿元人民币左右。未来5年，消费对经济增长的贡献率将稳定在65%左右，基本形成消费拉动经济增长新格局。需要指出的是，未来5 ~ 10年，中国的消费结构升级将呈现加快态势，健康消费、文化消费、旅游消费、信息消费、虚拟消费等服务型消费快速增长。预计到2020年，中国城镇居民服务型消费比重将由目前的40%左右提高到50%左右，中国将进入一个“新消费时代”。

3. 城镇化结构正由规模城镇化向人口城镇化转型。2016年中国常住人口城镇化率达到57.35%，预计到2020年有可能提高到60%以上，基本形成人口城镇化新格局。中国城镇化结构的升级为新一轮科技革命与新经济的创新、应用、推广、普及提供了广阔的空间。

4. 开放结构正由货物贸易为主向服务贸易为重点的转型。在经济全球化背景下，中国经济转型与开放结构升级直接联系。中国服务贸易占全球的比重由2012年的5.5%上升至2016年的6.9%。预计到2020年，中国服务贸易规模将超过1万亿美元，占外贸总额比重达到20%以上。中国开放结构的转型升级，不仅对转变自身经济发展方式有重要影响，而且也将给东亚乃至全球贸易结构调整提供新的市场空间。

二、中国数字经济发展加快推动产业变革进程

全球范围的新一轮科技革命与经济转型相互交汇，由此形成了中长期经济增长的新动能。作为新经济发展的大国，中国的数字经济发展已经成为产业变革的重要力量。

1. 数字经济加快推动制造业的转型升级。过去几年，中国涌现了一批具有标志性意义的重大科技成果，包括载人航天、探月工程、量子通信、射电望远镜、载人深潜、超级计算机等，技术创新领域新业态也不断出现。与此同时，数字经济引领着中国传统产业的转型。例如，工业机器人、3D

打印机、无人机和其他人工智能等新装备、新技术加快应用，大数据、云计算、物联网等应用范围不断扩大。华为、格力等已进入到全球产业链的中高端，腾讯、阿里、百度等7家企业位居全球物联网企业20强，数字技术开始深度融入中国传统制造业的变革中。

2. 数字经济发展加快创新驱动进程。从发展趋势看，依托巨大的市场潜力，中国的科技革命还将加快推进；新技术的突破、新业态的创新，还将呈现蓬勃态势。到2025年左右，预计中国信息消费总额将接近2万亿美元，电子商务交易规模将达到10万亿美元左右。以此实现从以资源要素投入为主的增长方式向创新和科技驱动的转变，形成中国“中速—高质”的增长新格局。

3. 数字经济发展与创新型企业家的形成。最近几年，中国新型企业家群体的出现与发展壮大，大都与数字经济相关联。比如，微信改变了通信模式，电子商务改变了销售模式，网络约车改变了出行模式。这些数字经济领域的创新型企业家，在对传统经济带来严重冲击的同时，也在新经济领域创造了新的发展机会，新的就业岗位。这就是中国经济转型中正在发生的“创造性毁灭”。

三、中国经济转型升级将为东亚乃至全球经济注入新动力

第四次工业革命与中国巨大的市场需求相融合，将带来巨大的内外效应，不仅为中国经济增长及增长方式转变注入强大动力，而且将促进全球经济增长及全球结构性改革的进程。

1. 服务型经济发展将有效释放消费潜力。例如，信息消费等数字消费已成为中国居民消费结构中的重要组成部分。2015年，中国网上零售额达到3.88万亿元人民币，占全社会消费品零售总额的比重达到12.9%。2015

年，共有 1.1 亿网民通过互联网接受在线教育，1.52 亿网民使用网络医疗，9664 万人使用网络预约出租车。2016 年“双 11”一天，仅阿里巴巴一家电商的总交易额就达到 1207 亿元人民币，当天全网交易总额超过 1800 亿元人民币。新经济带来的 13 亿人消费结构变革与消费总量的释放，对东亚乃至全球经济的增长都是一个重大利好。

2. 中国新经济发展将促进全球新经济发展进程。作为后来者，中国新经济的发展，在某些方面超出了人们的预料。比如，中国互联网巨头 BAT 公司（百度、阿里、腾讯），其发展也不过是 10 多年的时间。未来，中国在人工智能等领域的加快发展，将为提升全球增长质量做出贡献。

3. 中国新经济发展助推经济全球化进程。在推进自由贸易进程中，中国以数字经济为重要载体，推进全球共享经济发展，不仅在国内大力发展“互联网 + 新经济”，也将通过数字市场的不断开放，加速国内市场和国际市场相互融合。例如，在推进“一带一路”的进程中，以发展数字经济合作为切入点，以跨境电商为抓手推进跨境贸易、投资、产能和消费合作，加快数字服务贸易开放，有利于促进“一带一路”自由贸易网络建设。

从高速度增长走向高质量增长，从主要依赖于资源要素投入走向主要依赖于科技创新，离不开对第四次工业革命趋势的把握。这就需要各国推进对等开放，由此以新的科技革命和新的经济全球化提升全球福祉！

要素生产率提升的重要节点

杜传忠　南开大学产业经济研究所所长
郭美晨　南开大学产业经济研究所研究员

自2008年国际金融危机以来，世界各国普遍经历着生产率持续低迷的困扰。全球生产率增速放缓已成为未来世界经济增长的一大威胁。与此同时，一场以互联网与大数据、云计算、物联网等新技术为主导的新工业革命正在孕育发生之中，其将对全球产业变革、生产率提升产生巨大而深刻的影响。我国经济发展新常态与新一轮工业革命形成历史性交汇。新常态下，长期支撑我国经济高速发展的要素红利正在逐渐消失，经济面临较大的下行压力。为保持经济中高速增长、推动经济向中高端迈进，我国正加快推进供给侧结构性改革，着力推动新旧动能的转换。为此，我国必须抢抓新一轮工业革命的发展机遇，大力促进要素生产率提升，加快实现新旧动能的转换，为经济持续健康发展提供强有力的动力保障。

一、工业革命——要素生产率提升的重要节点

要素生产率是指经济发展中要素生产的效率，是决定一个国家经济增长质量与水平的关键要素。从经济学上看，经济增长即人均GDP的增加主要来源于两个部分：一部分来自于更多要素或资源的投入，另一部分则来

自于要素生产率的提升，且后者对保持经济持续、高质量增长具有更为突出的作用。经济学上对于生产率的研究，主要是考察劳动生产率和全要素生产率（TFP）。前者是单位劳动力每小时的生产量（价值）；后者是各种要素投入水平既定条件下所达到的额外生产效率，它在很大程度上决定一个国家或地区经济总体效率，并进而决定一个国家经济的未来可增长性和长期繁荣程度。

关于要素生产率的促进因素，无论是传统经济增长理论，还是新经济增长理论都进行了较多的研究，其基本的结论是技术创新或科技进步是提升要素生产率的根本性因素。从历史上看，工业革命是技术创新集聚产生的时期；同时，工业革命还往往伴随着大规模的组织创新和生产方式创新，使要素质量及配置效率得到明显改善，这一切都有力地促进了要素生产率的提高，从而使工业革命成为要素生产率提升的重要节点。从1760年到1840年发生的第一次工业革命，由铁路建设和蒸汽机的发明引起。这次工业革命引领人类社会进入机械化生产时代，以蒸汽机为动力的纺织机彻底改变了产品的生产方式，显著提高了生产效率。统计数据显示，与18世纪初相比，1781—1790年世界工业生产指数提高近2.3倍，而1812—1870年与19世纪初相比又提高了5.1倍多[①]。Crafts的估计同样显示，工业革命使得英国劳动生产率从1700—1760年的0.3%增加到1831—1860年的1.0%[②]。第二次工业革命始于19世纪末，一直延续到20世纪初，以电力和流水线的出现作为标志，使规模化大生产成为主导性生产方式，大大降低了工业生产的成本并提高了生产效率。以德国钢铁产业为例，新技术与新

① 时家贤：马克思恩格斯的世界市场理论及其当代启示，载《当代世界与社会主义》，北京，2012，第6期。

② 冯丽君，尾葳：新经济史学者论英国工业革命，载《中国经济史研究》，北京，1990，第3期。

工艺的引入使得1879年以后的30年间，德国每座高炉的生铁产量提高了3倍，工人劳动生产率提高2.3倍以上。从20世纪60年代开始，伴随着半导体技术、大型计算机、个人计算机以及互联网的出现与广泛应用，人类社会进入第三次工业革命时期，自动化机器设备不仅取代了相当比例的“体力劳动”，还替代了一定程度的“脑力劳动”，也同样显著提高了生产率水平。伴随第三次工业革命的发生发展，美国经济部门小时产出年均增长率从1970—1995年的1.68%增长到1996—2000年的2.98%，20年间提高了近一倍，2000—2005更是达到了近3.4%的水平①。

2008年国际金融危机发生之后，一场以大数据、物联网、移动互联网、云计算等新一代信息技术为主导的新的工业革命正在全球孕育发生，其对要素生产率提升乃至对全球经济复苏及走向的作用与影响，愈来愈成为全球关注的问题。

二、第四次工业革命及其对生产率提升的机理分析

关于新一轮工业革命的内涵与特征，人们基于不同的视角认识并不一致。比较有代表性的界定来自2012年4月21日英国《经济学人》杂志刊登的专题文章，其分析了全球范围内正在发生的“第三次工业革命”。2011年，美国著名未来学家里夫金以科技发展所带来的能源变化为划分标志，也将新一轮产业革命称作“第三次工业革命”，即互联网技术与可再生能源体系相互融合的产物②，而前两次工业革命分别是蒸汽机革命和电力革命。

埃里克·布莱恩约弗森和安德鲁·麦卡菲视新产业革命为由计算机、

① 边卫红，陆晓明：美国劳动生产率的演进，载《中国金融》，北京，2015，第23期。

② ［美］杰里米·里夫金著，张体伟、孙豫宁译：《第三次工业革命——新经济模式如何改变世界》，北京，中信出版社，2013。

软件、互联网、大数据等数字技术所引领的“第二次机器革命”[①]，其核心是强调数字技术在新产业革命中的作用。在实践中，作为世界工业强国的德国基于主导性技术变革在工业化发展中的作用，提出了“工业 4.0”的概念，其所对应的实际上是第四次工业革命的主要内容。这一划分与世界经济论坛创始人兼执行主席克劳斯·施瓦布的划分类似。他将蒸汽机的发明应用驱动的工业革命称为第一次工业革命；电力的使用和流水线作业推动的工业革命为第二次工业革命；半导体、计算机、互联网的发明、应用催生的工业革命为第三次工业革命；而当前，由智能化与信息化驱动的以高度灵活及人性化、数字化生产为特征的新工业革命即为第四次工业革命[②]。

以上关于工业革命的每种划分都具有一定的理论与实践依据，相比之下，关于第四次工业革命的划分更全面地揭示了每一次工业革命发生的内容和特征。这里即采用这种划分方式。第四次工业革命与第三次工业革命存在着密切关联，作为第四次工业革命应用技术基础的互联网、大数据、云计算、物联网、移动互联网，以及机器人、3D 打印、虚拟制造、人工智能等，都是建立在第三次工业革命的计算机、自动化技术基础之上。但从发展趋势看，第四次工业革命的发展将呈现指数级而非线性的速度，以数字革命为基础的各项颠覆性技术的发展将对经济及其他领域产生更为深刻而广泛的影响，并将成为新一轮全球生产率提升的重要节点。

第一，信息、数据等新兴要素的高效率及其对传统要素的提升功能。要素自身效率和配置效率的提升是要素生产率提升的基本路径。在第四次工业革命条件下，知识、信息、数据等将代替农业经济与工业经济时代的

---

① ［美］埃里克·布莱恩约弗森、安德鲁·麦卡菲著，蒋永军译：《第二次机器革命：数字化技术将如何改变我们的经济与社会》，北京，中信出版社，2015。

② ［德］克劳斯·施瓦布著，李菁译：《第四次工业革命：转型的力量》，北京，中信出版社，2016。

土地、资金、劳动等有形实物资本，成为经济增长的主导性生产要素与战略性资源。信息、数据等既属于知识性要素的具体形态，也是知识性要素的基本元素，其知识和智力密集型程度更高，并具有易复制性、零边际成本、非损耗等特性。信息、知识、数据等自身价值含量高，能够作为独立的生产要素进入到生产、流动、消费等经济各领域、各环节，以促进创新和效率提升，成为第四次工业革命的关键要素以及基础性与战略性资源。这些知识、智力密集型程度更高的新生产要素具有易复制性、零边际成本、非损耗等特性，并能形成强大的溢出效应，能够作为独立的生产要素进入到生产、流动、消费等经济各领域、各环节，以促进创新和效率提升。同时，信息、知识、数据等生产要素不但自身价值含量高，而且还对资本、劳动、企业家才能等传统要素具有较强的渗透、改造和提升效应。其应用、扩散与渗透能够与其他传统要素相互作用、相互补充，改善传统要素的质量，并通过与传统要素的有机配比，提高要素利用效率和边际效用，从而促使传统要素效率提升。特别是伴随着新一代信息网络技术的快速发展和广泛应用，信息日益呈现出透明化、实时传播和易获取性等特征，由此迅速放大了信息要素的效能。如果说前三次工业革命主要是通过解放人的体力，从而提高劳动生产率[①]，那么第四次工业革命以其主导技术的智能化、泛在化、虚拟化等特性，能够从海量数据中挖掘信息的价值与关联并将其转化为新的知识资本，从而极大地解放了人的脑力并激发了人的创造能力，由此将带来对生产率更为显著的提升效能。

第二，企业组织结构、商业模式和管理方式得到极大的优化与创新。由于组织结构与管理机制的缺陷以及信息沟通的障碍，导致大企业内部资源配置效率低下，这也被称为“X—非效率”[①]。在第四次工业革命条件下，

---

① Leibenstein. H, Allocative Efficiency Vs X-Efficiency. *American Economic Review*[J].1966, 56(3).

互联网及新一代信息技术促进了企业组织的变革与重构，为生产率提升提供了条件。在企业对决策与激励体系、信息流以及管理、组织流程等进行重组的过程中，数字化技术将发挥很大作用，数字化技术进步与互补性组织行为的结合能够改善技术效率，大幅提高生产力①。在互联网时代，生产模式从大规模流水线生产向“以迅速满足顾客需求为中心”的大规模定制化转变，这要求企业的一切商业行为围绕用户需求来设计并及时响应，决策流程做到短、平、快。由此，企业组织结构日趋向扁平化发展，通过精简层次、压缩机构，并广泛使用管理信息系统、办公自动化系统等信息化管理技术，增强组织的快速反应与应变能力以快速响应市场需求，提高组织管理效率。同时，企业通过对组织架构进行重新设计和再造，以适应新技术的使用、市场需求的快速变化和市场竞争的日趋激烈，从而促进了企业效率的提升。通过互联网的交易和运用信息系统进行内部的生产管理导致企业库存的大量减少，甚至可以实现零库存状态，大大提升了管理效率。从产业组织看，工业经济时代的产业组织效率主要靠规模经济和范围经济来获得；第四次工业革命条件下，产业组织从纵向一体化的大企业模式向模块化、网络化的生产网络模式转变，基于互联网形成的企业网络使企业之间的交易突破了时间和空间的限制，极大减少了交易环节，降低了交易成本，并获取超越于规模经济与范围经济之上的网络外部性效率。需要指出的是，与第三次工业革命的信息化重点在于促进成本降低、效率提高和产出增加不同，在第四次工业革命下，以新一代信息技术推动的信息化建设则更加强调在信息网络与物理系统的融合发展中为智能化提供服务，更加注重企业在嵌入生产链与价值链的过程中互联互通、协同共享，通过增

① Brynjolfsson. E, L.M. Hitt and S. Yang, Intangible Assets: How the Interaction of Computers and Organizational Structure Affects Stock Market Valuations. *International Conference on Information Systems*[J]. 1998, 65(1).

值环节的整合与价值链的重构以实现智能化生产。

第三，服务业效率得到显著提升并在一定程度上减弱了“鲍莫尔效应”。工业经济时代，服务业生产率较制造业低，存在所谓“鲍莫尔效应”，服务业的进一步发展必然降低整个经济的生产率。随着第四次工业革命的发生发展，互联网及新一代信息技术在服务业中得到广泛应用，尤其是移动互联网和物联网的发展使得基于消费者需求所产生的服务业商业价值不断扩大，由此正在显著改变着服务业“鲍莫尔效应”的技术经济条件。在消费互联网模式下，如淘宝、京东、当当等一系列消费电商利用互联网在一定程度上打破了消费者与厂家的信息不对称，形成了生产者直接面向消费者的商业模式，为消费者搭建起更加高效、便利的消费平台，大大减少了中间环节，显著提高了产业效率。旅游业则通过移动互联网的应用，将线上交易与线下服务打通，满足了消费者移动化、位置化、个性化、自助化的需求，大大提高了服务质量和效率。在流通业，移动互联网、物联网、大数据等的广泛应用加速了信息的流动，线下流通企业利用快速流通的信息优化供应链流程，提高供应链管理控制能力，从而大大提高了流通效率；线上企业则通过完善信息管理系统，改善企业之间、企业与顾客间的沟通方式，从而从根本上改变了企业的经营方式、管理模式和组织结构，显著提高了流通效率。与此同时，现代服务业与制造业的不断融合推动了制造的服务化，众多制造企业的主营业务逐渐向服务领域衍生和转移，研发设计、产品营销、金融服务、战略咨询等专业化生产服务与中介服务成为构建竞争优势、提高经济效益的重要因素。信息技术的飞速发展和基于互联网平台的商业化应用也极大地拓展了服务的内容与领域，移动互联网、物联网、云计算等新技术与服务业的融合衍生出众多新业态，尤其是电子商务、数字内容、服务外包等新兴服务业正在成为现代服务业发展的新增长点。总之，在第四次工业革命条件下，互联网和新一代信息技术的广泛应用大大提升了服务业生产率，从而带来整体经济效率的提升。

第四，具有较高生产效率的新产业、新业态大量涌现。新技术的突破和变革是推动新业态出现的最重要因素，尤其是突破性、颠覆性技术在应用过程中往往会催生一系列新的业态，这恰好体现在历次工业革命的进程中。历史经验表明，每一次科技革命与产业变革都会催生一批新业态，推动产品、服务生产和存在方式产生重大变化，并带来生产效率的极大提升。第四次工业革命推动全球进入了大数据、物联网、能源互联网和工业互联网的新时代，随着技术创新及其产业化、商业化的步伐加快，现代技术的迭代周期大大缩短，叠加效应强化，市场化应用推广的成本不断降低，一些领域技术进步和技术革命出现重大突破的进程加快，这都为新业态的出现提供了前所未有的机遇。当前，以新一代信息技术的深度融合应用为核心，以数字制造技术、互联网技术、新能源技术、新材料技术等一系列颠覆性技术的重大创新与融合应用为代表的全新技术创新体系带动了整个产业形态、制造模式、运营方式、组织结构等的深刻变革，推动了一系列新业态的出现、发展与壮大，并将在更大程度上转换为对生产率提升和经济增长的巨大贡献。借助于互联网等现代信息技术的创新应用，分享经济近年来加速发展并不断成熟，也即是里夫金所称的在互联网带来的近乎零边际成本社会下的协同共享时代[①]。以我国为例，2016年我国分享经济市场规模达到3.4万亿元，参与总人数超过6亿，预计分享经济未来5年的年均增长速度将达到40%，到2020年分享经济规模占GDP的比重将超过10%。作为一种新型经济形态，分享经济以更低成本和更高效率激活并整合了全社会的剩余和闲置资源，从而为经济社会提供了一种加速要素流动、实现供需高效匹配的最优资源配置方式，能够调动全社会最优质的资源参与到

---

① ［美］杰里米·里夫金著，赛迪研究院专家组译：《零边际成本社会：一个物联网、合作共赢的新经济时代》，北京，中信出版社，2014。

整个生产过程中，大大提升了资源对接和配置效率，提高了资产使用效率和经济中的有效资本存量（尤其是无形资本），并激发了创新活力，带来了经济效率的有效增长。

三、信息技术对生产率提升的作用：以美国为例

信息技术是第四次工业革命的通用性核心技术，对物联网、云计算、3D 打印、人工智能等新产业、新业态的发展起到主导性作用。第四次工业革命对生产率的作用，从根本上说取决于信息技术的作用。美国既是全球第三次工业革命的最大成功者，同时又是正在孕育发生的第四次工业革命的引领者，信息技术对美国生产率的影响，很大程度上可以体现出第四次工业革命作用下要素生产率的变动特征及趋势。

早在 20 世纪 80 年代，关于计算机对生产率的作用即已出现一定的争论。1987 年，诺贝尔经济学奖获得者、美国著名经济学家索洛即提出影响广泛的“计算机生产率悖论”，也称“索洛悖论”。他提出“你可以在任何地方看到计算机时代的来临，但是在生产率的数据统计方面除外”[①]。“索洛悖论”对计算机的生产率效应提出质疑。事实上，美国每年劳动生产率的增长率从 1948—1973 年的平均 3% 下降到 1984—1990 年的大约 1.5%。对于“索洛悖论”，人们展开大量讨论，并大致取得以下共识，即计算机在产业和经济中作用的发挥，以及它对生产率提升作用的显现，一般要经历一个相对较长的时期[②]。事实上，正是经过几十年计算机发展和应用的积累，进入 20 世纪 90 年代以后，美国实施了“全国信息基础设施”、“全球信息基础设施”计划等应用信息技术的战略及规划，使信息产业成为推动其经

① Solow, R.M, We’d better watch out. *New York Times Book Review*[J].1987, 36, Dec 01.

② 杜传忠：“互联网 +”提升全要素生产率，载《中国社会科学报》，2015-11-11。

济增长的主要部门，信息技术对生产率提升的作用明显体现出来。根据著名经济学家乔根森等的统计分析，1995—2000年间，美国经济的生产率提高主要来自于信息技术，包括计算机、半导体、软件和电信设备等的研究与制造部门。这些部门仅占GDP总量的3%，但却拉动了这一时期美国一半以上的生产率提高[①]。理查德·纳尔森等也通过大量实证分析得出，计算机的生产与使用以及互联网的传播导致的技术进步是20世纪90年代后期美国生产率复苏和经济增长的主要原因。

进入21世纪以后，美国对信息技术的创新与投资更多地集中于一系列多样化的应用程序与流程创新方面，对硬件投资相对减少。这一时期，美国生产率增长的主要驱动力量由原来的信息技术制造部门转移到信息技术应用部门，如金融服务、商贸零售和制造业等。这些部门不断加大对信息系统的投资力度，推进产品与生产流程创新，采用新的商业模式和运营流程，不仅提高了自身的生产效率，还带动了信息技术应用部门生产率的提升。2000—2006年，信息技术资本深化的贡献率从上个时期的1.01%下降到0.58%，信息技术生产行业全要素生产率的贡献从0.58%下降到0.38%；与此同时，信息技术应用行业全要素生产率的贡献从0.42%增加到了0.54%[②]。

据专家研究，1995—2000年美国生产率增长主要来自以信息技术产业为主的高技术部门以及流通部门，贡献率分别为0.73%和0.7%；而在2000—2004年，金融及商务、工业等其他非高技术部门对TFP的贡献率从0.27%上升到0.74%，高技术部门的贡献率却下降到0.26%[③]。这一时期，投

① ［美］戴尔·乔根森、何民成、凯文·斯德尔著，荆林波、冯永晟译：《生产率——信息技术与美国经济复苏》，上海，格致出版社，2012。

② Jorgenson, D.W, M.S. Ho and K.J. Stiroh, A Retrospective Look at the U.S. Productivity Growth Resurgence. *Journal of Economic Perspectives*[J]. 2008, 22(1).

③ Corrado, C. et al, Modeling Aggregate Productivity at a Disaggregate Level: New Results for U.S. Sectors and Industries. *EU KLEMS Working Paper Series*[J].2006(9).

资主要关注于研发、组织变革、业务流程创新等无形资本，企业往往需要一段时间来进行这些互补性的投资行为，并学习如何最有效地利用这些计算机化创新项目和软件系统，而由此产生的收益也会有些滞后。同时，信息技术对其他产业的带动与渗透作用日益增强。

2008年国际金融危机之后，美国生产率变化总体不太乐观。国际劳工组织的数据显示，1996—2007年美国劳动生产率平均增速为2%，2008—2010年平均为1.2%，2011—2015年进一步降低为0.8%。全要素生产率也出现明显下降，2007—2012年年均增长率为0.2%，2013年达到0.6%，2014年进一步下降为0.1%，2007—2014年年均增长率仅为0.5%[①]。这说明，近年来，尽管智能科技、云计算、大数据等新一代信息技术发展迅速，但在对全要素生产率的提升效应方面还不明显。主要原因大致包括：第一，目前用来衡量生产率的统计数据和体系无法充分体现技术上的全部最新进展，尤其是不能全面衡量来自新的、更高质量的数字技术等领域的技术进步。如免费的数字化产品、服务及质量提高带来的经济价值，对知识产权、组织资本等无形资产的投入加大，以及绿色ICT、智能电网等对能源和环境产生的积极效益等，这些都难以被当前的统计所体现。第二，新生的数字科技等在整体经济中的扩散、传导与推广比较慢，其对生产率的提升效应需经历一个较长的过程才能显现。如Brynjolfsson等指出的，当前消费者正在从互联网中获得巨大的净利润与经济效益，但这些爆炸性的数字服务与创新的价值尚难以量化。他们的研究发现，互联网产生的消费者剩余在迅速增长，2011年互联网带来的消费者剩余达5640亿美元，每位用户能获得2600美元的净利润。当将这些数据计入GDP后，那么2012年生产率

---

① Unitde States Department of Labor, Preliminary Multifactor Productivity Trends, 2014. *Bureau of Labor Statistics*[N].June 23, 2015.

的实际增长率为 1.5% 而非官方的 1.2%[①]。OECD 在《生产率前沿》报告中同样发现，尽管近年来美国整体生产率持续下滑，但很多全球领先企业却在劳动生产率方面获得很大提升。在对美国生产率增速进行分行业拆分后，数据显示，2010 年前后服务业中的领先企业生产率提升了 50%，而非领先企业生产率仍处在 2003 年的水平上；制造业企业中同样存在着生产率分化，且 2008 年以后分化进一步加剧[②]。

由此可见，在第四次工业革命孕育发生过程中，作为其主导性技术的信息技术正持续地向更多经济部门扩散和渗透，由此将带动生产率的进一步提升。这也即意味着，近年来的生产率放缓趋势很可能只是一种暂时现象，从长期看，推动生产率持续增长的主要动力仍将是以新一代信息技术为核心的科技创新引发产业创新，从而驱动全要素生产率的提升。如果从近年来美国信息技术行业生产率变动看，这一趋势更为明显。根据美国经济分析局的数据，无论是生产率增速还是对资本的吸引力，美国信息技术行业都遥遥领先。2002—2012 年，计算机与电子产品制造业的劳动生产率年均增长率达 29.17%，居制造业首位，信息技术服务业的劳动生产率增速也远超金融保险、法律、交通运输等其他服务业；虽然纳斯达克泡沫的破灭以及之后的国际金融危机使得信息技术行业的投资下滑，但 2009 年信息技术行业的风险投资占全行业比重也有 34%，2013 年超过了 50%[③]。考虑到第四次工业革命的基本趋向是以新一代信息技术为核心的更大范围内的各项颠覆性技术向个人、企业、产业和更广泛的经济领域深度拓展，因而，其带来的生产率提升效应是可以预期有良好前景的。

---

① Brynjolfsson, E. and J.H. Oh, The Attention Economy: Measuring the Value of Free Digital Services on the Internet. *Thirty Third International Conference on Information Systems*[J]. 2012.

② Mann, C.L, The Future of Productivity. *Peterson Institute for International Economics*, Washington D.C, 2015.

③ 曹永福：美国信息技术二次革命影响经济走向，载《上海证券报》，上海，2014-06-18。

四、抢抓第四次工业革命机遇大力提升我国要素生产率

1. 第四次工业革命为我国生产率提升提供历史机遇

我国经济发展新常态与第四次工业革命和全球产业深刻变革形成历史性交汇。在经济新常态下，支撑我国经济快速增长的传统要素红利逐渐消失，全要素生产率呈现一定程度的下降趋势。测算数据显示，中国全要素生产率的增速从 1995—2009 年的年均 3.9% 下降到 2011—2015 年的 3.1%，而按照这个趋势，“十三五”期间全要素生产率的增长将进一步降低到 2.7%。因此，以提升全要素生产率为核心，着力打造经济发展新动力，已成为我国经济保持中高速增长、经济迈向中高端水平的必然要求。

目前，我国通过互联网改造提升传统产业，以及在发展新产业、新业态、新模式方面已取得一定成效，通过互联网及新一代信息技术提升生产率表现出广阔的前景。根据通用电气（GE）公司的测算，工业互联网的应用能够帮助中国的航空、电力、铁路、医疗、石油天然气等行业实现生产率提升达 1%，到 2030 年将能够带来累计 3 万亿美元的 GDP 增量[①]。另据麦肯锡全球研究院的报告显示，2013—2025 年，互联网的应用将带来中国 GDP 增长率提升 0.3% ~ 1%，在 GDP 增长中的贡献最高将达到 22%。

总体上看，目前我国服务业对互联网及新一代信息技术的应用较为广泛，成效也较显著。但服务业生产率总体上低于制造业，总的来说，我国下一步通过第四次工业革命提升要素生产率的重点应是加快互联网及新一代信息技术与制造业的融合。因此，应按照《中国制造 2025》确定的目标

① 申明：工业互联网让机器智能互联，载《科技日报》，北京，2013-06-25。

要求，以提质增效为中心，以互联网及新一代信息技术与制造业深度融合为主线，以推进智能制造为主攻方向，同时大力发展服务型制造和生产性服务业，推动制造业商业模式、组织结构和业态创新，促进生产型制造向服务型制造转变。另外，基于信息技术的创新应用实现农业生产率的提高同样也是我国生产率提升的重要方面，也是农业现代化的基本条件。目前我国农业劳动生产率仅为世界平均值的47%、高收入国家平均值的2%、美国的1%。因此，通过将互联网与农业产业链的各环节相链接，提高农业全要素生产率，将成为我国创新农业发展方式、加速推进农业现代化的重要动力。

2. 抢抓第四次工业革命发展机遇加快提升我国要素生产率的思路

我国正在大力推进供给侧结构性改革，加快经济发展新旧动能的转换。在这一过程中，必须牢牢抓住新一轮工业革命发展机遇，采取有效措施，加快提升要素生产率，为实现经济持续健康发展提供强有力的动力保障。

第一，对于政府来说，为正在形成的数字化新经济搭建良好的管理架构至关重要。当前，数字技术等正在释放新的经济和社会发展动力，产业、经济与社会也正处于数字化转型过程中。数字经济需要与之相适应的新的管理体系以及灵活的治理框架。因此，政府应建立并完善包容性的经济制度，并提高产业政策的创新效能，以便于充分发挥市场的资源配置作用，合理引导要素流动，充分释放创新潜力与投资效率。一方面，应给予新技术、新产业、新业态等新兴领域充分的鼓励与容错空间，进行差异化监管和包容性治理，推动技术研发和商业模式创新，为新产业、新业态制定合理的成长空间；另一方面，提高供给侧结构性改革水平，重点利用高新技术积极推动传统产业改造升级，从提高传统产业的动力和能力入手，减少无效和低端供给，扩大有效和中高端供给，加快提高要素使用效率。

第二，对于企业来说，应强化技术创新对生产效率提升的主导作用。第四次工业革命中不断涌现的诸多新技术对当前的产业价值链带来颠覆性变革，为适应不断更迭的技术与市场，企业的首要任务是加强技术创新能力，以技术创新推动组织结构变革、商业模式创新，改善经营方式，从而提高生产效率。企业应提高对产业与技术升级趋势的敏感度，更加关注技术创新带来的价值创造而非市盈率代表的投资价值，并加强与高校、科研机构等创新主体的合作，强化协同创新与技术成果转化能力；同时，要基于客户需求和资源整合，探索能够显著降低行业成本、提高行业效率的商业模式，积极寻求开发新技术与新模式、拓展市场的新思路。

第三，加快提升人力资本素质，为应对新工业革命提供充足的人才支撑。新一轮工业革命的孕育发生使得人力资本的积累与提升成为各国迫切的要求。与此同时，第四次工业革命在冲击就业市场的同时，也为创新创业活动创造了良好机遇，新技术、新产业、新业态和新模式为人力资本的积累与能效释放提供了新的平台，人力资本作为“第一资源”的作用和角色更加凸显。世界经济论坛在《未来工作报告》的研究调查中发现，未来对解决复杂问题的能力以及社交和系统性技能的需求将远高于对体力和知识性技能的需求[①]。为更好地应对第四次工业革命的冲击，人才培养应从培育就业技能向创新、创业、创造能力转变，要更加注重强化在持续变化的动态环境下不断自我调整以学习新技术、新工艺、新方法的能力，并培养网络化思维和跨界整合的技能。为此，我国必须调整高等教育结构，构建新型人才培养体系，大力培养适应第四次工业革命需求的创新人才、管理人才和高技能应用型人才，逐步摆脱劳动密集型生产范式的技术路线锁定，全面提升劳动力生产率，获取经济发展的持续动力和竞争力。

---

① Word Economic Forum, The Future of Jobs, [EB/OL], https://www.weforum.org/reports/the-future-of-jobs.

绿色创新经济发展与绿色金融体系构建

邓　玲　四川大学经济学院教授

在十九大报告中，首次提出我们要建设现代化经济体系，那么这个新的提法，成为我们国家新的战略目标。中国经济已经从高速增长向高质量发展阶段转变，而且进入到了高质量经济发展的阶段。什么是高质量的经济？什么是高质量的发展阶段？这是我们需要探索的。

我们认为在新发展理念下的绿色创新经济，是一种高质量的经济形态，这个经济形态来自于我们在改革开放中不断把创新发展和绿色发展融合起来，要推动绿色发展与创新发展深度融合，开创中国特色绿色创新经济发展的新局面。一方面，绿色创新经济现象客观存在，而且大量涌现；另一方面，保护和发展存在矛盾，任务依然艰巨，绿水青山如何变成金山银山？期待经济学的解释。同时，绿色金融面临着一个困境，就是回报率低的问题，很多投资人有这样的顾虑。在我们进行绿色发展的时候，实际上和地方上追求中高速经济增长存在一定的矛盾。但现阶段，新发展理念下绿色发展和创新发展正在呈现深度融合的趋势，绿色发展和创新发展，它的相互融合和系统创新，产生了一种新的资源配置方式和新动能，创造出新价值。这就是绿色价值和创新价值，从而驱动新产业、新业态、新模式、新增长点的形成和发展。具有中国特色的绿色创新经济，既是践行新发展理念的必然结果，也是我们经济转型升级的一个具体目标。

具体来看，绿色创新经济具有这样一些内涵特征。

第一，绿色创新经济是以绿色发展为方向、目标、原则和基本遵循的，以创新为核心动力的新经济形态。绿色发展和创新发展，它在要素、结构、功能和运行机制这些层面深度融合，而且跟现有的经济系统深度融合，产生一种兼具绿色特质的资源配置方式和动能。这种新动能又产生新的绿色价值和创新价值，进而推动我们的经济转型升级与发展方式转变。

第二，绿色价值创造是绿色创新经济的主要目标和发展主线，如果绿色发展不能创造价值，我们的回报将无法体现。绿色价值创造的本质是绿色增长和绿色资本的增值过程，这种创新价值是显而易见的，从政府到企业，都非常崇尚创新发展。但是绿色价值则不然，连它的发现、认同都存在一些问题。

第三，绿色创新经济是践行新发展理念的产物，不同于西方以绿色创新为主线的绿色创新经济，具有鲜明的中国特色。它建立在 13 亿人口这样一个基础上，而且它是以人力资源、人力资本的开放为主的。我们设想的是，应该对我们的企业家、技术人员和民众进行广泛的绿色创新教育，让 13 亿人具有这种创新思维。这是我们建设绿色创新经济的基础。

绿色价值创造过程中需要金融支撑。绿色金融是绿色价值创造的一个重要的资源。所以，具体来讲，应采取如下措施。第一，创造具有绿色价值的实验区，采用实验经济学的办法，在若干个企业园区和一些区域进行实践，把整个绿色创新经济里面的一些典型模式总结出来，这就需要绿色金融的支撑。第二，绿色金融主要还要进行生态环境治理、扶贫，我们强调经济体系的绿色化，要把绿色发展和创新发展结合起来，这也有利于绿色金融业务范围的扩展。

在绿色金融支持下，绿色创新经济发展的前景是非常广阔的。第一，绿色创新经济在新发展理念下，有可能成为具有中国特色新经济模式的集中体现。第二，绿色创新经济既是推进绿色转型，走向生态文明新时代的动力，又是我国经济转型与经济发展方式转变的一个具体目标。第三，要对绿色创新经济这一新事物的形成机理、发展模式、主要路径进行系统研究，这样有可能形成一种新的理念增长点，进而丰富我们国家现代化经济理论体系。

数字经济与政府税收

倪红日　国务院发展研究中心研究员

数字经济的快速发展，引发了商业模式的创新性变化。新商业模式正在从消费和服务领域向工业制造业领域迅速蔓延。典型的新商业模式，比如，直销模式、电子商务平台模式、分享经济模式，都是以互联网为基础的数字经济，这些新商业模式正在颠覆旧商业模式，对传统经济理论形成挑战。市场机制中原有的信息不对称，正在通过数字经济革命，向信息对称的市场演变；而一旦市场信息达到对称，将有可能从微观经济层面，解决市场机制的重要缺陷——供求之间由信息不对称引起的生产过剩等问题。微观经济机制变化有可能会进一步引起宏观经济调控的变化。数字经济引起的一场历史性经济机制变革已经拉开序幕。

数字经济对政府税收也已经带来了新的问题和挑战。国际上围绕数字经济引起的税收征管问题已经进行了很多讨论，国际上著名的BEPS行动计划中，第一项行动计划就是应对数字经济和电子商务带来的税务挑战，在形成一些有针对性的应对措施研究之外，数字经济对税收制度和征管的影响还需要更加系统而全面的深入研究。

一、数字经济下的商业模式变化

数字经济已经引发了商业模式的巨大变化。

1. 直销模式：生产厂家直接销售产品给消费者

所谓直销模式，就是生产厂家通过广告，不通过流通环节的营销商，以一手交钱、一手交货的方式，直接将厂家的产品销售给消费者。目前，很多著名品牌厂家都采取了这种直销模式，如雅戈尔、恒源祥等。最近各大网站上广告直销的例子很多，比如欧仕康不粘锅，原价 1298 元，直销价 398 元；老高牌高端智能无辐射静音电子灭蚊灯，原价 398 元，直销价 158 元；名品桑蚕丝西裤，原价 2580 元，直销价 258 元，并买三送一：送皮带、同款西裤和名品手包。直销价格确实低得令人叹为观止。

直销模式从工厂直接到消费者，省去了总经销、代理商、批发商、专卖店等中间环节和所有流通交易费用，所以具有价格低廉的优势。这样的销售模式，对于厂家的好处：一是供销直接见面，有利于供方直接掌握需方的信息，供需双方信息对称；二是有利于薄利多销；三是可能会减少厂商的存货，并大大减少了流动资金的占用。对于消费者的好处更加明显：一是消费者支出减少，收入红利增加；二是购货便利，直接在电脑上下单，送货上门，货到验货付款。

这种直销模式改变了市场通过供求定价的机制链条，而这种改变的条件就是信息网络和数字经济的发展。

2. 电子商务模式：平台网络销售

平台公司作为枢纽，直接连接厂商和消费者，由于信息集中，网络便利，大大提高了供需双方的信息匹配度。消费者可以十分方便地获取所需商品的众多厂商和商品的信息，比较和选取商品。购买商品也十分方便，虽然有一定的时滞，但商品可以送货上门，大大减轻了购物时间和体力成本。所以，电子商务很快风靡全球。

电子商务改变了传统商品流通的模式，构建了一种新的商品流通模式。这种模式的优势在于：大大提高了商品流通的便利程度，供货方的信息集中于平台上，降低了购买方的寻找成本；同时也提高了供货方的出货速度。从宏观上讲，就是促进了商品流通。供货方流通成本降低带给了消费者购买价格的降低。

3. 分享经济模式：资源共享与重组

分享经济（Sharing Economy）是指由专门的运营商将社会不同所属关系的资源在不变更所有关系的基础上，通过信息网络平台连接供需双方，实现有偿互利交换使用，最大限度实现现有资源的运用，使资源所有者和需求者便捷受益的一种经济模式。目前，比较典型的分享经济，如滴滴快车、共享单车等。

分享经济的运营商是以数字网络平台为基础，通过这个平台收集供给资源一方的信息，并集中需求者信息，将双方的信息沟通和匹配，实现资源供求的配置。

分享经济的优势在于：一是更加充分地调动和运用了原有资源，总体上会提高资源的利用效率，二是节约资源。从资源的供给方看，提高资源的利用效率显然会增加资源所有者的收益；从需求方看，服务价格多数时下降，即取得服务的成本降低了，提高了便利程度。总体来讲各方受益。

互联网和数字经济引发的商业模式变化，还在继续向其他领域延伸，包括金融——支付方式的无纸化；工业制造业厂商平台采购；就业方式的改变，“平台 + 公司”模式向“平台 + 个人”模式转变；等等。一些分析认为，互联网会进一步发展为物联网，以互联网为基础的数字经济将可能颠覆性地改变传统经济机制和运行模式。经济实践的改变和创新，对传统经济理论也形成新的挑战。江小涓认为，现代技术特别是网络技术的发展，正在对传统服务经济理论提出根本挑战，许多假设前提发生变化，传统理论难以直接解释服务价格的形成机制，迫切需要理论研究和创新[①]。

总之，数字经济正在改变几乎所有经济领域原有的运行机制。下面主要分析数字经济改变商业模式，对税收带来的挑战。

二、新商业模式对税收的挑战

以往的研究集中于数字经济对税收征管带来的挑战，本文拓展视野，将数字经济与税收所涉及的税制和征管问题都进行观察和探讨。

1. 税源变化

从微观上看，新商业模式引起了税源环节的变化。有的模式可能减少了税源环节，有的模式可能增加了税源环节。下面是初步的实证考察：

（1）直销模式和电子商务模式减少了税源环节

由于这两种模式的商品流通环节减少，使得税源环节也相应减少。直销模式中，总经销商、批发商、专卖店环节都没有了，这就是说，这几个环节的纳税主体也就不存在了，税源的环节明显减少。

电子商务模式下，厂商和消费者都直接对接电商平台，中间的经销商和实体店环节有所减少，生产厂家、电商平台、快递公司和消费者四个参

① 江小涓：高度联通社会中的资源重组与服务业增长，载《经济研究》，北京，2017，第3期。

与环节，税源环节可能有所减少。经销商和实体店为电商平台和快递公司所取代。

（2）分享经济模式可能增加了税源环节

以共享单车为例，原有的自行车消费模式如下：

共享单车的消费模式：

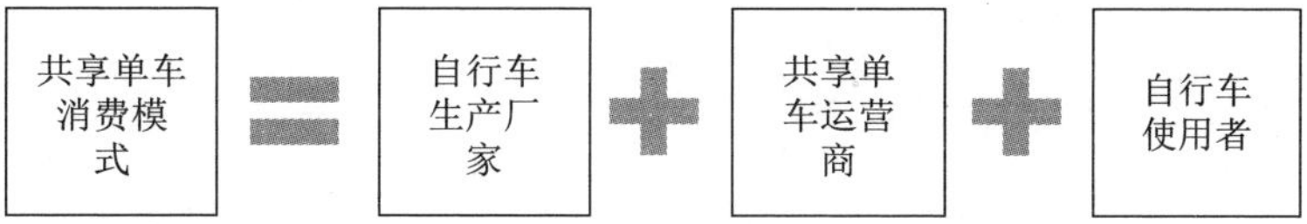

在共享单车模式下，增加了一个共享单车运营商，相应地，税源的环节也增加了一个环节，纳税主体相应也就增加了。

2. 税收数量变化

从微观角度看，新的商业模式下，随着税源和纳税主体的变化，税收数量也在发生变化。在直销模式和电商模式下，商品的单价和销售总量会发生变化，以价格计算的税基也会随之改变。可能出现如下情况：

（1）商品单价下降，税基缩小

直销模式下比较明显。比如，一条名牌西裤，在原有销售模式下，专卖店售价 1000 元，增值税 1000 元 ×17%=170 元；直销模式下同样的裤子售价一条 299 元，增值税 299 元 ×17%=50.83 元。同样的商品，由于商业模式的变化，税收收入是不同的。

（2）由于商品明显降价，销售数量增加，税基扩大

商品销售数量增加，销售收入总量扩大，才能使税收保持原有规模或者增加。

（3）商业模式变化带来的税收数量变化

电商模式下，初期的线上商品具有一定的价格优势，目前比较明显的变化是，许多商家线上和线下在一体化，有的商家线下商品价格还低于线上。但是，由于电商的税收征管正在完善之中，线上的漏税可能比线下实体店多，这也使得一些线上商品价格会低于线下。总之，由于商业模式变化带来的税收数量变化，还有待观察和研究。

3. 现行税制与分享经济的关系

目前，对共享单车运营商如何征税的讨论，依据的是现行税法规定，即用现行税法条例与新商业模式对接和套用。有意见认为，共享单车运营商的直接收益是来自租金收入，对租金收入按照租赁收入征收增值税；对于押金收入不征收增值税。

共享单车运营商的收入主要包括两个部分：押金收入和租金收入。押金收入是运营商的一种融资方式，押金收入会构成运营商的沉淀“资金池”，这种融资方式相比其他金融方式的融资（如股权融资和债权融资），具有偿还时限不确定、资金使用成本低（不需要支付利息）的特点。资金可用于固定资产和流动资产的投资，沉淀资金的一部分也可以用于金融性的投资，带来一定的增值收益回报。根据现行税制，并不能自动适应和容纳这种新商业模式，以现行税制应对新业态，难度可能较大。比如对押金是否征税，就存在很大的歧义，所以需要研究税收制度的改革和创新问题。理想的税收制度应该以“简便”应对复杂，以“相对稳定”应对灵活多变的经济活动，为此，需要寻求税收制度的创新问题。

4. 对现行税制的挑战

上述商业模式变化直接会影响间接税，即流转税收的变化。所谓流转税收，就是对生产和流通过程征收的增值税、消费税等税收，由于这类税收直接以商品的销售额为税基，商业模式变化会使商品销售额发生较大的变化，从而直接影响到税基和税收收入。对于复杂多变的商业模式和企业重组活动，税制要不断提高其应对这种变化的适应性，最理想的状态是以简便的税制应对复杂的经济活动变化，而不宜随着经济活动的复杂化使税制也变得更加复杂和烦琐。从国际和国内历史实践来看，税制的复杂和烦琐化往往是各国政府的自然和无奈选择。从这个意义上讲，税制的创新和改革也是必要的。

5. 对税收征管挑战

这已经成为一个老生常谈的问题了。由于电子商务的扩展，税收征管挑战和应对总体上还处于研究和讨论的阶段，实质性的征管改革行动还处于酝酿阶段。从国内外的讨论来看，现行的建立在实体经济基础上的税收征管系统无法适应电子商务的税收征管，归纳起来主要有以下几点：

（1）纳税主体模糊

电子商务的参与者——买卖双方都可以匿名方式在网上活动，而无须进行实名登记，所以纳税人是隐身的。如果在最终零售环节征收增值税或者商品劳务税，纳税主体模糊，也无碍大局。但是征收所得税，纳税主体模糊，就不便于归集和确定所得收入的数量。

（2）计税依据难以计算

经营主体可能从事多种交易和服务，商品和服务都是无形化的，使税务机关难以掌握和确认经营主体的计税依据，来对应纳税主体的应纳税种和计税依据。

（3）纳税地点难以确定

由于电子商务的虚拟性、无形化、流动性、随意性，使得税务机关难以准确控制纳税人的经营地或纳税行为的发生地，从而无法实施税收的管辖权。

6. 跨境电商零售进口商品征税管理面临挑战

2016 年 4 月 8 日以前，对跨境电商零售进口商品征收行邮税，之后改为征收关税 + 进口环节增值税、消费税的综合课税。在实际中，跨境电商征税的效率低下，使得部分商品的送达时间非常长，短至个把月，长则半年，反映了跨境电商的征税管理很不便利。随着跨境电商消费零售业的发展，现行进出口税收管理必须要有大的改进，否则这将大大地影响跨境电商的发展。

综合来看，在现行的大税种中，电子商务对所得税的征管挑战性最大，由于纳税主体模糊、计税依据和纳税地点难以确定，都使得所得税类的税收征管几乎是盲区。现行的税收征管，完全滞后于电子商务的发展，处于法规修订、制度建设和技术应对的全面被动状态。

三、税收如何应对数字经济

1. 国际上已经采取的应对办法

BEPS 行动计划的第一个计划就是应对电子商务活动的。实行消费地征税原则和利润发生地原则，可能有助于对电子商务征税。从税制来看，流转税实行消费地征税原则，不论生产地在何处，纳税主体是谁，只要在网络上产生了销售行为，在消费地征收增值税或者商品劳务税，或者称为销售税，是比较可行的。

最近，一些国家开始着手对线上交易征收电子商务税。比如泰国，2017 年 8 月，该国税务局宣布将紧跟电子商务发展步伐，对所有的线上交易付款征收 5% 的预提税，由银行预提税款后上缴税务部门。为此，泰国电子商务税法草案授权税务局获取第三方数据，包括金融机构数据和门户网站数据，从而跟踪电子商务经营者的纳税情况[①]。

2. 国内研究讨论中提出的应对措施

国内针对电子商务税收征管提出的应对措施主要包括：

（1）对现行的《税收征管法》进行修订，明确对电商等相关网店征税办法做出明确的法律规定。在税收公平原则下，对线上和线下的经营者实行相同的税收政策和制度规定。

（2）税务机关要通过第三方电商平台的信息共享和数据跟踪，全面掌握税源信息并进行税务稽查。

（3）建立网上代扣代缴税款的系统，利用第三方数据平台进行实时征税。

3. 几点讨论和建议

（1）目前是否应该对电子商务实行明确而严格的税收征管？在这个问题上确实存在分歧。一种看法是，认为对电商实行全面严格的税收征管已经迫在眉睫。而国内对于电子商务征税处于一种模糊状态。一方面原则上确定对电商征税；另一方面在具体法律修订上和征管措施上，处于研究和

① 刘英：泰国着手对线上交易征收电子税务税，载《中国税务报》，北京，2017-08-15。

“自行处理”的状态，这样就形成了自觉的电商纳税人在按照现行税法缴税，不自觉的电商纳税人偷漏税也没有受到严格征管和稽查，客观上使得电商不交税“合法化”，形成了对缴税的纳税人的最大不公平。因此，对电商征税的呼声很高。

另一种看法是，在目前财税的“放水养鱼”政策导向下，对电商实行严格的税收征管似乎“不合时宜”；再加上对电商征税的技术和方法还需要进一步细化性的研究和明确。所以，“不急”成了现实的主要状况。

上述两种看法是需要统一认识的。笔者认为，上述两种看法都有各自的道理。建议决策层对电商征税问题引起高度重视，技术和方法问题可能不是最大难点，关键问题是在互联网引发商业模式变化后，税收政府和征管体制是否要进行创新性变革？如何变革？这些经济学上的问题，需要组织力量进行前瞻性研究。否则政府的管理可能会滞后于经济创新活动，政府采取放手不管暂时可以，长期下去反而会损害经济发展。

（2）建议尽快建立对电商自觉、合法、足额纳税人的宣传和激励机制，在社会上形成纳税者光荣、逃税和避税者可耻的氛围。目前，在对电商征管相关政策和措施还落不了地的情况下，政府税务部门的态度十分重要，表明对电商自觉纳税者的舆论支持和适当的激励，不仅是必要的，也完全是可行的。

（3）需要着重地研究税收如何充分利用各种互联网平台和区块链来征收管理的问题。这既包括技术问题，更包括所涉及的经济利益关系的问题。税务机关与第三方支付的数据能否直接共享？目前，税务机构的税收征管信息系统主要通过金税三期工程，税务机构的信息主要依靠自身去采集企业电子财务数据和涉税数据。这样的采集信息成本很高，而且采集数据是否全面和准确，也存在问题。税务机构如何与企业的数据平台实施信息共享？作为应对未来科技变革和创新活动引发的商业模式变化，政府应对之策的研究，已经是迫在眉睫了。

（4）根据阿里巴巴已经在美国等世界市场发展电子商务的全球布局，税务机关和海关总署必须做好应对性的征管改革办法，建议利用第三方支付平台或者“中央监管结算仓”[①]，委托这个平台代扣代缴进口商品的关税、增值税和消费税，以大大提高对跨境商务的征税效率。

① 吕红星：“G2G”模式或将终结跨境电商“野蛮生长”，载《中国经济时报》，北京，2017-06-28。

中国收入再分配政策的效果分析

李　实　北京师范大学中国收入分配研究院执行院长

一、新的发展阶段的社会保障制度改革

众所周知，中国正在经历一个新的发展阶段。在稳定经济增长、均衡收入分配、缓解贫困和维护社会稳定的方面，社会保障将会发挥越来越重要的作用。社会保障制度的初衷是通过社会共济的方式来实现社会资源分配的公平化，减少经济活动中各种风险带来的收入波动和部分人群陷入贫困。发达国家的经验表明，随着经济发展，社会保障制度在收入再分配方面所起的作用越来越明显，已经成为与政府税收并驾齐驱的收入再分配的调节手段。然而，中国社会保障制度仍处于发展与改革阶段，其在调节收入分配所发挥的作用相当有限。因此，现行的社会保障体系需要进一步改革，不仅要实现社会保障制度的全覆盖，而且要减少同一种保障制度中不同人群的差异性，进一步发挥社会保障制度的收入再分配效应。

过去近 40 年中，中国贫困率下降十分明显，但贫困仍然是一个严重的社会问题。截至 2015 年底，中国农村仍有超过 5000 多万的贫困人口。这只是按照收入标准测算出来的贫困人口，如果按照多维贫困的标准，中国的贫困人口会更多，因为仍有大量的农村家庭虽然其收入水平高于扶贫标

准，但是受到疾病，自然灾害的冲击而陷入贫困。

消费占 GDP 的比重从 20 世纪 90 年代中期以来持续下降，部分是因为劳动收入的比重降低，部分是因为平均消费倾向的降低。消费倾向降低是由于人们对医疗、教育和住房等支出的不确定性增加，特别是那些没有被社保体系覆盖的人群。在全球金融危机的影响下，政府从 2008 年下半年开始，为刺激国内需求已做出了不懈的努力，但措施集中在增加投资而不是刺激消费。实现社会保障的全覆盖，缩小社会保障待遇的差别，提高保障水平将有助于刺激居民消费。

中国人口的老龄化正在加速进展。根据国家统计局公布的数据，2014 年中国 13.67 亿人口中，60 岁及以上的老人 2.12 亿人，占总人口比例为 15.5%；65 岁及以上人口数为 1.37 亿人，占比 10.1%。按照国际标准，中国无疑已成为一个老龄化社会，而且在未来几年会不断深化。老龄化过程对中国的养老保障制度提出了严重挑战，要求社会养老制度更具可持续性和公平性。

为了解决上述的经济和社会问题，建立一个全覆盖且公平的社会保障是中国政府在“十三五”规划中一个明智的选择。这一观点在中国社会已经形成了较为广泛的共识。然而，如何使得社会保障制度更具有调节收入分配的作用，更具有缓解贫困的作用，仍是社会保障制度改革中优先考虑的问题。

二、中国当前面临的社会和经济挑战

中国当前所面临的社会和经济挑战包括过大的收入差距、贫困、消费倾向的大幅下降、社会矛盾的增加和社会的不稳定。毫无疑问，这些挑战必须加以充分认识和有效应对。

1. 过大的收入差距

从20世纪80年代初开始，中国的收入差距急剧扩大。作为一个发展中国家，中国对城镇和农村实施不同的经济和社会政策，且政策偏向城市，这导致了城镇和农村家庭在收入水平、社会保障，公共服务的获得以及人类发展方面存在巨大的差异。对于收入不平等，不同的估计结果均说明中国城镇和农村的收入差距都显著扩大了。

全国收入差距的基尼系数，在1978—2008年，基本上处于不断上升的趋势，从20世纪80年代初的0.30上升到2008年的0.491，达到了历史上的最高点。在后来的几年中，全国收入差距的扩大趋势有所控制，基尼系数有所下降。到2015年全国收入差距的基尼系数下降到0.47以下。然而，现今中国的收入差距水平仍处于高位水平，而且收入分配不公问题没有得到根本解决，没有建立起一个公平有序的收入分配和再分配制度，因而收入差距出现扩大的可能性仍然存在。面对这些问题，中国收入分配制度改革仍需坚定不移地推进下去，而通过提高社会保障制度的再分配功能是其中的一项政策选择。

2. 大量的贫困人群

毫无疑问，过去近40年中，中国在扶贫方面已经取得了巨大成功。无论使用何种贫困测量指标，从20世纪70年代后期开始，贫困人口规模的下降已超过90%。在2010年以前，中国农村贫困线存在严重低估问题，导致贫困人口数量和贫困发生率的低估。2011年中国政府上调了农村贫困线，确定为2010年的贫困线为2100元/人/年。上调后的贫困线相当于世界银行提倡使用的2美元/人/天。根据新的贫困线，在2010年中国农村的贫困人口大约为1.5亿，贫困发生率为17%。在过去5年中，农村贫困人口继续下降，到 2015 年已不足 6000 万人。

然而，贫困仍然是中国当前的主要社会问题，尤其是在农村地区。众所周知，中国使用的贫困线只是以收入 / 消费为维度的，而不是多维的贫困线。如果按照多维的标准来估计中国农村贫困状况，农村家庭的贫困发生率会有很大程度的上升，除了收入 / 消费贫困之外，还有相当数量的农村家庭因病致贫，因学致贫，处于住房贫困之中。

在农村贫困人口中，老年人和儿童贫困是需要尤为关注的。与其他国家相同，中国的老年贫困和儿童的贫困发生率都要高于其他人群。根据相关研究报告，现今农村老年人贫困发生率比平均水平高出 5%，而儿童贫困发生率比平均水平高出 10%。针对这些特殊人群的贫困问题，仅仅解决他们的收入贫困是远远不够的，医疗保障和教育保障往往是必不可少的。

3. 大量农民工流入城镇

和其他发展中国家一样，从 20 世纪 90 年代中期开始，中国加速了城镇化进程。大量的农村劳动力流向城镇就业和生活，但是他们中的绝大多数人群仍是候鸟式迁移，往来于城乡之间。当前中国的城镇化率不足 60%，这意味着未来 20 年中城乡劳动力流动仍会持续下去。大多数流动人口教育水平低、缺乏技能，流动性高但收入低，未被社会保障体系所覆盖。由于流动人口的户籍在农村，他们在城镇劳动力市场上的就业机会、薪酬、社会保障和公共服务等方面均处于劣势。未来十年，解决大规模的劳动力流动问题确实是中国政府面临的一个重大挑战。

4. 不断下降的消费倾向

从 21 世纪开始，中国国民收入中消费份额出现了急剧下降。消费占国民收入的比例从 2000 年的 62% 下降为 2010 年的 48%，十年中下降了 14

个百分点（见图 1）。这是历史上世界上任何一个其他国家都不曾出现的情况。从消费结构上看，导致消费占比下降的主要因素是居民消费占比的快速下降（见图 2）。在全社会总消费中，政府消费与居民消费所占比例出现了一升一降的情形，前者从 20 世纪 90 年代中期的 22% 上升到 2012 年的 27%，后者却从 78% 下降到 73%。而在居民消费中，城镇居民消费所占比例呈稳定上升趋势，而农村居民消费所占比例呈下降趋势。自 20 世纪 90 年代以来，城镇居民消费在全社会总消费中所占份额上升了近 17 个百分点，而农村居民消费所占份额却下降了近 13 个百分点（见图 3）。出现这种情况的原因，一方面是城镇化过程引致的城镇人口的增加，另一方面是城乡之间收入差距的扩大引发的农村居民消费能力的相对萎缩。

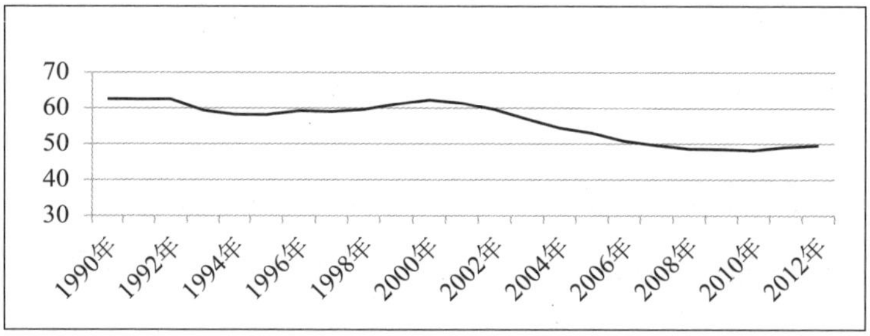

图 1：中国消费占 GDP 比重 (%)

数据来源：根据相关年份《中国统计年鉴》国民收入核算得出。

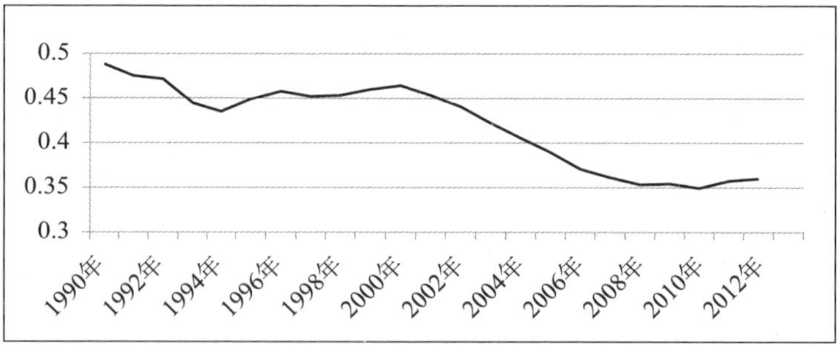

图 2：居民消费占国民收入的比重

数据来源：根据相关年份《中国统计年鉴》国民收入核算得出。

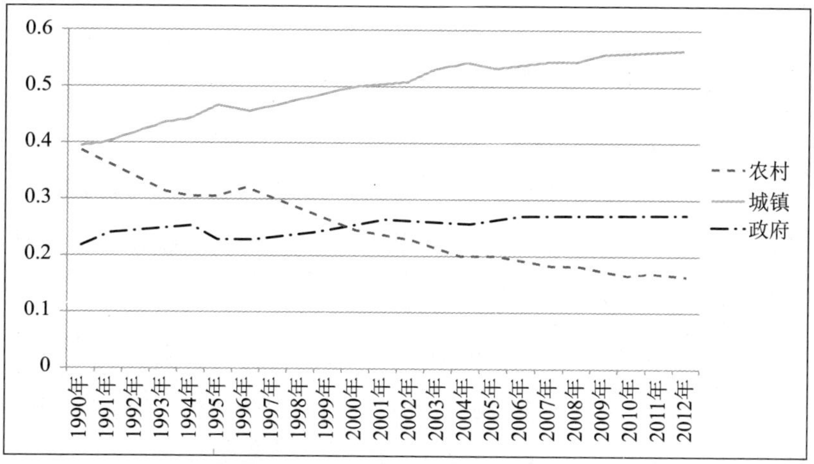

图 3：城镇，农村居民和政府消费占总消费的比重

数据来源：根据相关年份《中国统计年鉴》国民收入核算得出。

5. 不断加速的老龄化

在过去 20 年中中国老龄化过程超出了人们的预期，特别是近几年老龄化出现了加速进程。不言而喻，老龄化加速到来对于经济和社会发展都会带来巨大的压力，不仅仅意味着人口“红利”的消失，而且意味着社会经济资源用于养老的部分不断增加。它不仅带来养老金收支不平衡、代际之间收入分配不平等问题，还带来资本积累不足以及经济增长减速等一系列问题。

中国的老龄化也有地域上的差异。从相关的数据来看，农村的老龄化进程快于城镇，这是因为农村劳动力纷纷流向城镇就业。农村老人由于受到户籍制度的限制，加上其前往城镇就业的子女在城镇不稳定的就业生活状态，难以前往城镇与其子女团聚。他们成为农村社会发展中的一个难题。

三、国际比较：中国与欧洲

中国作为一个发展中国家，社会保障制度建立的时间不长，体制和机制仍处于不断改革与完善的过程中。因而，与欧洲国家相比，中国社会保障的再分配功能仍显偏弱。

欧洲国家，特别是北欧和西欧国家，社会保障和社会福利制度已具有百年历史，形成了一套完整的政策体系。它对于减少不平等，缓解贫困，稳定社会具有积极的作用。然而，过度的社会保障和福利制度也会带来一定的负面作用，它会不利于效率的提高和带来严重的社会负担。从20世纪80年代开始，欧洲国家在社会保障和福利制度方面进行了不同程度的改革，引入积极的劳动力市场政策，以减少过度保障和福利带来的消极影响。然而，不断改革中的欧洲社会保障和福利制度仍具有很强的收入再分配功能，对于缩小收入差距，实现收入分配的平等化，发挥着积极作用。

社会保障和福利对收入分配的调节作用通过两种途径，一是缴费，二是公共转移性收入。由于缴费类似于个人所得税，具有一定的累进性，即收入越高，缴费越多，因而起到了缩小收入差距的作用。公共转移性收入体现在各种社会保障和福利上，往往是低收入家庭会获得更多的转移性收入，进而缩小收入差距。

如前所述，中国的社会保障和福利制度所产生的收入再分配效应是不大，只是使得市场收入差距的基尼系数略有下降。不少欧洲国家都显示了市场收入（初次分配）的基尼系数与可支配收入（再分配）的基尼系数之间有较大的差别，后者明显低于前者。这意味着包括社会保障和福利制度在内的收入再分配制度起到了明显的调节作用，使得收入差距较大幅度缩小。相比而论，中国的市场收入的基尼系数与可支配收入的基尼系数之间的差别并不明显，表明了中国再分配政策的效果非常有限。

除了社会保障和福利制度中的转移性收入外，欧洲国家的公共服务如免费医疗，教育，保障性住房同样起到了调节收入分配的作用。关于欧洲国家的公共服务的收入再分配效应。在居民可支配收入基础上，如果加上公共服务的市场价值后，收入差距的基尼系数都有明显下降。有的国家的公共服务的再分配影响较大，起到主要影响作用的是公费医疗，它对收入分配的影响占总体效应的 40% ~ 70%。从已有的经验来看，中国公共服务所带来的收入分配效应不会太大，这主要因为公共服务均等化问题没有得到很好的解决。城乡之间，地区之间，不同人群之间在享有公共服务方面存在着很大的差异，都在很大程度上削弱了公共服务的收入再分配效果。

四、中国未来的社会保障和福利制度

改革开放近 40 年，中国在经济增长方面取得了巨大成就，在社会保障和公共服务方面也取得了明显进展，但是社会保障和福利制度并没有起到有效的调节收入分配的作用。中国正面临一系列社会和经济问题，如收入差距扩大、较大规模的贫困人群、经济增长减速带来的失业压力、大规模的农村流动人口、消费需求不足和日益严重的老龄化。

许多来自其他国家的研究和经验表明，一个合适的社会保障体系有其经济发展和社会稳定的战略目标。对于中国来说，其功能包括保险、扶贫、收入再分配、消费平滑和刺激，以及社会稳定器。

幸运的是，中国各级政府都已经意识到广覆盖、高效率且可持续的新社会保障制度的重要性和必要性。迄今为止，中国已初步建立起覆盖全部人群的社会保障和福利制度，特别是养老和医疗保障制度已覆盖了城乡全部人口。

然而，由于现行社会保障制度是碎片化的，城乡实行着不同的制度，城市内部不同就业身份的人群实行不同的制度，制度之间缺少衔接和协调，不同人群为社会保障做出的贡献，以及他们从中获得的待遇有很大的不同，而这种不同的待遇不仅没有起到调节收入分配的作用，在一定程度上还起到逆向调节作用。本文研究结果显示，社会保障和福利制度，尤其是养老保险制度，对于缩小收入差距有积极的影响，但是其影响程度并不十分明显。特别是居民缴纳的个人所得税和社会保障缴费对于收入分配的调节作用是负面的，即起到了扩大收入差距的作用。居民从各种社会保障和福利制度中获得的公共转移收入起到了缩小收入差距的作用，其中主要来自于养老保险制度的作用。

与欧盟国家相比，中国社会保障和福利制度在调节收入分配方面发挥的作用仍有待于提高。欧盟国家通过社会保障和福利制度大幅度降低了收入分配的不平等。除此之外，欧盟国家公共服务的均等化程度高，也在降低收入分配的不平等。在这方面，有很多值得中国学习的地方。

在未来社会保障和福利制度改革进程中，中国应该更加注重其调节收入分配的作用。首先，在社会保障缴费上，需要提高缴费的累进性，即缴费要与其收入水平挂钩。在养老保险制度方面，公务员养老保险制度改革要加快推进，尽快并入企业职工和事业单位人员养老保险制度，改变现在公务员不缴费的局面。其次，改革现行的碎片化的社会保障制度，要尽快建立全国统一的社会保障制度。减少不同人群获得的社会保障待遇的差别。再次，需要增加社会福利项目。现行的低保制度需要提高瞄准性，同时需要提高其低保金水平。此外，增加一些针对贫困人口和低收入群体的福利项目，如低收入家庭的儿童补贴。最后，建立社会保障和福利制度的模拟分析，特别要对其产生的收入再分配的效应进行模拟分析，为政策的调整和制定提供科学依据。

面向“互联网 +”的监管转型

马　骏　国务院发展研究中心企业研究所所长
马　源　工业和信息化部电信研究院政策与经济研究所副所长

我国实施“互联网 +”行动计划以来，互联网加速与经济社会各领域广泛深度结合，万物互联、大数据、云计算、人工智能快速发展，产业结构、企业组织不断重构，产品不断向个性化和多样化方向发展，跨界竞争更加普遍，新的商业生态逐步形成。“互联网 +”孕育了大量新组织、新业态、新产品、新竞争、新商业模式，对政府的传统监管体系形成了新的挑战。政府监管要适应“互联网 +”融合发展大势，加快转型步伐，提高监管的效能，进一步释放企业创新创业的活力。

一、“互联网 +”正在全方位挑战传统监管体系

“互联网 +”的不断深化从五个方面挑战着传统监管体系。

第一，“互联网 +”业务的创新特性改变了传统产业版图，颠覆了被监管的企业，挑战传统监管存在的基础。当互联网企业由线上向线下延伸时，其经营理念、运作模式和发展路径都与传统业态明显不同，以技术业务创新解决用户需求的“痛点”，对传统产业格局产生颠覆性影响，特别是那些设置行政性准入限制的领域，如交通、医疗、金融、传媒、食品药品等

部门，市场竞争不充分，“互联网 +”产生的冲击尤其巨大，甚至影响到整个传统行业的存亡。出租车行业就是一个典型案例，网约出租车集成利用移动互联网、定位、大数据算法等技术，全面重塑传统出行模式，让出行服务效率更高，成本更低，竞争更强，对巡游出租车产生巨大冲击。面对“互联网 +”的创新，建立在传统产业体系之上的监管部门，是固守传统产业格局排斥新业态，或是将新业态纳入既有旧制度框架之内，或是重构监管体系，必须做出艰难的选择。

第二，“互联网 +”业务的融合特性模糊了传统产业边界，挑战彼此分立的监管体制。互联网的通用目的特征使其可与任何部门深度结合，孕育出兼具多重产业属性的新业务新应用，如互联网金融业务，既具有互联网信息服务属性，又具有金融产品属性。按照传统监管职责分工，前者属性应由互联网行业主管部门监管，后者属性应由金融行业主管部门监管，但对于此类跨界融合业务，传统上仅靠单一监管机构已无法满足现实监管需要。但在业务准入、审慎监管、竞争行为、服务质量、数据保护、网络安全等方面，如何才能厘清监管边界，划清监管权责，重塑跨部门协作流程和监管机制，发挥监管合力，实现无缝对接，做到不缺位不越位，是“互联网 +”背景下必须解决的问题。

第三，“互联网 +”业务的泛在特性打破了服务提供地域限制，挑战属地分割的监管格局。在传统市场上，产品或服务的供给方和需求方往往在同一地域，监管机构的管辖权也基本上限于所在行政区划和地域范围。但互联网“一点接入，全球服务”的特性彻底改变了基于地理位置的时空观，互联网企业的服务器放在什么地方，用户居住在什么地方，都已不再重要。如位于我国杭州的阿里巴巴电子商务平台可以向全球各国用户提供网络购物服务，此时一旦异地用户因网络购物产生争议，就可能会牵涉到跨国别、跨地域、跨层级的多个部门监管协作。如何适应互联网扁平化、一体化的特点对现有监管流程进行再造，实现对线上线下主体的高效联动协作监管，就需要改革现有属地监管的体制。

第四，“互联网 +”业务的平台特性改变了产业组织模式，挑战政府直接监管商家的管理模式。长期以来，政府部门在市场失灵领域，直接对被监管对象如商家进行全面监管，并逐步形成了一套相对成熟的监管机制和政策体系，主要包括准入制度、数量管制、服务规范、竞争政策、用户权益、劳动保护等。但在网络效应作用下，互联网企业普遍采取平台运营模式，即通过构筑第三方网络平台，一头吸引线下传统商家入驻平台，一头吸引消费者注册使用其网络服务，购买入驻商家的产品或服务，这样第三方网络平台天然地掌握着入驻企业和入驻消费者的注册信息和日常交易信息等。对于监管部门而言，对平台上入驻企业的监管，必须与第三方平台企业开展合作，但如何定位好平台角色，让其协助政府做好监管，同时又不滥用政府赋予的职责和市场力量，是一个崭新的问题。

第五，“互联网 +”业务的网络特性导致数据海量增长和业务的频繁迭代，挑战传统线下巡查监管模式。近年来，国家大力推进商事制度改革，要求在“宽进”的同时着力做好“放管结合，优化服务”，尤其是面对互联网领域井喷式增长的局面，传统上的现场监管、感观监管、经验监管的旧模式已无法奏效。面对海量涌现、频繁迭代的“互联网 +”业务，传统监管在速度上难以跟上创新发展的步伐，难以对市场主体发展情况进行系统监测和分析，也无法对“宽进”后市场主体实施精细化监管。如何构筑“信息主导”的监管新格局，形成全景式立体化数据资源视图，是监管手段创新的重要任务。

二、监管部门适应“互联网 +”新形势的转型探索

近年来，面对“互联网 +”的冲击，监管部门开始探索重塑监管模式，陆续发布了监管改革政策，转型的方向主要体现在四个方面。

第一，监管从线下向线上延伸覆盖，思路由“支持创新”向“发展与规范并重”转变。为促进“互联网 +”业务健康发展，2015 年以来国家先后就互联网金融、电子商务、跨境电商、网约出租车等新业务，发布专门指导意见予以支持。一年多来，各类“互联网 +”业务蓬勃发展，但也出现了借创新之名行违法违规活动的行为，如互联网金融平台欺诈卷款跑路、网络订餐出现黑心作坊、网络医疗信息失真、在线旅游机票售假、网络直播媚俗涉暴等，伤害了广大用户利益，甚至出现一些社会高度关注的典型案件。为鼓励创新、防范风险、趋利避害，2016 年以来监管部门纷纷发布政策，包括加强互联网金融整治、规范网络直播平台、发布网络食品监管新政、明确网约租车管理办法等，开始加大对新业态经营行为的规范力度。

第二，加强跨部门协作，按细分业务类型一事一议确定监管职责分工。针对“互联网 +”业务的多重产业属性，以及线上交易、线下递付的特征，监管部门之间主动加强合作，联合调研、论证、起草和发布各主流“互联网 +”业务的管理文件，合理界定各具体业态的业务边界及准入条件，落实监管责任，明确风险底线，保护合法经营，并坚决打击违法和违规行为。如人民银行等十部门 2015 年联合发布的《关于促进互联网金融健康发展的指导意见》，除明确一行三会在具体业态上的监管分工外，还提出要规范互联网金融市场秩序，由工业和信息化部负责对互联网金融业务涉及的电信业务进行监管，国家互联网信息办公室负责对金融信息服务、互联网信息内容等业务进行监管等。

第三，抓住网络这一平台，探索政府与平台协作治理新模式。在互联网生态体系中，大型网络平台扮演中间商、集市商、撮合者的角色，掌握着平台上入驻商家和消费者这两类主体的行为踪迹，是生态体系中的关键枢纽。而政府监管部门除靠用户投诉举报外，很难主动发现和掌握平台上入驻商家的违规行为。新发布的监管政策，对网络借贷平台、网约租车平台、网络直播平台、信息搜索平台、网络订餐平台等第三方平台，要求其保证入驻商家都有合法手续和相应资质，做好实名登记、证照审查；建立巡查制度，设置专门管理机构或者指定专职管理人员，对发布虚假信息、夸大宣传、超范围经营等违法行为，及时采取措施制止等。此外，监管部门还比照线下传统的业务监管规则，对网络主播要求持证上岗、对滴滴司机要求通过考试、对车辆提出具体标准等，进一步细化监管要求。

第四，加强技术手段建设，提升对“互联网 +”业务经营主体的发现、定位和取证能力。与线下传统业务拥有实体门店不同，“互联网 +”业务具有跨地域、虚拟性、隐蔽性等特点，经营主体发现难，出现问题定位难，违规行为电子取证难，执法难度大大增加。为有效落实对海量网络服务主体的监管需求，监管部门应快速提升对网络主体的监管能力。例如，工商部门建设了“全国第三方网络交易平台监管系统”，汇集国内所有网络商品交易平台和经营者的相关数据，实现全国范围内的工商管理部门联动，旨在解决频繁出现的网络售假、虚假促销和购物欺诈等问题。再如国家发改委通过 12358 全国价格监管系统，汇集网络交易价格举报信息，向第三方平台发送电子协查文书，提升联动执法效能。

从总体上看，适应“互联网 +”融合发展的监管探索尚处于起步阶段，一些政策措施在实践中还存在许多争议，一些突出矛盾也没有从根本上得到解决，要重构监管体系并非一日之功。另外，“互联网 +”的快速发展不仅提出新的挑战，也为监管创新提供新的手段。构建适应“互联网 +”发展需要的监管体系，需要不断探索、不断实践、不断反思、不断优化，经过较长时间努力才能建立比较完善的体系。

三、加快推进面向“互联网+”的监管转型的建议

加快推进面向“互联网+”的监管转型，应尊重技术发展规律和产业发展规律，坚持改革、开放、创新的理念，坚持多方参与的互联网治理原则，以规范促发展，进一步释放技术创新的活力，积极培育经济增长新动能。

一是重新审视政府监管的前提，动态调整监管对象和内容。“互联网+”改变了产业特性，需要重新评估政府监管存在的理由。如果“互联网+”已经解决了政府监管关注的问题，监管就应该取消，不能因人设事；如果“互联网+”重构了业务链条，政府监管需要重新评估监管的重点环节；如果“互联网+”颠覆了传统的监管对象，政府监管就要评估是否要监管新企业、新业务；如果“互联网+”产生了新矛盾，政府部门可能需要增加新的监管对象。政府监管不应一味“从线下向线上延伸”，任意扩充权力范围，也不应“削足适履”，简单用旧制度套用新业务，而是要尊重规律，着眼长远发展，最大限度地减少政府监管带来的市场扭曲。

二是坚持公平竞争的原则，支持“互联网+”的深化。当前“互联网+”新业态、新模式层出不穷，是我国新经济发展的希望所在，但也对线下传统业态形成巨大压力，冲击相对固化的传统利益格局。让市场机制发挥作用，促进线上线下一体化发展和公平竞争，关键是要站在社会利益最大化的立场，不卷入不同类型主体间的利益纷争，把握好服务质量、网络安全两个底线，把握好改革推进力度、市场冲击承受度两个程度，主动打破传统产业行政垄断制度，支持由市场创新推动新旧动能转换，同时防

范放松行政垄断监管后又走向新的市场垄断。另外，由于市场创新的速度总是领先于监管政策的制定，在新业态发展初期，很多事情尚未定型或难以看清楚，线上线下利益冲突错综复杂，产业边界也在不断游动，监管部门要给“互联网+”的创新留出市场发展空间和试错容错期。

三是在加强部门间、层级间和区域间监管协作的基础上，进一步整合政府监管资源。互联网全面渗透到各个领域，模糊了产业边界和职责分工，监管体制机制改革已势在必行。从国际上看，主要涉及传统业态监管部门和互联网监管部门，由监管部门协商签署合作备忘录等，确定部门职责和横向协作配合机制。从国内近期实践看，对新业态的管理职责分工主要由传统线下部门牵头负责制定监管制度，包括新业态的准入制度、业务规范和消费者保护等；其他部门如互联网行业主管部门负责网站备案、网络系统安全以及配合停止网络接入等；内容管理部门负责信息安全、安全管理部门负责打击新业态相关犯罪活动等。建议在过去加强部门协调、层级协调、区域协调的基础上，进一步加强国家监管资源的整合，包括横向整合部门间的监管资源，减少重复监管、多头监管。如针对网络业务融合的特点，对网络内容的分行业监管进行合并，纵向整合分散的监管资源，提高监管的效能，如针对网络活动跨地域的特点，适度增加国家层级的监管力量。由此，应在行政体制改革方案中充分考虑“互联网+”带来的深刻影响，重组监管机构和重塑监管流程。

四是发挥网络平台的作用，形成政府、企业和网民等利益相关方共同参与的治理格局。互联网的一个重要特征是开放、共享、全民参与。针对互联网“少数大型平台+众多商家+众多网民”的主流产业组织模式，监管部门要抓住大型网络平台的独特产业地位和信息汇聚优势，倡导政府与平台合作监管，各尽其责；推动网络平台与入驻企业通过商业合同约束，规范入驻企业经营行为，履行合理注意和执法协助义务；规范网民点评的商业模式，依靠消费者评价促进企业信用建设；建立用户投诉渠道，维护消费者权益。同时，政府要推进政务公开，在保障安全的前提下，把政府手里掌握的企业资质信息、执法信息、信用信息等数据向网络平台开放，助力平台内生治理和市场信用体系建设，推动市场主体自我约束。此外，要在监管规则制定、执行和评估等各个方面引入公众参与，维护政府监管的民主性和科学性。

五是加强政府与企业间合作，利用大数据、人工智能等先进技术支撑监管和服务的精准化。互联网淡化了网络提供主体的地理属性，市场主体的注册地、网络接入地、服务发生地等相互分离，要实现以网治网，必须借助大数据、人工智能等先进的辅助技术手段，使线上主体由隐形走向显形，由虚拟走向实体，将看不见的网络监管转变成可视、可查、可控，实现对网络市场的动态有效监管。同时，大力推行“互联网＋政务服务”，实现网上申报、网上流转、网上审批、电子证照等新型政务模式，将传统的“面对面”服务转变为“键对键”服务，让“数据多跑路，群众少跑腿”，不断提高政务效率。但在政府加强技术手段的途径上，并不是自己去投资建设和运营系统，而是要尽量通过政企合作和采购服务的方式，充分利用企业的设施、服务和能力，紧跟技术创新的步伐，不断提升监管和服务水平。

中国当代企业家肩负的历史重任

常修泽　中国宏观经济研究院教授

2017 年 9 月 25 日，《中共中央 国务院 关于营造企业家健康成长环境弘扬优秀企业家精神更好发挥企业家作用的意见》全文公布，意义非常重大。

对于企业家内涵，既要尊重又不必拘泥于熊彼特的标准，可结合中国国情“中外贯通”，我认为，企业家应具备四点特征：一是创新；二是义利；三是诚信；四是敬业。

要给企业家提供“定心丸”和“定盘星”，必须坚决落实《关于完善产权保护制度依法保护产权的意见》，保护企业家的产权和其他合法权益。这些权益包括：企业家的物权、债权、股权等基础性财产权；创新专利；其他创新收益；特别注意保护人力资本产权；自主经营合法权利。

塑造新型政商关系，对企业经济活动不应搞政府主导，政府应建立帮扶机制，不要袖手旁观。

在世界出现新变局和中国改革开放发展亟待开创新格局的历史节点，提出进一步激发和保护企业家精神，是一项具有重要意义的明智之举、有为之举。

企业家是现代市场经济中一种特殊的要素资源，是促进创新发展的一支重要社会力量。企业家精神源于先进生产力和先进文化并对后者产生重要作用，是当代中国和人类发展不可缺少的精神动力。保护企业家，激发企业家精神，对内有利于引导并矫正社会预期，增强企业家信心，推进中国的改革和经济可持续发展；对外则有利于提高中国企业家的国际人文素质和世界对中国企业家阶层的认知度，使中国更好地参与经济全球化，为担当世界经济大国重任准备必要条件。

当然，在中国，激发和保护企业家精神绝非易事，它是一项极其复杂的系统工程。面对这个与社会多方面力量有着密切联系并交互作用的社会群体，提出这个问题，可谓“牵一发而动全身”。当前有七个重要问题应引起重点关注。

一、准确把握企业家的内涵和企业家在创新中的关键作用

在中国，经过改革开放近 40 年的实践锻炼，一批企业家已经在市场竞争中崛起并成长，其中在那些极具核心竞争力的企业，涌现的企业家更为优秀，因此，说“中国没有企业家”是不符合实际的。按照“企业家的本质在于创新”的首要条件，在中国社会，企业家还是很少的，未来需要造就千千万万个企业家。

需要特别指出，对于“企业家的本质在于创新”中的“创新”，不能狭义理解。那种把创新仅仅解释为“技术创新”，是远远不够的。创新应包括：制度创新（体制创新）、技术创新（含工艺、产品等创新）、市场创新（包括商业模式创新）、管理创新（包括企业文化创新）等。企业家正是从经济内部对包括制度、技术、市场、管理等一整套体系发起攻势并进行创新的“指挥者”，这种创新是经济社会发展的动力之一。

基于企业家在创新中的这种关键作用，在当前情况下，提出激发和保护企业家精神对当前深化结构性改革、推动大众创业万众创新、激发市场

活动力具有重要作用，对培育发展新动能、改造提升传统动能、促进经济社会可持续发展具有重要意义。

二、寻求解决影响企业家预期和信心的办法

坚持问题导向应正视当前影响企业家“预期”和“信心”的突出矛盾和问题，寻求解决办法。中国在传统的计划经济体制下，由于国家集国有企业的所有权和经营权于一身，加之当时又没有民营企业和外资企业，因而不可能造就企业家。改革开放以来，伴随市场经济的发展，在造就企业家方面做了大量工作，但应当看到，由于中国“官本位”思维的存在，加之在实践中没有用“包容性改革”思维而用某种“排斥性”思维对待企业家，导致在这方面仍存在不少问题或短板。当前主要有以下八个问题：

第一，“产权保护不到位”。实践中侵害企业家财产权和其他权益的问题时有发生，人们呼唤要有依法保护企业家合法权益的法治环境。第二，“一碗水没端平”。各个层面存在不同程度的“所有制歧视”，人们期望形成各类企业家公平竞争的市场环境。第三，“支持政策不完善”。对创新型企业家缺乏“扶上马，送一程”的完整政策体系。第四，“政商关系未摆正”。既存在政商之间“关系不清”的问题，也存在政府对企业家“感情不亲”，公权力服务不到位的问题。第五，“出头椽子先烂”。整个社会尚缺乏一种激励企业家干事创业的氛围，尤其对企业家在先行先试和企业创新中的错误和失败缺乏容错机制。第六，“错把经理当官员”。这主要在国企，受传统官本位体制的影响，尚未形成企业家市场选择和配置机制。第七，“内部关系未理顺”。如何妥善处理公司法人治理结构与党组织和职工的关系，尚有待探索。第八，“自身素质待提高”。急需加强对企业家精神的培育和传承。

三、切实保护企业家的“产权”和其他合法权益

切实保护企业家的“产权”和其他合法权益，营造依法保护企业家合法权益的法治环境。要给企业家提供“定心丸”和“定盘星”，保护企业家的“产权”和其他合法权益。需要强调，这里讲的“产权”内涵是“广义产权”，即不仅包括人们熟悉的物权、债权、股权等，而且包括与企业家密切相关的知识产权以及各种“人力资本产权”等。

第一，保护企业家的物权、债权、股权等基础性财产权。应采取有力的举措，冲破既得利益集团势力的阻挠、干扰和掣肘，甄别、纠正一批社会反映强烈的产权纠纷申诉案件，为企业家中蒙冤的落实政策。

第二，保护企业家的创新专利。专利是发明和其他技术进步的所有权。专利是一种垄断权，如果不给予发明者和技术进步的创造者以垄断权（同时意味着潜在的巨额收入），就不会以强有力的力量去刺激创新。因此，只要在专利的最佳有效期，即发明者享有垄断权的边际社会成本等于发明活动的边际社会收益的范围内保护专利，就能既保护创新成果，又不影响社会在一定条件下共享创新成果。

第三，加强企业家技术专利之外的其他创新收益保护。随着制度、技术、市场和管理四大创新的落实，企业家的创新收益将呈现多样性和重合性的特点。这些可统称为知识产权，但又有新的内容。目前在这方面，出现一些纠纷和案件，可以考虑以知识产权的市场价值为参照，确定损害赔偿额度，完善证据规则、证据披露及举证妨碍制度。

第四，特别注意保护“人力资本产权”。企业家与其他自然人的明显不同在于，企业家具有独特的、不可替代的“人力资本产权”。人力资本产权的特性是基于其潜在的经济价值和稀缺性。应该通过“管理产权”（采用期

股或期权的形式）来实现企业家的人力资本价值。

第五，保护企业家自主经营合法权利。根据笔者的调研，乱收费、乱摊派、乱评比等相当混乱，包括一些“二政府”单位挟公权力之余威，侵害企业家利益的事情所在多有。因此，必须清理涉企收费、摊派事项和各类达标评比，铲除乱收费、乱摊派、乱评比等乱源。政府应率先垂范，其行政执法的自由裁量权也必须规范。

四、为企业家创造公平竞争的市场环境

当前，在中国各类企业家之间，各个层面存在不同程度的“所有制歧视”。针对此，亟待创建企业家公平竞争环境。《关于完善产权保护制度依法保护产权的意见》曾提出“权利平等、机会平等、规则平等”，这一基调同样适用于创建企业家公平竞争的环境。对于“所有制歧视”，笔者认为，国有民营都是共和国的亲儿子，建议各部门按照中央《关于完善产权保护制度依法保护产权的意见》的精神，全面审视此前的文件、条例法规，不符合者应予纠正。

在实践中，创造各类企业家“权利平等、机会平等、规则平等”的市场环境，应紧紧抓住“两平一同”这一核心：

首先，依法平等使用生产要素，包括资金（信贷）、土地、劳动力、技术、管理等要素。现在，在资金（信贷）、土地等要素使用方面平等吗？必须尽快扭转。

其次，公开公平公正参与市场竞争。在这个问题上，现在垄断领域显性的和隐性的壁垒比较严重。要打破垄断，放宽市场准入。切实实行“两个凡是”：凡是法律法规没有明确禁止的行业和领域都应该鼓励民间资本进入（非禁即入）；凡是已向外资开放或承诺开放的领域都应该向国内民

间资本开放。可率先从电力、电信、交通（包括铁路、民航等）、石油和天然气、市政公用等起步。注意：放宽市场准入，不仅要强调“同一条起跑线”，而且应讲“同一类跑道”、“同一个游戏规则”，真正做到“一碗水端平”。

最后，同等受到法律保护。《关于完善产权保护制度依法保护产权的意见》提出保护产权的“两个不可侵犯”，即公有制经济财产权不可侵犯，非公有制经济财产权同样不可侵犯，受到社会各界的拥护和支持。除产权“两个不可侵犯”外，公有制经济企业家与非公有制企业家的其他权益同样“不可侵犯”，同等受到法律保护。

五、新型政商关系既要“亲”与“清”还须“辅”与“扶”

建立新型政商关系对激发和保护企业家精神十分重要。对于新型政商关系，中央已经提出“亲”、“清”二字。前者强调政府官员与企业家应该亲近，认认真真办事；后者强调官是官，商是商，清清白白地做人。在“亲”、“清”中建议补充“辅”“扶”的内容。

要“辅”不要“主”。要认识到，“企业家成为政府行政部门奴婢的时代已经过去”。无论是对国企，还是对民企，都不应搞“政府干预”。针对现在权力干预过多的问题，意见提出“以市场主体需求为导向深入推进简政放权放管结合优化服务改革”是十分必要的，需要坚决落实。

企业家作为创新者，他们敢想、敢作，勇于征服未知的世界（新市场、新制度），特别盼望能得到理解和支持。而现在有的企业家则有一种“孤军奋斗”、自生自灭之感。鉴于此，需要建立对企业家创新的“帮扶机制”，扶上马，送一程，政府不能袖手旁观。要健全涉企政策制定的企业家参与机制，完善涉企政策和信息公开机制，建立各级党政机关负责人及相关部门联系企业制度。

除制度安排外，也需要采取一套完整的支持企业家创新的政策举措。意见从完善对企业家的服务出发，提出了强化支持的政策体系，是实在的、管用的，应该得到重视并落实。

六、建立企业经理人员市场化选拔任用机制

建立企业经理人员市场化选拔任用机制和企业法人治理结构，妥善处理企业内部几个重大关系。主要有四个问题：

一是企业经理人员市场化选拔任用机制问题。提出“党管人才”是正确的，党组织在国有企业领导人员选拔任用等方面负有重要责任。但是，对国有企业领导人员“具体怎样选拔任用”，怎么配置的更好，需要研究。现在在国企（还有一些新型的农村合作社和城镇企业）中，受传统官本位体制的影响，“错把经理当官员”，尚未形成企业家市场选择和配置机制。

对于国有企业的企业家这样一种人才资源，在配置时可采取党组织“管资格”、企业家“参加竞聘”、董事会“择优选聘”的办法。在党组织“管住资格”的大框架内，企业家与企业双向选择：企业家可自由选择适合自己生长的企业，企业可自由选择自己需要的企业家。

二是关于完善公司治理结构问题。自党的十四大确立“社会主义市场经济体制”目标以来，随着企业（包括国企、外企和大部分民企，以及混合所有制企业）所有权与经营权的分离，公司治理结构应运而生且逐步发展。一个由股东会、董事会、监事会、经理层等层次形成的组织架构基本成形；与上述架构相联系的责权利划分、制衡关系和配套机制（决策、指挥、激励、约束机制等）相关规则也逐步明晰化。这是中国改革取得的成果，也是人类文明的重要内容。应按《公司法》规定，建立并完善法人治

理结构。

三是关于企业党组织建设与完善公司治理统一问题。从中国的国情出发，必须把加强企业党组织建设与完善公司治理统一起来。但在实践中，一些单位把这种“统一”理解为“党组织书记与董事长一身兼”模式，是需要斟酌的。如坚持“党组织书记、董事长一身兼”，意味着把民主党派和普通中共党员摒于董事长之外，这是不利于团结的。因此，“一身兼”可以在那些适合企业操作，但不易绝对化。企业党组织建设与完善公司治理如何统一得更好，需要继续摸索。

四是关于企业家与职工关系问题。过去学界在研究经济创新时，只讲企业家主体，忽视其他主体的作用，这是不符合当今实际的。创新活动是企业家、“内企业家”和劳动者的协作行为，因而作为创新主体，自然是多元的复数。正如乐队的演奏手需要指挥一样，创新诸主体集合于企业家的“指挥棒”下是必需的，但是每个“演奏手”的作用不能忽视。基于这种认识，在激发和保护企业家精神时，应处理好企业家这个“总指挥”与“内企业家”（企业一般高管和中层）及职工等其他创新主体的关系，不可顾此失彼。

七、建立社会容错与企业家自我净化“双机制”

企业家作为叱咤风云的创新者，在先行先试和企业创新（尤其在企业制度创新方面）出现某些失错和失败是难免的。现实中，由于社会的包容性不够，加之某些人的嫉妒、诽谤、打击，企业家队伍中“中箭落马”者不乏其人。这不只是他们个人的悲剧，也是社会的悲剧。基于保护创新型企业家的战略考虑，意见明确提出“完善对企业家的容错帮扶机制”是一个切实有力的举措。对不涉及违规决策、没有不当利益输送，按照有关规定可以容错的，应予以宽容。

至于对优秀企业家给予社会荣誉激励，拓宽企业家参与国家政治生活和管理社会公共事务的渠道，以及加强对企业家的正面宣传等，都是需要的，中国应该为企业家创新营造良好的社会氛围。

与社会建立容错机制相向而行，企业家自身也要建立自我约束、自我净化、自我纠错的内在机制。而且，笔者认为，“社会越容错，自己越应自觉”。为此，企业家应加强自身修炼，特别是仁义、诚信、敬业等品质的修养和锻炼。须知，企业家在品质方面出现问题，不仅影响自己的形象，而且影响企业和社会。

可以这样比喻，企业家精神与制度环境是“鱼水”关系。没有“水”，“鱼”自然无法生存；但是，如果“鱼”自身“变坏”，也会葬身于“水”。只有从内外两个方面“双管齐下”，完善制度环境与提高企业家素质并重，企业家队伍才能更加壮大，企业家精神也才能得到进一步激发。

新经济发展带来的挑战与应对策略

匡贤明　中国（海南）改革发展研究院经济研究所所长

举世瞩目的中国共产党第十九次代表大会胜利闭幕。十九大是在我国全面建成小康社会决胜阶段、中国特色社会主义进入新时代的关键时期召开的一次会议，对中国和世界将产生深远影响。国内外高度关注十九大，高度重视十九大后的中国经济转型发展、经济增长前景及对世界经济的影响。

1. 新经济快速发展，成为推进经济转型升级的重要动力。最近几年，中国新经济的发展成就是毋庸置疑的。十九大报告明确提出建设现代化经济体系，我个人理解，最根本的途径是加快推进经济转型升级，深化供给侧结构性改革。经济转型升级最重要的是推动新经济的发展。中国过去40年改革过程中的基本经验是，当旧的动能或旧的体制没有办法发生变革的时候，不妨加快发展新的体制、新的动能。从这个意义上来说，新经济的发展是中国经济转型非常重要的动力，而且中国也有这方面的巨大潜力。

从过去几年的情况看，数字经济已经开始在经济转型中发挥比较重要的作用，比如说成为新动能、新业态的载体，成为传统经济发展的动力。我简要地举个案例。大家知道，中国的传统业态中，很大一部分的产能是面向国际市场、出口主导的产能。随着国际市场的变化，我们需要从过去以出口为主转向以内需为主。这时候很多代工厂商突然发现，他们面临着

“有品质没品牌”的发展陷阱，而且在短时期内很难形成有竞争力的品牌。中国的电商平台针对这个情况，对传统代工厂商提供了流量支持，支持他们在电商平台上推出新的品牌，并给予了全面的支持。其典型就是“中国质造”这一项目。从目前来看，已经取得了一些初步的成效。

2. 新经济带来了反垄断监管的挑战。在看到新经济发展趋势的同时，我们需要客观看到并冷静思考新经济带来挑战。新经济对人类的生产生活组织方式都将发生非常大的冲击，有可能会超出大家的想象。例如，随着新经济的发展，传统就业形态将发生变化，有可能冲击现行的社会保障系统。再比如，在产业形态上，我们的企业边界开始发生变化，从传统的有边界到无边界的平台，就是人们通常说的产业生态系统；双边市场的定价策略发生了变化，过去“生产—销售”模式开始变成“生产—平台—销售”模式，形成了基础服务免费和增值服务收费、单边补贴与单边收费并存的新格局。

当然，新经济当前面临的重大挑战之一是对反垄断的挑战。新经济领域的竞争跟过去的传统领域不一样，这对反垄断带来了明显的挑战。在传统的产业形态中，人们已经形成了一整套比较成熟的反垄断理念、做法以及政策体系。但是，新经济中的新现象带来了困惑以及挑战。

第一，新经济的一些领域中普遍存在单个企业市场占有率过高的现象。搜索引擎、电子商务、即时通信中，正好是BAT三大巨头。排名第二和第三的行业占有者加起来不足以达到市场占有者第一的1/2。按照传统的垄断定义，这不是垄断又是什么？

第二，新经济比较有意思的现象是细分市场老大老二合并的现象频出。滴滴和快的合并，58同城和赶集合并，美团和大众点评合并，携程和去哪儿合并。老大老二合并的情况，在传统经济中恐怕很难发生，但在新经济领域却相对普遍。

第三，新经济发展过程中确有某些不正当竞争的行为。这些挑战的核心是，市场占有率是不是衡量反垄断的标准，要不要对新经济领域的一些厂商实施反垄断举措。这方面，有两种观点。一种观点认为过大的市场份额将导致垄断，不利于公平竞争。另一种观点认为，要慎重。具体来看：首先，新经济领域技术进步和模式创新快，即使拥有市场支配地位也不意味着有能力垄断。其次，新经济领域不排斥模式创新，没有市场禁入门槛。市场老大禁止不了一个小青草的成长。最后，平台之间也有竞争，不能轻易说某个平台垄断了整个经济领域。比如说，在电商上，既有“双十一”也有“618”。这就使得厂商以及消费者在每个细分市场的平台上都有选择和退出的可能。

因此，面对新经济跨界竞争、网络效应、平台模式等新特征的情况下，垄断理论的研究是相对滞后的。尤其是市场份额是不是界定新经济垄断的有效指标？如果不是，那又是什么？

3. 以包容审慎为基础加快新经济监管的变革和创新。怎么应对这个新经济带来的挑战，虽然目前没有具体举措，但基本方向应该大体确定，要有一个基本的思路。

第一，在经济转型中鼓励创新与防范风险、规范市场并行不悖。新经济发展基本的出发点是以推动经济转型为目的，改善消费者的福祉，形成竞争有序的市场。其核心是打破新旧经济对立的认识，加快推进新旧经济融合。现在挑战比较大的是理念的变革，大家对新经济有一些恐惧，认为新经济对传统经济带来的影响，使传统业态从业者的利益受到巨大的冲击。但我们要强调的是新旧经济的融合，按着十九大报告提出的，要推进互联网大数据、人工智能和实体经济深度融合。这就要转变相应的理念。

第二，以“包容审慎”为基本的原则。不要轻易把新业态、新模式贴上垄断的标签。既然现在还不知道如何判断，要防范风险的情况下不妨再观察一段时间。

第三，探索新的监管方式。包括大数据监管、平台监管、行业监管等。当然，这里也涉及一系列的挑战和突破。比如，要构建一个政府监管平台、平台监管个体的新模式，直接涉及基本的法律问题，即平台有没有权力关闭售假电商，这需要进一步研究。

第四，探索新经济有效监管的组织创新。新经济发展带来的挑战，需要在新经济监管上做出一些创新。

总的来看，新经济的发展在推进经济转型升级的同时，也带来巨大挑战。中国在新经济很多领域的发展上走在全球前列，这就需要深化相应的研究，为丰富实践提供理论支持。

第四编

加快完善社会主义市场经济体制

以完善公平竞争营商环境为重点的市场监管变革

迟福林　中国（海南）改革发展研究院院长

优化营商环境不仅成为提升经济竞争力的现实需求，而且成为激发市场活力、推动经济转型升级的关键所在。2013—2016年，在全球190个经济体中，我国营商环境排名由第96位上升为第78位，在G20中排倒数第5位。仅从这两个数字看，我国的营商环境与大国的经济地位很不适应，优化营商环境具有相当大的现实性、迫切性。未来几年，能不能在优化营商环境上取得实质性突破，既取决于产权保护的制度化、法治化进程，又取决于税收结构的转型，更取决于公平竞争市场环境的形成。

一、把完善中小企业发展的市场环境作为市场监管的重要职责

近年来，中小企业发展在我国经济转型升级中的作用日益凸显，数量明显增加。但其成长与发展并不稳定：一是中小企业平均寿命短，仅有2.5年，与美国的8.2年、日本的12.5年有较大差距；二是民间投资增速和占比出现“双下降”。2015年民间投资增速为10.1%，2016年降为3.2%；民间投资占比由2015年的64.2%下降为2016年的61.2%，下降了3个百分点。今年1—7月，民间投资占比进一步下降到60.7%。总的来看，中小企业发展问题已成为经济转型升级与结构性改革的突出矛盾。

1. 促进中小企业发展的关键是营造公平竞争的市场环境。客观地看，我国中小企业平均寿命短和民间投资的“双下降”，既是产业结构调整带来的“阵痛”，同时也反映了中小企业仍面临着某些不平等竞争的市场环境。例如，尽管国家从政策上规定了民营企业可以进入法律未禁止的领域，但许多领域投资准入仍实行严格的前置审批和“牌照管制”；教育、医疗、文化等服务业领域，仍保持着一定的行政审批和行政管制；一些领域尽管实行了投资备案制，但实际上仍是变相审批。由此，使中小企业发展面临的制度性交易成本难以真正降下来。

2. 为中小企业发展提供公平竞争的市场环境是市场监管的重要职能。深化简政放权，尽管说进一步减少行政审批很重要，但更重要的是通过市场监管变革，为中小企业发展提供公平竞争的市场环境。例如，通过强化事中事后的有效监管，有条件全面实施企业自主登记制度，从而形成与经济大国相适应的商事制度的基本框架；有条件取消企业一般投资项目备案制，全面推行法人承诺制；等等。

从国际经验看，促进中小企业发展是现代市场经济条件下政府的重要职责。最近，我国对2003年实施的《中小企业促进法》进行了修订。从改革的实践看，促进中小企业发展相关政策的落实，涉及众多的部门，如果没有一个政府部门牵头推进落实，中小企业发展很难取得预期效果。为了适应中小企业发展对公平竞争市场环境的现实需求，建议在市场监管部门组建国家中小企业发展促进机构，主要职能是依据《中小企业促进法》，制定和实施改善营商环境的监管规则，形成并维护中小企业发展的公平竞争市场环境。

二、把形成新经济公平竞争的市场环境作为市场监管的重要任务

在我国经济转型升级进程中，新经济是新旧动能转换的重要因素。近些年来，我国新经济快速发展。估计到2020年新经济占比将达到40%左右；2025年达到50%左右。适应新经济发展趋势，既要有规范化的监管，实现公平竞争和防范风险，也要避免用“旧制度管理新经济”，加快探索市场监管理念、模式、技术、手段的创新。

1. 市场监管滞后于新经济发展。总的来看，面对新经济跨界竞争、网络效应、平台模式等新特征，“不会监管、不能监管”的矛盾逐步突出。例如，当前评定垄断的标准主要是以往的市场占有率。现实情况是，2016年有一家大电商企业在B2B平台的占有率为43%，第二名占有率仅为7.5%。这是不是垄断，目前仍有争议。当前的新经济发展模式中，一些企业如华为，已开始建立开放式的产业生态和产业平台，中小型创业创新企业可以在这个平台上孵化、发展。因此，市场份额是不是界定新经济垄断的有效指标，如何判定垄断和不正当竞争，还需要研究探索。再例如，在传统的监管手段和方式下，监管部门很难及时了解新经济的业务流程、业务形态和盈利模式，很难准确识别并把握其风险点。当前，市场监管方式变革滞后于新经济发展的矛盾比较突出。这不仅影响到市场的公平竞争，容易形成新的经济风险，而且对新经济发展也会带来多方面隐患。

2. 尽快建立科学、灵活、有效的新经济监管体制。新经济能够带来创新，能够提升经济运行效率，但新经济的发展不能建立在排挤竞争者的基础上，不能以挤压中小企业发展空间为代价，不能加大经济社会风险。这就需要加快建立与新经济发展相适应的市场监管体制。例如，坚持“包容

审慎”的原则，不要轻易给新业态、新模式贴上垄断的标签，要给创新留出一定的时间和空间；积极探索新的监管方式。比如，对平台经济的监管，要加快探索构建“政府监管平台、平台监管个体”的监管新格局；充分利用大数据进行监管，尽快构建“用数据说话、用数据决策、用数据管理、用数据创新”的市场监管新体制。

3. 明确把新经济监管作为市场监管部门的重要职责。经济转型升级是一个动态的过程，市场监管也应该是一个动态的过程。对新经济的监管既需要各个部门的协同配合，也需要市场监管机构来牵头主抓。建议在市场监管部门成立专门的新经济监管机构，动态跟踪新业态，根据情况提出并试行新经济的监管条例，以适应新经济发展需求实行科学有效的市场监管。

三、把反行政垄断作为市场监管变革的重大任务

当前，我国经济转型升级的趋势明显，服务业逐步成为支撑经济增长的主导产业。今年上半年，我国服务业占 GDP 的比重已经达到 54.1%。从发展趋势看，无论是产业结构升级，还是消费结构升级，都依赖于服务业市场开放。问题在于，服务业市场开放与服务业发展面临着比较突出的行政垄断或行政管制。适应我国经济转型与市场化改革的客观需求，需要把反行政垄断作为市场监管变革的重要任务。

1. 适应服务业市场开放建立行政垄断审查机制。多年来服务业领域难以对社会资本放开，关键问题在于服务业领域的行政垄断没有真正被纳入反垄断的范围。随着服务业市场的发展，建立服务业领域反行政垄断的审查机制、推进反行政垄断，对于促进和保障服务业市场开放与发展至关重要。这就需要对国有垄断行业、城市公用事业、公共服务领域等相关行业监管内容进行清理、修改，废除各类导致行政垄断的行政法规；实行服务

业领域市场准入的负面清单管理，并不断减少负面清单长度。

2. 将反行政垄断纳入市场监管范畴。当前，我国尚未将反行政垄断纳入《反垄断法》，建议尽快改变这一现状，在《反垄断法》中修改增加反行政垄断的内容。按照十八届三中全会的要求，要实行以政企分开、政资分开、特许经营、市场监管为主要内容的改革，根据不同行业的特点形成不同的反行政垄断措施，在放开竞争性业务、推进公共资源配置市场化方面取得重要突破。

3. 以完善服务业市场监管标准体系为重点，推动市场监管标准与国际接轨。适应我国服务业发展与服务贸易市场开放的大趋势，需要尽快把服务业领域的反行政垄断作为市场监管机构的重要职责，加快建立与国际接轨的监管标准：在生活性服务业领域，重点加快健康、教育、文化、电信等监管标准建设；在生产性服务业领域，重点加快互联网金融、电子商务、研发、设计等监管标准建设。

四、把尽快建立统一的反垄断体制作为市场监管变革的重要举措

从现实情况看，无论是传统经济领域，还是新经济领域，都面临着不同程度的市场垄断和不正当竞争的挑战。突出的问题是，由于反垄断职能分散在不同机构，反垄断缺少统筹协调，实际效果并不理想。为此，完善公平竞争的市场环境，重在建立统一的反垄断体制。

1. 统一反垄断职能。从经济转型升级的大趋势看，实现传统经济与新经济的公平竞争需要把新经济纳入市场监管的范畴；从经济全球化的大趋势看，实现内外资公平竞争，需要将内资与外资的反垄断统一起来。现实情况是，反垄断职能分散在几个不同部委，尽管分工各有侧重，但由于几

家反垄断机构调查及处罚难以统一协调，使反垄断的效果大打折扣。就是说，统一反垄断职能已成为市场监管改革的当务之急。

2. 实行统一的反垄断体制。加强反垄断的统筹协调，需要尽快建立统一的反垄断体制，全面提升反垄断的公平性、有效性，为各类市场主体营造一个公平竞争的市场环境。例如，对不同所有制的企业实行统一的市场监管标准和监管规则，实质性增强反垄断的有效性；与国际接轨，尽快建立既适用于内资又适用于外资、法治化、规范化的反垄断体制。

3. 建立统一的反垄断机构。从我国经济转型升级的趋势和需求看，建议尽快整合分散在不同机构的反垄断职能，并作为市场监管机构的重要职责。应当说，解决这个问题的总体条件比较成熟，不宜再拖。

以优化营商环境为目标，以完善公平竞争市场环境为重点的市场监管变革，既涉及监管职能的调整，也涉及监管理念的变革，还涉及深层次的监管权力结构调整。纵深推进简政放权，重要的是加快推进市场监管的转型与变革，为形成法治化、国际化、便利化的营商环境提供重要保障。

混合所有制经济：所有制经济结构性改革新趋势

常修泽　中国宏观经济研究院教授

一种“实现形式”，一种新的、被称为“基本经济制度的实现形式”——混合所有制经济，正在中国大地崛起并发展。它不仅是新阶段中国国有企业改革的“重头戏”，而且从更大范围看，将成为整个所有制结构性改革的新趋势。

如果说，社会主义制度与市场经济的结合，是当代经济学的“皇冠”；那么，混合所有制经济，则是这顶“皇冠”上的“明珠”。为什么说混合所有制是社会主义与市场经济结合论“皇冠”上的“明珠”？对这颗“明珠”，从理论上应该把握哪些基本认知？在中国的改革和现代化发展中，中国人民能够获取这颗“明珠”吗？特别是在未来新阶段的改革中，如何保证这颗“明珠”不致“变形”或者“失色”？这是时代提出的重大命题。

一、关于混合所有制经济的基本认知

对于混合所有制经济这一新生事物，本身具有相当程度的“复杂性”。

1. 混合所有制经济的“根基”

混合所有制经济的根基是什么？如果用简洁的文字来概括，就是：“基本经济制度”；如果说得更完整一些，就是：“社会主义基本经济制度。”

2013年11月，中共十八届三中全会《中共中央关于全面深化改革若干重大问题的决定》在提出“积极发展混合所有制经济”的命题时，明确指出：“国有资本、集体资本、非公有资本等交叉持股、相互融合的混合所有制经济，是基本经济制度的重要实现形式。”

就在同一个《决定》中，对“基本经济制度”的内涵及其重要地位做了经典论述：“公有制为主体、多种所有制经济共同发展的基本经济制度，是中国特色社会主义制度的重要支柱，也是社会主义市场经济体制的根基。”既然“基本经济制度”的定位“是中国特色社会主义制度的重要支柱，也是社会主义市场经济体制的根基”，那么，也完全可以说，“基本经济制度”是混合所有制经济的“根基”。若离开了“基本经济制度”这个“根基”，混合所有制经济将无从谈起。

自2013年11月中共十八届三中全会《决定》提出“积极发展混合所有制经济”以来，中国政界、商界和学术界占据主流的声音，是认同“混合所有制经济是基本经济制度的重要实现形式”。但是，也有另外两种截然对立但都否定混合所有制经济观点，一种认为，搞混合所有制经济是稀释和削弱国有经济，是“动摇国本”，搞所谓“全盘私有化”；另一种则认为，搞混合所有制经济是“框住民营经济”，搞“新的公私合营运动”，是“试图恢复国有经济的一统天下”等。

一般来说，对同一事物，人们认知上有差异、有分歧是正常现象，但是，对于混合所有制经济这样一种新事物，人们在认知上如此“对立”，且“对立”得如此尖锐，超出了很多人的想象。

就学术理论而言，围绕“混合所有制经济”的不同意见、不同观点是完全可以争鸣的，对“混合所有制经济”发展中的内在规律更是需要探索的，但是，对混合所有制经济的“根基”——基本经济制度的基本认知、基本判断，则是可以厘清的、可以肯定的：

第一，中国不会是“全盘私有化”的所谓“天堂”，也不会是民营经济（不论是狭义的还是广义的民营经济）的“坟场”；第二，中国不会是“国有经济一统天下”的乌托邦，也不会削弱“公有制为主体”（包括国有经济活力、控制力和影响力）这种力量。

始于20世纪70年代末的中国所有制结构改革，是人类历史上的一个创举。它不拘泥于传统的或称“经典的”社会主义所有制结构模式，也不拘泥于当代西方发达国家的所有制结构模式，而是用中国人的世界观和方法论，对当代一种新的所有制结构的探求。这种“新的所有制结构”就是“以公有制为主体、多种所有制经济共同发展”。

中共十八届三中全会《决定》中所言：“公有制经济和非公有制经济都是社会主义市场经济的重要组成部分，都是我国经济社会发展的重要基础。必须毫不动摇巩固和发展公有制经济，坚持公有制主体地位，发挥国有经济主导作用，不断增强国有经济活力、控制力、影响力。必须毫不动摇鼓励、支持、引导非公有制经济发展，激发非公有制经济活力和创造力。”

在这个“根基”之上，公有制经济和非公有制经济“都是社会主义市场经济的重要组成部分”，“都是我国经济社会发展的重要基础”——此为战略定位；“毫不动摇巩固和发展公有制经济”，“毫不动摇鼓励、支持、引导非公有制经济发展”——此为战略决策。这段充满中国智慧、具有“最大政治公约数”思维的判断，可以视为对中国混合所有制经济“根基”的高度概括和总结。

2. 关于混合所有制经济的内涵界定

在界定混合所有制经济内涵之前，先厘清三组有联系但有区划的概念。第一组：关于股份制经济与混合所有制经济。

这两个概念有联系但也有区别，往往容易混淆。混合所有制经济肯定是股份制经济，但并不是所有的股份制经济都是混合所有制经济，西方国家合伙制和股份制经济一般都不是混合所有制经济，我国也有少量国有企业之间成立或由私人资本合伙经营的股份制企业，也不属于混合所有制经济。

十八届三中全会关于混合所有制经济有明确的定义，《决定》讲到“积极发展混合所有制经济”时，强调的是“国有资本、集体资本、非公有资本等交叉持股、相互融合”。不能偏离这一基调。从理论上说，国有资本之间的同质产权多元化，可以说是“股份制”，但不是严格意义上的“混合所有制”。

第二组，关于国外学者的“混合经济”与中国的混合所有制经济。

国外流行有“混合经济”一说，对此，萨缪尔森有过明确的定义：“社会是带有市场、命令和传统成分的混合经济”。① 并指出：当今的美国经济就是“私人组织和政府机构都实施经济控制的‘混合经济’：私有制度通过市场机制的无形指令发生作用，政府机构的作用则是通过调节性的命令和财政刺激得以实现”②。简言之，国外一般讲的“混合经济”就是市场机制和政府干预相结合的经济制度。这种制度是一种经济运行的体制，而不是一种财产制度。

那么，国外有无从财产关系角度讲的混合经济呢？自欧美实行“大众持股”计划之后，欧美国家也在实行一定程度的“财产混合所有”，但与中国的混合所有制不可同日而语：第一，就社会经济基础而言，欧美国家是以私有制经济为基础，这是众所周知的，而中国则是以公有制为主体；第二，即使就“生成机制”而言，二者在历史和逻辑起点及生成过程方面，

① ［美］保罗·萨缪尔森著，高鸿业译：《经济学》（上册），北京，中国发展出版社，1992。

② 同上。

也有较大差别：一般而言，国外的部分“财产混合所有”，有一个在市场经济条件下的自然生长过程，而中国的混合所有制经济，特别是就国有企业发展混合所有制经济那部分而言，它是改革计划经济体制、放松管制、深化国有资产体系改革而来的。二者历史与逻辑不尽相同，不能混为一谈。

第三组，关于混合所有制经济与“全社会多种所有制并存、共同发展的经济”。

新中国成立前夕，在社会所有制结构方面，中共和民主党派曾联合提出新中国多种社会经济成分的构思，认为国营经济、合作社经济、私人资本主义经济、个体经济和国家资本主义经济将是构成新中国经济的几种主要形式。

在对上述三组概念作出区分界定之后，我们来界定中国混合所有制经济的内涵范围。简言之，在论及混合所有制经济时，大体把握“两个层次”、“一个多元”。

第一层次，重点领域的“混合所有制经济”。

这里讲的重点领域主要指垄断性领域。这个领域与上面讲的“全社会层面”情况不完全相同。就“全社会层面”来说，经过近40年改革，“多种所有制共同发展”的问题已经基本解决，但垄断性领域则不尽然。我们不应抹杀前一阶段垄断性行业改革取得的进展，但从总体上判断还没有完全“破题”。鉴于此，应把垄断性领域等重要领域“国有资本、集体资本、非公有资本等交叉持股、相互融合”界定为“混合所有制经济”内涵的第一要义。

第二层次，微观细胞单位的“混合所有制企业”。

这个层次既不同于“全社会”，也不同于“重要领域”，而是指在微观细胞单位，把单一的产权格局改变成多元产权关系的混合所有制企业。

在实际工作中，发展混合所有制经济，仅仅一般地讲“投资主体多元化”是不够的，应当明确地讲“投资主体的所有制属性多元化”。这才是严格意义上的混合所有制经济定义。

3. 关于发展混合所有制经济的双重目标

发展混合所有制经济的目标究竟是什么？从总体上说当然是为了推动发展中国特色的社会主义事业。但仔细分析，具体目标并非简单的一元论，而是复杂的结构。不过，从纷繁复杂的具体目标中，可以梳理出两个清晰的目标。

目标一：从国有经济角度研究，中共十八届三中全会提出积极发展混合所有制经济，其目标无疑着眼于国有企业的发展和改革：一方面为了“更好体现和坚持公有制主体地位”，有利于“放大”国有资本功能，实现“保值增值”，提高国有经济竞争力，这是必须坚持的；另一方面，也为了实在地把非公有资本引入国有经济内部，发挥非公有资本的“鲇鱼效应”，建立名副其实的现代公司制度，借此提高国有企业的“活力”和“竞争力”。这是站在国有经济角度考虑问题，必须把此确定为第一目标。

目标二：从民营经济角度研究，中共十八届三中全会提出积极发展混合所有制经济，第二目标是想借助于重要领域和国有企业引入民营经济机会，促进以民营经济为代表的多种经济共同发展。从理论上分析，由于混合所有制经济是不同资本在企业或重要领域内的合作或融合，因此，这类混合所有制企业的资产运营效率较高，创新能力较强，将成为中国社会主义市场经济的一支强大生力军。

二、混合所有制经济理论需要探索的若干问题

关于混合所有制经济，至少下面四组问题需要深入探讨。

1. 关于新阶段中国发展混合所有制经济的宏观价值和战略取向问题

（1）价值“挖掘”问题

中国发展混合所有制经济的宏观价值到底是什么？现在，中国的发展面临新的历史方位——中国特色社会主义新时代。如何从新时代建立利益共同体，以实现全体人民共同富裕的角度进一步探索，在探索中如何既排除权贵主义，又排除民粹主义，还有不小空间。

（2）“中道改革”问题

面对所谓“动摇国本论”和所谓“新公私合营改造论”两种截然对立的观点，中国不会全盘私有化，也不会是民营经济的“坟场”；中国不会是国有经济一统天下的乌托邦，也不会削弱公有制为主体的力量。但在具体实践中，一方面，如何讲清发展混合所有制经济并非稀释和削弱国有经济，以排除所谓“动摇国本论”的干扰？另一方面，又如何讲清发展混合所有制经济并非吞并民营经济，以排除所谓“新公私合营改造论”的干扰？有待进一步理论探索。

（3）重点领域混合问题

垄断性领域如何发展混合所有制经济。其重点是打破垄断及加大开放力度。2017 年围绕中国联通实施的混合所有制改革“试点”及其过程情节的“一波三折”，已经引起社会广泛关注和议论。如何根据不同行业特点实行“网运分开”、放开竞争性业务，促进非国有资本参与资源配置市场化进程？尤其是，针对具有垄断性质的那部分业务，在发展混合所有制经济中，如何将投资环节与运营环节分开，通过混合所有制实现多元化投资，从而形成投资主体多元化和经营主体一元化并存的格局？尚待破题。

（4）“利益集团”问题

混合所有制改革，是把全体人的发展作为出发点，还是以利益集团的少数人的利益为出发点？发展混合所有制经济可谓步履维艰。原因何在？除本身的复杂性、思想认识不清晰等原因外，未能摆脱既得利益格局中某些“障碍力量”的束缚是其中另一条原因。这当中，有的力量是在传统体制下形成的，有的则是在新旧体制并存和转换过程中新产生并得以固化的。而这种利益集团的力量不仅存在于少数传统的垄断企业背后。种种问题纠结在一起，形成相当复杂的利益格局，并对政策的制定产生某种程度的影响。当混改进入新阶段之后，能否超越这种利益格局的羁绊，是一个关乎发展混合所有制经济全局的重大问题。

2. 关于国有企业如何发展混合所有制经济问题

（1）国企“混改”战略问题

鉴于中国国企极其复杂的格局，原则上说应实施“三分推进”战略。具体来说，第一类，对于主业处于充分竞争行业和领域的商业类国有企业；第二类，主业处于关系国家安全、国民经济命脉的重要行业和关键领域以及主要“承担重大专项任务”的商业类国有企业，此类面临如何由国有独资转为国有资本“控股地位”；第三类，自然垄断行业，这类行业情况更为复杂；第四类，公益类国有企业，包括公共交通、公共设施等提供公共产品和服务的行业和领域，应通过政府购买服务、特许经营、委托代理等方式，推进混合所有制改革。

（2）国企混改的制度条件、政策空间与策略问题

国企混合所有制改革的制度条件如何把握？其政策激励与管制边界究竟在哪里？与制度条件、政策空间问题相关的，还有诸多策略问题。所谓以市场配置资源，其实质主要是以“产权”配置资源。在发展混合所有制过程中，如何着力实施产权制度全面覆盖的策略、破除垄断、开放市场的制度创新策略、股权多元化协同与资本运营组合策略等，都需要研究。

（3）国有股“持股比例”问题

国企混合所有制改革的关键性难点，是国有股持股比例及股权结构安排。针对国有企业混合所有制改革优化股权结构，有三条数量界限：一是绝对控股：53% 以上；二是相对控股：不必 34%，28% 即可；三是参股：13% 上下。这三条数量界限还有待改革实践进一步验证。

（4）国企“走出去混改”问题

据统计，2016 年，中国对外投资流量连续两年位居世界第二位，仅次于美国。截至 2016 年底，中国对外直接投资存量超过 1.3 万亿美元，境外资产总额达 5 万亿美元。中国对外投资在三方面表现突出：一是走出去规模扩大；二是企业国际化经营水平提升；三是产业国际布局加快。国企“走出去”如何与当地资本相融合，以混合化促进国际化经营转型升级，并参与人类“文明包容”的建设？尚需开拓。

3. 关于民营企业发展混合所有制经济问题

至少有四个问题需要深入研究：

（1）“第二战场”问题

学术界多聚焦于将国有企业改造成混合所有制企业，而对民营独资企业改造成混合所有制企业重视不够。中共十八届三中全会《决定》指出：“鼓励发展非公有资本控股的混合所有制企业。”提出了一个新的问题：增强各类所有制经济活力，应包括发挥非公有经济的经济活力，为民间资本提供大显身手的舞台。如何把握好民营经济、外资企业、员工持股的总体态势和各自地位，推进民营企业、外资企业、员工持股“三方共进”，以开辟发展混合所有制经济的“第二战场”？这是一个不容忽视的问题。

（2）“交叉持股”问题

站在国有资本角度，如何在高新技术、生态环保、战略性产业等重点领域，以民营企业为“标的”，对其中发展潜力大、成长性强的企业进行股权投资？站在民营资本角度，如何以国有企业为“标的”，通过投资入股、联合投资、并购重组等多种方式，吸引国有资本与民营企业进行股权融合、战略合作、资源整合？这也是一个关键问题。

（3）互联网企业问题

在信息革命的新时代，一些高技术的互联网企业却是民营企业创建和经营的。而且，目前大型国企混合所有制改革，大多以阿里巴巴、腾讯等民营企业为“标的”。这涉及民营企业混改的模式问题，如何在操作中采用包括民营基金模式、互联网企业增资扩股模式以及上市公司定增等多元模式？如何注意民营企业和国有企业双方的利益侵占与定价风险，以及地方政府政策风险和民营企业自身决策风险？这些问题也值得我们深思。

（4）“两个保护”问题

中国民营经济发展历程艰难，曾经在计划经济体制的“缝隙”中萌生，现今虽进入社会主义市场经济体系之内，但依然坎坷前行。2016 年 11 月 27 日和 2017 年 9 月 25 日中共中央、国务院先后颁发《关于完善产权保护制度依法保护产权的意见》和《关于营造企业家健康成长环境弘扬优秀企业家精神更好发挥企业家作用的意见》，受到民营企业家的欢迎。但在民营经济发展混合所有制经济，如何切实保护民营企业产权和保护民营企业家精神？这一问题并未完全解决。

4. 关于发展混合所有制经济特别是国企“混改”的实现机制与企业治理问题

（1）机制与平台问题

实践表明，资产证券化与产权交易市场是混合所有制经济改革的机制与平台。如何通过合适的途径推进国企改革与资产证券化？包括推进和完善企业资产证券化制度和立法，进一步完善国资监管和国企资产证券化各交易环节的监管，确保金融资产总量规模与实体经济规模相匹配？这不仅涉及发展混合所有制经济，而且涉及国家金融安全问题。同时在发展混合所有制经济中如何发挥产权交易市场的平台作用？也应纳入研究的视野。

（2）混合型企业治理问题

混合所有制改革固然有利于国企管理改革和公司治理，但是并不能代替国企管理改革和公司治理。在混合型企业公司治理方面，如何从新组合的企业实际出发，紧扣投资者权利平等、董事会治理规范化、企业家能力提升以及信息披露充分四大命题来完善公司治理结构？值得研究。

（3）制度设计“异化”问题

从理论上分析，混合所有制似《一千零一夜》中阿里巴巴寻找的“金洞”，然而要真正获得“珍宝”，则要经历诸多艰险；它绝不是“潘多拉魔盒”，但要防止腐败的侵蚀。针对改革中出现的问题，习近平在2014年底的中央经济工作会议上指出：发展混合所有制“不能‘一混了之’，也不是‘一混就灵’，切实防止国有资产流失”；“要严格程序、明确范围”；“要注意区别对待，注意把握好节奏和力度”。为了防止混合所有制“异化”，有四条要领是必须掌握的：一是市场决定，政府引导；二是保护产权，公平对待；三是依法依规，规范操作；四是统筹协调，稳妥推进。如何防止并抵制腐败分子借“混改”之名谋私，从而使这种新的制度设计产生“异化”，是自始至终都应该警惕和重视的问题。

理顺政府和市场关系是深化经济体制改革的关键

宋晓梧　十一届全国政协委员、中国经济改革研究基金会理事长

当前的结构调整问题，深化改革是关键。笔者认为，其中最关键的是十八届三中全会《决定》提出的政府和市场的关系，这是经济体制改革的关键问题。针对这一问题，应处理好如下几个关系：

一是要处理好保增长与调结构的关系。目前，各级政府的一项重要任务是保增长。同时要看到市场结构是客观存在的，第一、第二、第三产业的结构，外贸内贸的结构、投资消费的结构等，都是市场本身的结构问题。如何更好地处理保增长和调结构的关系？从政府的角度来说，保增长不应是保短期的一年两年的增长，而是要保中长期经济的可持续增长。中国这些年改革的发展速度很快，但是积累的问题也很多。面对各种矛盾，调整结构不是一味降速度，而是为了更好地增长。因此，从中长期看，调结构和保增长是一致的。经过了近 40 年的经济高速发展之后，市场内在结构的调整需要空间和时间，应当把调结构放在重要的位置。

二是处理好产业规划和创新发展的关系。在经济赶超阶段，引进和模仿对增长很重要，这个时期政府对于中长期的产业发展，可以也应该借鉴国内外的经验，制定指导性的规划。经济发展到跨越低劳动力成本竞争阶段，更重要的是市场的创新。到底什么产品能够畅销，哪些符合市场的需求，处在一线的企业最清楚。所以，市场的创新、整个产业结构、技术结

构以及相应的劳动力结构调整，更多的是市场自主发展的过程。当然，在这一发展阶段，企业也脱离不了政府提供的宏观体制环境。需要强调的是，在新的发展阶段，产业规划应该更多地委托给行业协会、社会组织来完成。国际经验证明，如钢铁协会、汽车协会、果农协会等各种产业协会，对于行业的发展比政府敏感得多。自己行业的产能是否过剩了？自己行业的技术路线怎样发展合理？自己行业在国际竞争中面临的压力何在？这些协会的成员企业最清楚，它们才是市场的主体。这就需要我们尽快落实政社分离，让目前仍然过度依附于政府的行业协会、商会，在调结构中发挥应有的作用。

三是处理好中央政府与地方政府的关系。政府不应在资源配置中发挥决定性作用，这不仅指中央政府，应当包括所有层级的政府机构。发挥市场配置资源的决定性作用，同时要更好地发挥政府的作用。这不是要地方政府冲到经济的一线，作为推动经济的主要组织者、指挥者甚至经营者。但我们长时间已经形成了这样的路径依赖。如果说地方政府的 GDP 竞争前一阶段对促进 GDP 的发展起到了很大的推动作用，现在这个问题到了必须转变的时候。此外我们还要看到，政府直接配置资源，必然给权钱交易造成极大的隐蔽空间，容易滋生大面积腐败。

四是处理好资本收益与劳动报酬的关系。在市场方面，企业是市场主体，同时劳动者也是市场主体。劳动力市场供求双方都是主体。这就要处理好资本收益与劳动报酬的关系。中国很长时间实行的是低劳动成本竞争战略，也取得了很大的成绩。但是，到了今天这个关节点，也需要改变了。经济发展成果如何在国家、企业和职工之间合理分享？随着经济的发展，劳动力成本合理提高，这本来是很正常、很自然的事。最近这几年劳动力成本提高比较快，有劳动力供求总量的变化，也有对前些年过分压低劳动力的反弹。改革开放近 40 年来，人均 GDP 增长了约 20 倍，城镇居民收入只增长了13倍、农村居民收入只增长了14倍。现在工资占GDP的比重、劳动收入或居民收入占GDP的比重仍然在全世界是很低的，还没有恢复到20世纪80年代初的水平。

总之，政府要创造一个公正、公平、公开的市场竞争环境，不要既做裁判员，又做市场竞争的运动员。对于企业这个主体来说，应该严格地遵纪守法，不要再靠“政策优惠洼地”和压低劳动力成本赚钱。对于政府和市场这两者的关系，需要认真深入研究，把中央政府和地方政府，把企业和职工等多项因素放置在一起加以分析，有助于我们把问题看得更清楚。

加快东北国企混合所有制改革的 12 条建议

夏　锋　中国（海南）改革发展研究院副院长
匡贤明　中国（海南）改革发展研究院经济研究所所长

习近平总书记参加十二届全国人大五次会议辽宁代表团审议时明确指出，要把国有企业作为辽宁振兴的“龙头”，坚定不移把国有企业做强做优做大，培育核心竞争力，争当创新驱动发展的先行军。为落实总书记讲话精神，2017 年 4 月 7 日，中国东北振兴研究院在沈阳举办了以“国有企业改革——东北振兴的重头戏”为主题的论坛。根据本院研究积累，结合论坛研讨成果，提出加快东北国有企业混合所有制改革的 12 条建议。

总的建议是：以增强东北地区国企国资活力为目标，以国有资本多元化为重点，以成立若干个国有资本投资运营公司为突破口，以实施精准税收激励政策为动力，探索东北国企混合所有制改革的新路子，争取未来几年取得东北国有企业改革实质性突破。

一、创新东北国企混合所有制改革的路径

1. 把增强活力和竞争力作为国企改革的基本出发点

中央明确提出“做强做优做大国有企业”的目标，但这不能等同于

“提高国企比重”。2015 年，东北三省工业领域中，国有控股工业企业资产总额占规模以上工业企业资产总额的比重达到 52%，高出全国平均水平 14 个百分点。东北国企的根本矛盾在于活力不足、效益不佳。因此，要把增强国企的活力和竞争力作为东北国企改革的基本出发点。建议：

以公益性为重点调整东北地区国有资本布局，尽快使国有资本退出一般性竞争领域，使其肩负起“国计民生”的历史责任；不断增加对公益类行业的投资，使国有资本主要配置在公共服务、前瞻性战略性产业、生态环境、科技创新、国家安全等重点领域。

2. 加快推进政府由“管企业”为主向“管资本”为主的转型

以“管资本”为主是国有企业做强做优做大的重要条件。从东北实践看，这项改革目前尚未有效破题，客观上制约了东北国有企业改革的进展。建议：

加快推进政府由“管企业”为主向“管资本”为主的转型，抓紧出台国有资本投资、运营的改革方案，尽快形成国有资本管理新体制；尽快向社会资本推出一批垄断行业重大项目，使重点领域和关键环节的混合所有制改革在今年能有实质性进展。

3. 把国有资本自身多元化作为东北国企混合所有制改革的重点

在东北地区混合所有制改革中，推进国有资本自身的多元化，比简单降低国有经济比重，更具可操作性和现实性。无论国有资本绝对控股、相对控股还是参股，实现国有资本自身股东的多元化，对破题东北国企混合所有制改革意义重大。

建议把国有资本所有者的多元化作为国有企业市场化运行的重要制度建设，作为评价国企混合所有制改革的重要标准之一。通过国有资本所有者的多元化，例如引入社保基金，由不同股东作为出资人代表，避免企业重要决策由一个大股东独断的弊端，提高决策科学性，提升风险防范能力。

二、加快推进东北地区国有资本多元化进程

4. 尽快组建若干个国有资本投资运营公司

推动东北地区国有资本布局调整，需要尽快设立多个投资运营公司。建议：

（1）**放宽对股权的要求。**国有资本投资运营公司中的国有股，既可以绝对控股，也可以相对控股，关键在于避免单个国有资本股东“一股独大”。

（2）**以国有资本投资运营公司为平台，吸引更多的社会资本参与。**以此探索东北地区 PPP 的新路子。

（3）**发挥国有资本投资运营公司在改善东北国有企业内部治理中的作用。**例如，探索省属国有资产投资运营公司参与市属国有企业股权多元化的改革。

5. 加快推动东北国有资本配置战略性调整

从实际情况看，东北地区国有资本分布的领域过广，一些竞争性领域仍有国有资本配置在内。未来几年，重点是加快推进东北国有资本“三进三退”，退出与国计民生无关领域，注入主业，优化结构。建议：

（1）**东北地区国有资本尽快从三个领域退出。**从所有小型工业企业中退出；从所有长期低效益与负效益的行业中退出；从所有长期低效益与负效益的企业中退出。

（2）**强化东北地区国有资本在三个领域的配置。**在全国有长期优势的

行业；东北行业龙头与骨干企业；承担国家特殊任务与功能的企业。

（3）**明确东北国有资本配置调整的任务清单、时间表和进度表。**建议尽快调研，挨户走访，摸清每家国企的国有资本分布情况，尽快拿出可操作的方案。

6. 推进国有资本划拨社保基金的制度化

中共十八届三中全会已经明确了社保基金划拨国有资本的基本方向。在东北地区加大国有资本划拨社保基金的力度，有助于解决省级社保基金缺口问题；有助于社保基金向关系国计民生的东北国企注入国有资本，有效降低国企负债率；有助于避免"一股独大"，推进国企现代企业制度建设。建议：

（1）**尽快成立区域性社保基金理事会。**承接国有资本划拨，负责运营管理、保值增值。目前东北地区仅有辽宁成立了省级社保基金理事会。方案一，吉林、黑龙江尽快成立省级社保基金理事会；方案二，在辽宁社保基金理事会的基础上，成立东北地区社保基金理事会。

（2）**明确东北地区国有资本划拨的比例和时间期限。**不仅东北各省国有资本要按一定比例划拨，而且争取在东北的央企也划拨一定比例国有资本到社保基金，以此支持东北振兴。

（3）**发挥社保基金在国有资本运营管理上的作用。**尤其是在优化东北国有企业内部管理上的作用。

7. 扩大东北国有企业员工持股改革的试点范围

中共十八届三中全会明确提出，允许混合所有制经济实行企业员工持股，形成资本所有者和劳动者利益共同体。东北国有企业改革，需要调动广大员工的积极性。建议：

（1）适当下放东北国企员工持股改革方案的审批权。对于条件成熟的东北国企员工持股改革方案，可以下放到市级甚至采取备案制。

（2）重点在东北科技类国企加快员工持股改革进度。比如对东北地区装备、设备制造等科技含量较高的国企，尽快推进员工持股，激活科技人才。

（3）对完全竞争性领域的某些国有企业，探索"分红权改革"。将企业利润在资本所有者、经营管理层与普通员工中共享。由于不涉及改制、评估、审计、下岗，分红权改革方案的实施难度小，且有利于提升员工积极性，有助于国有资本保值增值。

8. 实施精准税收政策，形成东北国企混合所有制改革的重要动力

（1）以精准税收增强东北"造血"功能。

东北国企混合所有制改革，关键在于"投资跨过山海关"，引入各类型资本以增强东北国有企业自身活力，形成"造血"机制。建议对参与国有企业混合所有制改革的投资者实行税收优惠，降低税收成本和投资风险。从现实情况看，参与东北国企混合所有制改革的不同类型的投资者承担了改革成本和风险，税收优惠政策实质是给予这类投资者一定的补偿。

（2）以调整增值税为重点出台东北精准税收政策。

方案一，下调增值税税率。对参与国企混合所有制的投资者，将现行的 17% 的税率下调到 13% 或者是 11%，并实行进项税的全额抵扣。这一方案力度相对较小。

方案二，对参与国企混合所有制改革的投资者，免征增值税，但进项税不能抵扣。相比第一种方案，这个方案的税收优惠力度稍大。

方案三，对参与国企混合所有制改革的投资者，实行增值税零税率，进项税可以抵扣。这一方案力度最大。

从东北地区情况看，建议以方案二为基础，形成更具操作性的精准税收政策。

（3）完善精准税收激励政策实施的配套措施。

第一，明确政策实施的范围、条件，包括启动实施的条件、退出的条件等，避免优惠政策滥用。

第二，进一步完善税收征收管理，实现征管的精准化；在征管上采取即征即退或者先征后退的办法。

第三，对政策实施可能对地方财政收入带来的影响，建议中央财政予以支持。

第四，及时总结东北地区增值税局部调整的改革情况，为全国层面的税制改革提供试点经验。

三、设立“东北国企综合改革试验区”，优化东北国企改革的大环境

9. 设立“东北国企综合改革试验区”，建立改革容错机制

东北振兴，重在突破现行不合理条条框框的束缚，“杀出一条血路来”。建议：以综合改革试验区为平台，建立健全容错、纠错、容忍失败的机制，消除改革者的顾虑，为东北国企改革创造敢于改革的制度环境。

10. 探索项目团队负责制，避免国有企业决策失误

鼓励经营管理团队和业务骨干组成项目团队，以“项目团队不跟投，国有资本不投资”为基本原则，将项目团队的利益与项目利益、投资利益进行捆绑，明确权责分配，将项目团队置于风险承担的第一顺位，通过

项目团队“不敢输”、“输不起”，有效防范国有企业决策失误，控制投资风险。

11. 加大对东北国有企业改革的支持力度

（1）**分类搞活国有企业。**采取分类处理的方式，对于有市场前景、有技术优势的困难企业，主要采取市场化的方式，通过员工持股、债转股等体制机制变革，释放企业活力。对于扭亏无望的企业，要“壮士断腕”，尽快退出市场。

（2）**“保人不保企”，尽快清理“僵尸企业”。**采取兼并重组、债务重组和破产清算等市场化的方式。中央与地方政府的主要职责是强化社会保障，避免破产企业员工生活陷入困境。

（3）**以财政手段助力国企改革。**建立东北国企改革专项基金，发行东北国企改革特别债券；设立东北国企改革中央财政奖补资金，提升东北国企的改革积极性。

12. 建立以市场为主导的对口合作机制

东北地区已经与东部地区部分省市建立对口合作关系，主要是辽宁—江苏、吉林—浙江、黑龙江—广东。这不是传统的对口支援、对口帮扶，需要打破政府主导的传统模式，探索建立以市场为主导的对口合作机制，推进双方优势产业链、高端产业的合作。建议：

（1）**支持发达地区国企关注并参与对口地区国企的改革。**通过混合所有制改革和资产证券化，推动两地国企与社会资本融合；积极引入具有资金、管理等优势的国内外战略投资者，对两地国企进一步实施增量改革。

（2）**筹建两地国企市场化合作专项资金。**培育、发展先进制造业与现代服务业，进一步支持国企拉动社会资本参与两地优势产业集群建设，助力东北振兴。

（3）**探索发展“飞地型跨区域特别合作区”**。借鉴广东深圳、汕头特别合作区的体制飞地经验，引入市场机制，探索设立“辽沪特别合作区”“吉浙特别合作区”“黑苏特别合作区”等，共同打造国有企业改革的新平台和对外开放的新平台。

自然资源设置两级产权的构想

刘尚希　中国财政科学研究院院长

我国正处于经济转型、社会转型、文明转型三者叠加的历史转折时期，也是事关我国前途命运的关键时期。全面深化改革，包括经济、政治、社会、文化、生态、国防和党建各方面、各领域的改革。在这场涉及影响全球的系统性、整体性的改革中，最重要的是人与自然关系的调整：如何从“征服”自然，转变到“调适”自然。这意味着人类文明形态从工业文明将走向生态文明，不言而喻，其中含有经济转型和社会转型。

调整人与自然的关系，最根本的还是要调整人与人的关系，形成新的国家治理结构，走向国家治理现代化。产权制度是国家治理的基础性制度，经济、政治、法律、财政、资源环境等方面都与之有内在结构性联系。站在不同的角度，产权的意涵有差异。当前流行的产权理论是以市场经济学为基础的，更深层的基础是个人主义的权利观，以个体为权利的终极主体。加上科学主义的工具理性过分凸显，导致人与自然的关系越发紧张。虽然生态环保、低碳绿色的理念日益流行，但也难以缓解这种状况，因为现行的市场制度、产权制度并未因此而根本改变。

对我国来说，在经济社会转型和生态文明建设过程中面临着双重挑战：一是公有制下的产权制度构建，尤其是中央与地方的产权关系一直没有理顺，严重制约了国家治理结构的改革进程；二是产权制度构建的理论支撑严重不足，尤其是站在生态文明高度，超越经济学产权理论的构建还未破题。本文试图从理论与实际的结合上，探索国有资源中央与地方产权关系的改革，构建适合我国当前发展阶段的两级产权制度。

一、关于产权关系的若干基本概念分析

作为产权关系的一个历史源头和逻辑条件，所有制关系是传统政治经济学中的核心概念，在我国是与计划经济相匹配的。而作为从所有制关系中衍生发展出来的产权关系，是与市场经济相匹配的。从生产资料占有的角度来看，所有制关系具有鲜明的公与私的分野。而从资源配置、使用、利用的角度来看，产权关系则使生产资料以所有权为中心的公与私的界限变得模糊，尤其是随着《物权法》的颁布实施，他物权得到法律认可，国家所有的生产资料，如土地、矿藏等，也可以为国企、民企、个人所使用和开发利用。这种更适合于生产力发展的产权关系超越了传统所有制观念下的所有权关系。

一是所有制与公有制。从传统政治经济学理论来看，所有制属于生产关系的范畴，是指生产资料与劳动者如何结合的问题，特定的结合方式，就形成了不同历史时期特定的所有制。传统资本主义的所有制关系，是以土地、机器设备、原材料等生产资料私人占有为基础的，造就了资产阶级和无产阶级两个阵营。而现代资本主义的所有制关系则转向了产权关系，从强调“占有”，转向强调“使用”，与此相应的财产法律关系也日渐从静态转向动态，从制度规定转向行为设立。劳动力、消费资料等都不属于所有制问题。生产资料的普遍私人占有，则属于私有制，形成传统资本主义的所有制关系；而生产资料的普遍公共占有，国家或集体所有，则属于公有制，形成传统社会主义的所有制关系。与现代资本主义的所有制关系一

样，现代社会主义的所有制关系也随着市场经济制度的建立而转向了产权关系，以有效配置资源为依归。从所有制关系转向产权关系，是现代社会生产力发展的要求。

从自然资源来看，世界上没有纯粹的私有制，西方国家的土地、森林、水体等，相当份额是国家占有，归各级政府所有。但在我国则是实行纯粹的公有制，一切自然资源归于国有或集体占有，在法律最终归属上是全民或集体所有，不允许私有。但在市场经济条件下，公有自然资源并不排斥个人“使用”，并获取相应的收益。这也意味着实际的产权关系已经发生，但相应的产权法律关系却没有跟进，公共财产权与公共行政权混淆，这才导致了我国自然资源开发使用中的乱象。

二是所有权与产权。所有权源自于占有权，在传统政治经济学话语中，占有权与所有权是同义词，体现财产的法律归属。随着简单商品经济发展到高度分工的市场经济，“占有”与“使用”分离，所有权日益结构化，涵盖了占有权、支配权、使用权、转让权、收益权等权能。这些权能既可以由一个主体行使，也可由不同主体来行使。当由一个主体来行使这些权能时，这个主体就是所有者，如土地所有者，既占有土地，又耕种土地，并获得其收益。当由不同的主体来行使这些权能时，所有权结构化，进而社会化，所有权关系变成了产权关系或新的财产关系。如土地所有者不耕种土地，把使用权转让给其他主体行使，开发使用土地的收益由所有者与使用者共同分享。这时土地使用的主体不是所有权人，但成为产权主体，在法律上成为他物权人。可见，产权（或财产权）源于所有权裂变导致的社会化过程。在农耕时代，这种情况就已经出现，如土地出租，地主获得地租，但未成为普遍的形式，相当多的情形是土地自有自耕。当产权而不是所有权日渐成为普遍的形式之后，特别是股份制、金融的发展，所有权退居幕后，产权走上台前。这时，产权涵盖了所有权的所有权能，包括所有权，但不限于此。这对资源的使用、流动和有效配置提供了极大的便利。产权关系超越所有权关系而更能适应和促进社会生产力的发展。

在不同语境下，产权有时指向所有权，有时指向所有权的某一项权能，如用益物权。可见，产权（财产权）与所有权既有联系，但又有区别。产权是源于所有权而又超越所有权。在这个意义上，产权是所有权结构化、社会化的产物。由此我们可得出一个重要的结论：所有权清晰，不等于产权清晰。国企改革中的“两权分离”，农村改革中的“三权分置”，都是所有权清晰，但产权不清晰，需要进一步界定，以形成有利于资源流动和优化配置的产权关系。

我国市场化改革之前，公有制条件下的“所有权关系”是清晰的，无须重新界定；而市场化改革之后，公有制条件下的“产权关系”则是不清晰的，这就需要通过产权改革来完成，如农村集体产权改革、国有产权改革，目前正处于艰难的推进过程之中。所谓产权改革就是私有化的观点，或我国公有制产权很清晰，不需要产权改革的看法，都是受苏联不承认他物权思想的影响，误以为所有权等同于产权。

三是私人产权与公共产权。所有权分为私人所有权和公共所有权，这是比较好理解的。后者最为典型的是国家所有权，而集体所有权在我国归于公有制之内，既可说是公共所有权，也可说属于共同所有权。这是由所有权主体的性质来决定的。

那么，不同于所有制关系中的产权如何区分私人产权和公共产权呢？这是最容易混淆的概念。其实，这也决定于产权主体的性质。产权主体一般可分为政府、企业、个人，不论对象物的最终法律归属怎样，产权主体性质决定产权的性质。比如，国有矿藏的开发权转让给个人，那么，就开发权这项产权来说，属于私人产权，而不是公共产权，尽管其所有权属于国家。个人的资金，借给政府使用，最终归属是私人所有权，但该项资金的使用权转让给政府，也就变成了公共资金，属于公共产权。显然，后文要提到的地方（政府）产权，属于公共产权。但该项产权进一步分解，设置新的他物权，转让给个人，则该项产权属于私人产权，如土地使用权。而转让给企业的所有权权能，如经营权、占有权、使用权、处分权等，则比较复杂，取决于企业的性质。如果是国有独资企业，则属于公共产权；若是混合所有制企业，如股份公司，政府出资的股份属于公共产权，个人出资的股份属于私人产权，而公司的物权则归于法人产权或法人财产权，属于混合产权。

四是中央产权与地方产权。属于国家所有的自然资源、企业资产，在我国实行"一级所有，分级管理（代理）"。从宪法来看，虽然没有明确谁来代表国家行使所有权，但从"属于国家所有，即全民所有"的语义来推断，能代表国家、全民行使所有权的只能是中央国家机关，而不可能是地方国家机关。故而相关法律规定，国有自然资源、企业国有资产都由国务院代表国家行使所有权，地方政府不拥有所有权。2008 年通过的《企业国有资产法》第三条规定："国有资产属于国家所有即全民所有。国务院代表国家行使国有资产所有权。"同时，该法第四条规定：国务院和地方政府分别代表国家对国家出资企业履行出资人职责，享有出资人权益。"出资人"的概念实际接近于所有者，在现实运行中，地方各级政府对其企业的国有资产拥有包括处分权和收益权在内的所有权。地方政府实际上是以所有者名义，把包括占有权、使用权和转让权在内的经营权赋予企业。法律规定与实际运行是脱节的，名义上是国家所有，即全民所有，而实际上是分级所有，各地区所有。

与此相对照，国有自然资源更是如此。《物权法》《土地管理法》《矿产资源法》《草原法》《森林法》等相关法律规定国有自然资源由国务院代表国家行使其所有权，地方政府无所有权，至于是否有他物权，则没有做出规定。而从实际来看，地方政府却在行使辖域的国有自然资源所有权，从而演变为事实上的分级所有制。在《生态文明体制改革总体方案》中明确提出“研究实行中央和地方政府分级代理行使所有权”，似乎也是在迁就这个现实。而根据全民所有制来推理，地方代理行使所有权，实际上应指“产权”，即所有权权能，按照物权法原则，设立地方的他物权，并分割收益权。

不难看出，我国对国有自然资源的所有权有清晰界定，对企业、个人的用益物权（如经营权）也做出了原则规定，但对地方政府没有明确授权，却默许其实际扮演着国家财产所有者的角色，如转让占有权、使用权、开发权等。地方没有产权，却反而拥有了包括收益权在内的各项所有权权能，导致国家所有权虚置。

站在地方视角观察，属于国务院的自然资源变成了“政治公地”，各区域、各级地方政府都可以按照自己的意志行事，获取经济收益和政治利益，“公地悲剧”也就难以避免。

二、中央与地方产权制度缺失导致多重风险

从现行法律来看，中央与地方之间的产权制度是缺失的。国有资源成为地方政府的“公地”，国家所有权虚化，各地方政府都以国家的名义在随意地行使所有权，自然也包括了收益权。

马克思认为，财产关系或产权关系，不过是经济关系的法律用语。按照这个逻辑来分析，我国当前面临的现实是：中央与地方的纵向经济关系是一回事，而纵向的产权法律关系则是另一回事。产权法律关系没有反映经济关系，说明法律制度在“空转”；经济关系脱离产权法律关系，说明经济关系在摆脱法律的外壳而独自运行。这导致了双重后果：一是法律丧

失了权威性和调整规范行为的作用；二是中央与地方经济关系混乱，中央的随意性与地方的非规范性并存，地方政府的经济行为失去约束，拥有远远超出法律规定的自由裁量权，经济上的自治程度类似于公司。所谓地方政府公司化的说法，大概也源于此。

产权制度缺失引致了包括资源环境风险在内的多重公共风险，且在不断扩大。这表现在如下几个方面：

一是吃资源环境大锅饭。所有权在经济上的实现，最终表现为收益权。如果收益权落空，意味着所有权名存实亡。法律规定，国有资源的所有权由国务院代表国家行使，若地方没有产权，作为代理人，应将国有资源收益上交中央政府。但从实际来看，国有资源收益绝大部分归地方政府支配。“土地财政”的问题，从产权制度来看，根本问题是地方在没有土地产权的情况下，却获取了土地出让收益。地方政府以国家的名义行使所有权，看似吃的是国家所有权的大锅饭，实际吃的是资源环境的大锅饭，地方政府的行为也由此而改变。这带来了快速的经济增长，也付出了巨大的资源环境代价。

而我国的财政体制只是在分税制上做文章，大量所有权收益置于财政体制框架之外。大量国有资源收益留给地方，也扩大了各区域之间财政能力的差距，从而扩大了公共服务的差距。全民所有的资源收益无法做到全民共享，有违全民所有制的初衷，而资源环境恶化带来的风险却由全民来共同承受。

二是生态环境转化为个人财富。我国经济的快速发展，同时伴随着贫富差距的快速扩大。从基尼系数来看，我国在世界上已经名列前茅。2003年以来，我国的基尼系数一直在0.4（被称为警戒线）之上，多数年份超过0.45，2007年达到0.49，2016年仍在0.46以上。在我国，成为富豪的平均年龄，比发达国家要小10多岁。与此相关联的是，我国富豪的成长与技术创新相关联得少，与土地、矿产相关联得却很多，如房地产老板、煤老板、矿老板等上富豪榜的占多数。

由此不难发现，地方政府在以国家名义转让国有资源使用权时，相当一部分国有资源收益以不透明、不规范的方式进了少数人的腰包，一部分人也由此先富起来了。

这种致富示范效应，使更多人加入其中，扭曲的经济行为使生态环境也转化为了个人财富。其转化的规模从其生态环境治理所需成本即可大致能估计出来，而这些本来应当大部分内部化为开发利用者、获益者的成本。

三是生态环境治理陷入困境。传统工业化，使我国走上了先污染、后治理之路，导致生态环境不断恶化。加上国有自然资源所有权虚化，无意之中造就出广阔的“公地”，为了当地利益，各地不惜代价地竞相开发。这种制度缺失叠加到传统工业化模式之上，对生态环境的破坏就会产生“乘数效应”。

对于生态环境风险，一种观点认为，这是传统工业化的宿命，不可避免，按照库兹涅茨环境曲线，等到进入工业化后期，人均收入水平提高之后自会改善。另一种观点认为，这是与“压缩式”发展相伴随的，我国几十年走过他国二百年之路，对生态环境的影响也会突发式地集中呈现出来。这是另一种环境宿命论。其实，这两种看法都只是看到表面，深层根源在于产权制度缺失与传统工业化模式缺陷的叠加。对于这一点，我们至今还缺乏认识，陷入“边治、边污”的困境之中，生态环境风险不断扩大。

四是地方的“所有权幻觉”导致政治风险加剧。国有自然资源分布在广阔空间，在国家所有权虚化的条件下，按照习惯，各地不由自主地认为，其辖区内的所有自然资源就是他的，在心目中就是地方所有，而不是国家所有。国家调配资源，调出地就会产生抱怨，他的资源给了别人；国家保护生态，限制和禁止开发，所在地也会产生抱怨，资源不能开发利用，损害地方的发展权利等，宪法法律的规定早就抛到了脑后。诸如此类，都是地方的“所有权幻觉”导致的。国家所有的自然资源一旦和地方利益、地方发展联系在一起，在产权制度缺失，即在没有对开发、使用过程中的权利、责任进行界定的条件下，带来的就不只是经济问题、环境问题，同时会对国家所有权产生抵触，甚至变相对抗，或变成与中央讨价还价的本钱。区域问题可能演变为民族问题，带来政治隐患。这会使国家凝聚力下降，离心力上升。生态环境治理的政治风险也就应运而生，反过来制约生态环境治理。

当前流行的生态补偿做法，是运用经济手段来减少生态环境损害的一种方式。但这种方式应有一个前提：建立纵向的产权制度，对各地方权利、责任有明确的界定。否则，生态补偿是不合经济逻辑的。不是基于产权制度安排的生态补偿，只是带来无休止地讨价还价和相互攀比。在这种情况下，要么生态补偿无法操作，协调成本太高；要么生态补偿效果不彰，甚至适得其反。生态补偿，是基于对主体权利的限制，在没有法律明确赋予其权利的时候，补偿是不成立的。按照各自的理解，或流行的习惯、做法来给予补偿，带来的是公共风险，而不是激励，也不是公平。

三、基于生态文明建设的两级产权构建

关于生态文明制度建设与产权问题，在《中共中央关于全面深化改革若干重大问题决定》中做了阐述：“健全自然资源资产产权制度。”“对水流、森林、山岭、草原、荒地、滩涂等自然生态空间进行统一确权登记，形成归属清晰、权责明确、监管有效的自然资源资产产权制度。”改革的方向是清晰的，也就是要通过健全产权制度，推进生态文明制度建设。但对中央与地方的产权关系如何改革，在上述《决定》中并未明确。作为一个

发展中大国，地方政府在生态环境治理中的作用举足轻重，地方行为方式至关重要，而这取决于中央与地方产权关系的正确处理。不仅如此，这也是公有制实现形式不可或缺的重要内容，而且是我国基本经济制度真正有效运行的关键所在。

产权与行为是密切相关的。市场主体的行为是如此，政府行为也是如此。毋庸讳言，地方已经成为一个利益主体或经济主体，其行为与其产权都有内在的关联。不同的产权界定，就会产生不同的行为。当前生态环境治理陷入困局，一个重要根源是中央与地方产权关系不清晰，无法改变业已形成的地方经济行为。制度可以约束行为，但制度是外在的，而行为更受内在的理念、价值、动机的影响。光有外在约束，缺乏内在引导和激励，行为只会变形、转换方式，如公开的变为隐匿的、直接的变为掩饰的等，不会真正改变。当前生态环境督察可谓力度空前，但力度越大，越是表明困局在加重。要化解这种困局，必须加快推进中央与地方之间的产权关系改革，构建纵向的产权制度。

1. 横向产权与纵向产权

所谓横向产权，是指政府与经济社会主体之间界定的产权；而所谓纵向产权，是指中央与地方之间界定的产权。两者涉及的产权主体在性质上是不同的，前者是从属于政府与市场之间的关系、政府与社会之间的关系，后者从属于中央与地方之间的关系。

但横向产权与纵向产权不是彼此独立的，而是前者以后者为条件。例如，政府出让资源使用权给市场主体，这是市场主体获取某项产权，即横向产权界定的过程，如土地使用权，其是否具有正当性、合理性和合法性，有一个先决条件：出让者是否拥有该项财产权利。也就是说，出让土地使用权的政府是否获得了包括转让权在内的纵向产权。否则，横向产权就不具有合法性，意味着出让者出让的是他人的产权。然而从现实来看，这种不具有合法性的横向产权比比皆是。不仅如此，而且地方以行政权代行所有权，批条子、政府会议就可决定出让某项国有资源使用权、开发权、转让权等，也就是以行政方式而不是法律方式来实施产权界定，以行政主体身份代行了产权主体身份。这是一种以随意性、不确定性为特征的产权安排，难以产生长期行为。因为以行政方式界定的产权是可以随时改变的，不具有稳定性和可预期性，而普通法的救济却无法对抗这种行政权的实施。在发展的一定时期，地方代行中央所有权、行政权代行财产权也许是必要的，但要认识到，其产生的后果正在由表入里，积重难返，再也不能这样继续下去了。而对生态环境的保护来说，恰恰需要的是长期行为，而不是难以预期条件下的短平快式的开发。

2. 经济产权与生态产权

从生态文明制度建设来看，理顺中央与地方之间的产权关系，不能沿着原产权经济学的思路来考虑，必须把生态文明的要求内嵌到产权中来，在创新产权理论的基础上，创建纵向的产权制度。

产权源自于物权，后来扩展为一种与物可分离的权利，如股权、知识产权、排污权，演变为一种行为选择权。对这种选择权，也就是可以干什么的权利，从法律上加以确定，即为产权或财产权。有观点认为，人权也是产权。从经济学来看，产权就是指排他性的、可分割的、可交易的权利。

无论产权怎样扩展，但在经济学的视野中，产权的基础是个人主义及其权利，视个人为终极权利主体，并假设为“经济人”，以个人经济利益最大化为目标，服从资本的逻辑。以此为基础的产权，可称为“经济产权”。它是微观的、个体的、原子化的，其根本缺陷就在于成本外部化、利益内部化，容易产生“合成谬误”。新制度主义代表人物科斯，也看到了这个问题，主张通过进一步明晰产权来解决。他从效率角度看到了产权界定的重要性，由于交易费用的存在，从而推论出制度、法律在产权界定中的作用。但只是基于个人主义的权利观来定义产权，环境污染等成本外部化的问题都将难以解决。从发达国家治理污染所走过的历程来看，通过各种法律对产权施加了愈来愈多的限制，即不可以干什么。这意味着，基于权利的产权已经在悄悄地发生变化，从受到限制转变为主体责任，而且这种责任与权利渐渐融合在一起，从而构成产权的共同基础。

跳出传统的经济产权思路，站在生态文明之巅来看，经济产权应当转向“生态产权”或“绿色产权”，即以“权利—责任”为共同基础，从更多地站在自身角度谋利益，转向不损害他人利益。这需要责任的安排和界定。最佳的产权安排，应当是双向的约定：谋利不损人，损人则补偿。在这里不仅强调权利，同时强调责任。这种责任是基于对人类共同体的整体认识，是基于公共权利，而不只是对个人权利的限制，包含人与人、人与自然之间的关系。自然是人与人之间关系的载体，人与人之间的行为影响几乎都是通过资源环境来支撑的，上面两层关系整合起来，就变成了“人—自然—人”的关系。在自然空间、环境容量日益狭小，人们拥挤在“地球村”的情况下，任何谋利行为都可能变成一种负的外部性，对他人造成损害，如资源开发、土地利用、废弃物排放、施工噪声等都是生产、生活中不可避免的。只讲权利，不讲责任的产权安排，都将是灾难性的。通过对产权主体权利加以限制，产生的是消极的行为选择，而基于价值引导的责任安排，则会产生积极的行为选择。

由此看来，新的产权理论不是以权利为中心，而是以“权利—责任”为中心。如果说以权利为中心的产权理论是单中心的圆形理论，那么，新的产权理论则是双中心的椭圆形理论。从解析几何学来看，圆与椭圆是由两个不同的方程式来表达的，这就是新旧产权理论的差异。

因此，在构建纵向产权制度、明晰地方产权过程中，应转向“生态产权”，以新的产权理论为指导，在产权界定中嵌入“生态人”、“生态理性”，避免滑向单一权利中心的“经济产权”老路。

3. 给地方政府确权：权利—责任

正如前面所述，地方产权属于公共产权。那么，如何来界定地方的公共产权呢？在这里，暂时不考虑国有的企业资产和行政事业单位资产。

首先，要明确地方产权的内涵。生态文明视角下的产权不是纯粹的经济产权，而是生态产权，是基于“权利—责任”的产权安排。不言而喻，地方产权也应当是生态产权，地方不仅拥有通过产权获取利益的权利，也有相应的不损害生态环境的责任。这种责任不是行政责任，而是行使产权时的道义责任和法定责任。当地方产权进入市场进行交易时，这种责任也同时成为横向产权主体的责任。而且，只有具备承担责任的相应能力，市场主体才有资格获取相应的产权。但这并不意味着地方政府卸掉了责任，而是一个产权主体的责任通过法律行为确立的契约关系嬗变为两个产权主体——地方政府与市场主体的共同责任。

其次，要界定地方产权的范围。地方产权的对象物包括两个方面：一是《物权法》所确定的国有自然资源；二是以国有、集体自然资源为载体的自然空间。经济产权主要是针对前一种对象物，一般是以负面清单思维来界定产权主体可选择的行为权利，如土地使用权，在限制性和禁止性清单之外可自由行使。而生态产权则还包括后一种对象物——自然空间。自然空间是人们共享的，清新空气、清洁水体、蓝天白云、阳光雨水、野生动物栖息、生物多样性等，在经济学意义上通常没有产权。但随着自然空间的环境容量日益变小，世界各国渐渐地视为公共产权或共同产权，通过生态环境方方面面的法律来确认。国家的各种生态环境管制措施，就已经表明自然空间属于公共产权。针对自然空间这种对象物，通常是以正面清单思维来界定产权主体的谋利行为权利，如排放的标准限定、排污权、排放权等，经过认定批准之后，才允许实施其谋利行为。

国有自然资源的产权包括所有权衍生出来的各项权能，如使用权、开发权、交易权、抵押权、质押权、地役权等，根据不同情形，可设定不同的产权权利与责任。这需要根据不同类型的自然资源来确定地方产权，不可一概而论。以自然资源为载体的自然空间的产权，包括空间规划权、用途管制权，以及排放权、排污权等。空间规划权、用途管制权，一般不认可为经济产权（权利）而视为行政权（权力）。但就其实质来说，它属于生态产权的范畴。任何公共产权的源头都能找到公共权力的身影，自然空间产权也不例外。表面上看，这种产权不可交易，其实也可用适当方式转化为可交易的权利，如重庆发明的地票制，就把空间规划权和用途管制权变为可交易。建设用地指标的跨区域置换，也是转化的一种方式，变为可交易的权利。对于自然空间产权在中央与地方之间的分割，应考虑其规模性和可实施的技术条件。作为地方产权的自然空间，应从作为中央产权的自然空间派生，如规划、用途管制、排污权等都是在中央产权基础上，根据市场条件和技术条件而定。

最后，界定地方产权的方法。基本的方法是剩余法，即先确定中央产权，剩下的权利归地方，形成地方产权；或者反过来操作。从我国的情况看，最终所有权在中央，最终责任也在中央，对形成产权的各项所有权权能，应中央优先确定，余下的“权利—责任”赋予地方，形成地方产权。针对自然资源，其产权结构安排可以是中央小、地方大；对于自然空间，其产权结构安排应是中央大、地方小。

其大与小的选择，主要从横向产权来考虑。从自然资源来看，地方产权（权利—责任）最终要转化为经济社会主体的产权（权利—责任），以便于资源流动、配置，提高效率，同时要有利于地方形成绿色产权的理念。其大与小的衡量，主要是收益权的分割，中央可以占小头，地方可以占大头，但必须从法律上予以明确，使中央与地方都可有效预期。从自然空间看，横向产权的实施难度大，技术要求高，不易操作。从这点看，其产权结构安排应以中央为主。

4. 地方产权是一整体，省以下不宜分割

就国有自然资源、自然空间来说，不宜按照政府层级，一层层分割界定产权。应形成“一级所有权，两级产权”的中央地方产权结构，以此替代“国家所有，分级管理”的传统体制。

之所以设计“两级产权”的产权结构形式，主要基于以下考虑：

一是治理结构问题。从纵向来看，我国的治理结构是两级治理，五级政府。公共权力的纵向划分，在我国不是依据政府层级，而是按照中央与地方两个层次来实施的。如立法权、征税权、改革后的司法权等公共权力，基本上是在中央与地方两级的框架之内，并不在地方各级政府之间层层分割。从治理角度来看，中央与地方关系是一个层次，而各级地方政府间关系则属于另一个层次，属于地方概念之内的范畴。省、市、县、乡之间的关系，是地方内部治理的问题。治理级次与政府级次是两个性质不同的问题，不能混为一谈。

产权问题同时是法律问题。产权界定涉及立法，而在省以下并不普遍具有立法权。与此相适应，纵向产权制度也应是两级产权制度即地方整体成为一级产权主体，而不是地方的各级政府。

二是规模经济问题。自然资源的分布是不均衡的，行政区域越小，其不均衡性越大。层层界定产权，就会导致碎片化，从过去的教训看，不仅容易导致生态环境破坏，而且规模经济难以实现，这两者是相互关联的。

如山西的煤矿开采，省、市、县、乡、村齐头并进，产生了严重的外部性问题，带来了极高的社会成本。从自然空间来看，更不能按照地方政府级次来层层界定产权。

三是辖区外溢性的协调成本问题。外部性放到辖区来看，就产生了外溢性的问题。如一条河流，就有显著的辖区外溢性，在上游、中游产生污染，就会影响中下游。如果靠流经区域来协商谈判，交易费用很高，甚至无法达成协议来明确产权。这时候，层级越高的政府出面，其协商成本就会越低。例如，跨县的河流，市级协商成本低于县级；而跨市的河流，省级协商成本低于市级；而跨省河流，中央协商成本低于省级。自然资源的开发利用和自然空间的使用，都会产生辖区外溢性问题，因此，省以下地方政府不宜成为国有自然资源的产权主体。构建两级产权，有利于降低协商成本，也有利于降低横向产权的界定成本。

面对当前实际上每一级政府都在以国家名义行使所有权的状况，应通过构建两级产权来限制地方基层政府实际拥有的财产权利。与此同时，也产生了另一个问题：市县政府不是产权主体，那么，是否拥有使用自然资源和自然空间的权利？答案是肯定的，但不是通过纵向产权界定的方式，而是以省级授权的方式取得，不过，市县动用国有自然资源的权利应大大缩小。如果以公司来比喻，类似于子公司与分公司的差异，省以下各级政府只拥有类似于分公司的权利，不能独立设定辖区内自然资源的他物权，即横向产权的设立必须取得授权。这有利于以产权关系来约束地方各级政府在自然资源开发使用中的行为，避免出于本级政府目标在自然资源、自然空间他物权设定的随意性。

5. 建立有效的产权监管体制

自然资源、自然空间产权界定之后，能否有效实施，取决于能否建立起一个有效的产权监管体制。如果监管不力，产权界定可能形同虚设，产权主体的“权利—责任”都将无法落实到位。

产权监管与行政监管应当区分开，由不同的机构来承担。产权监管是以“权利—责任”为对象的监管，基于财产权利和民法原则，维护各产权主体的权利，督促履行其相应的责任。建议设立国家、地方自然资源产权管理委员会来履行这项职责。产权监管归入私法实施的领域。而行政监管是以产权主体行为为对象的监管，基于公共权力和行政法原则，防范监督各产权主体行为对资源环境的损害。行政监管可归入公法实施的领域。

有效的产权监管体制，取决于以下条件：监测标准、监测技术和市场化规范化程度以及法律执行水平。

6. 设立两级产权需要修订相关法律

构建纵向产权制度是公有制条件下的特殊产权关系，以彻底消除公有制下的所有权大锅饭和资源环境大锅饭的制度基础。这就需要《物权法》以及所有与国有自然资源相关的法律都要做出修订，明确地方作为国家所有权的他物权的主体资格。由于中央、地方都是公共主体，界定两者之间的产权，宜由法律做出直接规定，不宜完全按照民法“意思自治”原则通过法律行为来自由设定。

现代产权制度：推进产权保护法治化

迟福林　中国（海南）改革发展研究院院长

2016年11月，国务院出台了《关于完善产权保护制度依法保护产权的意见》(以下简称《意见》)，明确提出进一步完善现代产权制度，推进产权保护法治化。规范化、法治化的产权保护是现代市场经济的基石，是实现公平可持续发展的重要保障。当前，深入推进产权保护法治化，有利于完善市场经济体制、激发市场活力、调动全社会创新创业热情，增强人民群众财产财富安全感，增强社会信心和稳定预期；有利于提高居民财产性收入，形成扩大中等收入群体的制度保障。

一、推进产权保护法治化既是创造良好经济预期、推进经济转型升级的内在要求，也是扩大中等收入群体的重大举措

我国进入工业化中后期，经济转型与社会转型同步是一个突出特点。在这个特定背景下推进产权保护法治化，需要把握全局、突出重点，立足于为经济社会转型提供良好的制度预期和制度保障。

在经济下行压力增大的背景下，产权保护法治化对于稳定经济预期至关重要。今年上半年以来，民间投资放缓引发了多方面的关注。在经济结构调整的背景下，民间投资放缓有产业结构调整、市场前景不明朗等多方

面的原因，但也与私人产权保护规范化、法治化缺失、投资缺乏安全感导致的社会投资信心不足直接相关联。《意见》以问题为导向，提出的加强各种所有制经济产权保护、完善平等保护产权的法律制度、妥善处理历史形成的产权案件、严格规范涉案财产处置的法律程序、审慎把握处理产权和经济纠纷的司法政策等，具有很强的针对性，切中了时弊。同时，具有很强的现实可操作性，相信对提升投资预期、提振经济信心会产生重要的影响。

我国正处于经济转型升级的历史关节点，经济转型升级对产权保护法治化提出新要求。工业化中后期，知识要素、创新要素在推动经济增长中的地位、作用提升是一个大趋势。我国的制造业转型升级与全球工业 3.0、工业 4.0 为代表的新一轮产业革命呈现历史交汇，对发展知识经济提出新的要求。有效激发大众创业、万众创新的热情，推动产业迈向中高端，都要求把严格保护知识产权作为产权保护的重点。《意见》明确提出加大知识产权保护力度，要求提高知识产权侵权成本，降低维权成本。这对于我国新阶段形成创新、创业驱动的新格局，加快经济转型升级具有重要的保障作用。

我国正处于社会转型的临界点，扩大中等收入群体对产权保护法治化提出新要求。工业化中后期，伴随着国民收入水平的提高，中等收入群体的持续扩大是一个突出特征。2015 年，我国人均 GDP 已经达到 8000 美元，进入中高收入阶段，但中等收入群体估计仅有 3 亿人左右，占总人口的比重在 25% 左右。从国际经验看，扩大中等收入群体，不仅取决于经济发展水平，而且取决于以产权为重点的收入分配制度安排。扩大中等收入群体，客观上需要广大社会成员能够依据土地、技术才能、管理才能等各类要素获得合法的财产性收入。从现实情况看，由于产权制度安排不合理，城乡居民获得财产性收入的渠道不畅，财产性收入比例严重偏低，是中等收入群体自我认同感不强的重要原因。《意见》明确提出健全增加城乡居民财产性收入的各项制度，这对扩大中等收入群体将产生积极影响。

二、适应经济社会转型推进产权保护法治化，需要在创新中保护，在保护中创新

改革开放近40年来，我国已经初步建立了与市场经济相适应的产权制度框架，但总体看仍不完善，尤其是产权制度创新不足的矛盾比较突出。为适应经济社会转型的新要求，产权制度仍需要适应经济社会发展的不断创新。深入推进产权保护法治化，不仅要巩固产权制度创新的成果，还需要为产权制度创新提供严密的法律依据。

突出各种所有制经济产权平等保护的制度创新。实现各种所有制经济产权平等保护，激发各类市场主体活力，是经济转型升级的重要前提。新阶段对公有制产权和非公有制产权进行平等保护，涉及非公有制经济进入服务业等领域面临着的各类隐性壁垒，涉及企业家创新收益保护等新矛盾、新问题。《意见》指出，坚持权利平等、机会平等、规则平等，废除对非公有制经济各种形式的不合理规定，消除各种隐性壁垒，保证各种所有制经济依法平等使用生产要素、公开公平公正参与市场竞争、同等受到法律保护。这就需要适应新形势下扩展产权保护的内涵和外延，推动相关体制创新。例如，尽快在服务业领域推行负面清单管理，使社会资本能够和公有制资本一样顺畅进入服务业领域，拓宽社会资本投资渠道；尽快建立并完善有利于企业家创新创业的激励约束机制，依法保护企业家财产权和创新收益，增强企业家的财产安全感。

突出知识产权保护制度创新。严格保护知识产权不仅有利于加快经济转型升级，而且有利于广大知识分子凭借自身的知识资本成为中高收入者。

这就需要探索建立对专利权、著作权等知识产权侵权惩罚性赔偿制度的同时，加快科研体制的配套改革创新，在有效界定科研人员知识产权上形成可操作的实施方案。目前，我国已经开始探索建立知识产权法院，积极发挥知识产权法院作用。与此同时，还需要推进知识产权民事、刑事、行政案件审判“三审合一”，加强知识产权行政执法与刑法司法的衔接。

《意见》提出，加快推进国有企业混合所有制改革，允许有条件的混合所有制企业实行员工持股。在现实中，国有企业员工持股曾受到多方面的质疑。这就需要尽快确立共享发展理念，形成社会共识，细化具体的改革方案，积极推动改革创新试点，在探索建立国有企业员工利益和企业利益、国家利益激励相容的体制机制上取得突破。

突出土地产权保护制度创新。在我国城镇化进程加快的新阶段，土地产权涉及城乡居民的切身利益，涉及房地产行业的健康发展。《意见》明确指出，研究住宅建设用地等土地使用权到期后续期的法律安排，推动形成全社会对公民财产长久保护的良好预期。《意见》提出财产权利保护问题，这实质上是承认并尊重房产已经成为城镇居民重要财产权的现实。对于70年土地使用权到期后的处理，要拿出妥善的办法。《意见》尽管没有出台具体的措施，但特别重要的是，指明了要向有利于财产保护的方向进行法律制度设计。与此同时，考虑到使广大农民拥有更多财产性收入，并激励现代农业发展，还需要深化农村土地制度改革，落实承包地、宅基地、集体经营性建设用地的用益物权。近年来，我国农村土地制度创新出现了不少行之有效的新模式，需要适应新形势，进一步明晰界定和保护各类土地产权形式，并由此形成广大农民获得财产权收益的来源。

三、推进产权保护法治化，重在完善政府守信践诺机制

营造全社会重视和支持产权保护的良好环境、推进产权保护法治化的关键在政府。无论是产权的有效界定，还是依照法律程序保护产权，都离不开政府作用。从改革实践看，进一步解放思想，完善政府守信践诺机制对于产权保护法治化具有决定性作用。

政府要确立严格的公民产权保护观念和契约意识。在现代市场经济条件下，产权的本质是契约，保护产权就是保护契约。这就需要政府在维护守信、守约中发挥重要作用。这就需要政府带头树立严格的公民产权保护观念和契约意识。落实《意见》要求，当务之急是将政务履约和守诺服务纳入政府绩效评价体系，建立政务失信记录，建立健全政府失信责任追究制度及责任倒查机制，加大对政务失信的惩戒力度。

防止因政府违约导致企业和投资人财产权受损。当前，以 PPP 为重点的政府与私人企业合作投资项目逐步兴起是一个大趋势，并成为发展混合所有制的重要渠道。现实中，一些公私合作的基础设施投资项目，往往会出现因政府换届、领导人员更替而导致政府违约的现象，导致一些本来安排好的投资项目难以落实。按照《意见》要求，各级政府应当认真履行在招商引资、政府与社会资本合作等活动中与投资主体依法签订的各类合同，不得以政府换届、领导人员更替等理由违约、毁约。因国家利益、公共利益或者其他法定事由需要改变政府承诺和合同约定的，要严格依照法定权限和程序进行，并对企业和投资人因此而受到的财产损失依法予以补偿。对因政府违约等导致企业和公民财产权受到损害等情形，要进一步完善赔偿、投诉和救济机制，畅通投诉和救济渠道。

严格规范涉案财产处置的法律程序。涉案财产处置是否适当，是产权

保护的重大现实问题。如果不应当被剥夺的财产权被剥夺，就会导致社会对财产权保护缺乏信心和稳定的预期。《意见》对此进行了进一步的明确和细化。例如，确需采取查封、扣押、冻结等措施的，要严格按照法定程序进行，除依法需责令关闭企业的情形外，在条件允许的情况下可以为企业预留必要的流动资金和往来账户，最大限度降低对企业正常生产经营活动的不利影响。采取查封、扣押、冻结等措施和处置涉案财物时，要严格区分个人财产和企业法人财产。对股东、企业经营管理等自然人违法，在处置其个人财产时不随意牵连企业法人财产；对企业违法，在处置企业法人财产时不随意牵连股东、企业经营管理者个人合法财产。严格区分涉案人员个人财产和家庭成员财产，在处置违法所得时不牵连合法财产。这些新规定，应当说在现实条件下，充分体现了国家对企业、个人、家庭成员合法财产权的严格保护。为此，应当尽快形成具体的办法，使其变成行政实践和司法实践。

新时期中国的货币政策转型与国债市场发展

巴曙松　中国银行业协会首席经济学家
邵杨楠　中南财经政法大学金融学院教授

2015 年 10 月 23 日，中国人民银行宣布不再对商业银行和农村金融机构等设置存款利率浮动上限，这标志着中国利率市场化已经完成“最后一跃”。但从目前来看，中国仍然处于利率市场化的过渡时期，并未从真正意义上完全实现利率市场化。同时在“十三五”期间，中国宏观调控体系改革的一个重要内容将是货币政策框架从数量型向价格型调控的转型，而这个转型的关键在于货币政策中介目标由货币供应量指标（如 M2）向政策利率的转变。

2016 年 6 月 15 日，中国人民银行官网发布了国债等债券收益率曲线，旨在提升国内外市场主体对国债收益率曲线的关注和认可，完善国债收益率曲线的基准性。国债收益率曲线是金融市场中的重要基础设施，其在货币政策利率传导过程中发挥着重要作用。

货币政策传导机制指的是中央银行运用货币政策工具影响中介目标，从而最终实现既定政策目标的传导途径与作用机理。其一般路径可体现为从政策目标到操作目标，再到效果目标，最后到终极目标发挥作用和效果。

货币政策至少会通过两种渠道影响到国债收益率曲线，其一是资产价格渠道，这一渠道最终会通过融资成本来影响实体经济；其二是预期渠道，货币政策通过影响市场参与者的预期，从而进一步影响到实体经济活动。

从资产价格渠道来看，货币政策以及其他的宏观经济变量（如石油价格变化、需求冲击）会影响到收益率曲线的水平、斜率和曲度，这会导致收益率曲线的形态和位置发生改变，水平因子的提高会使得收益率曲线整体上移，而斜率因子的提高会使得收益率曲线更为陡峭。在这一渠道中，收益率曲线会进一步影响到企业和居民的融资成本，从而影响到实体经济中的投资和消费活动。比如，政策利率的下降会导致即期利率（包括短期、中期和长期债券收益率）下降，这就降低了企业和居民的融资成本，从而对投资和其他各类依赖融资的活动有促进作用。这一路径可以概括为：货币政策→收益率曲线（水平、斜率、曲率）→融资成本→投资和消费。

从预期渠道来看，货币政策和其他宏观经济变量也会通过影响各种预期（比如短期实际利率的预期、通货膨胀率预期和期限溢价变化）来进一步影响国债收益率曲线。在这一渠道中，货币政策的变化影响市场参与者对于未来经济的预测，从而进一步影响到未来的投资和消费活动。比如政策利率上升会长短期利差收窄（即收益率曲线变得平坦），而多数研究表明，长短期利差的收窄往往预示着未来经济的减速，这就会使得企业对未来经济增长预期变得更为谨慎，从而减少投资活动。

值得注意的是，由于利率风险结构和利率期限结构的存在，利率之间的传导往往还要经历一个基准利率或政策利率向其他利率传导，以及短期利率向中长期利率传导的过程。具体到国债收益率，这条传导机制可以概括为：基准利率→短期国债收益率→中长期国债收益率。

紧缩型货币政策（比如政策利率提高）会导致短期利率上升，同时受短期利率影响的长期利率也会上升，但是长期利率的上升幅度不及短期利率，因此长短期利差会缩小，整条收益率曲线会变得更为平坦，亦即收益率曲线的斜率因子会变小；而长短期利率的同时上升会使得整条收益率曲线向上移动，市场的潜在收益率上升，亦即收益率曲线的水平因子会变大。

一、国债收益率曲线的拟合及效果评估

笔者利用银行间固定利率国债的数据来进行国债收益率曲线的拟合，采用银行间数据而非交易所数据的原因是银行间国债市场在中国国债市场中占有主导地位，其数据相对来说包含了更为丰富的市场信息。

国债收益率数据来自中国债券信息网。在期限选择方面，采用了隔夜、1个月、2个月、3个月、6个月、9个月、1年、2年、3年、4年、5年、6年、7年、8年、9年、10年、15年、20年、30年共19个期限的国债收益率数据，涵盖了从短期到中期到长期等不同期限。相比较于已有的研究，本文使用了15年、20年和30年三个超长期的国债收益率数据。

数据时间跨度为2007年1月至2017年6月，数据频率为月度，共126个月，采用每个月最后一个交易日的收益率作为样本，使用最后一个交易日的数据是因为该日的数据往往能够反映出本月市场的变化结果。此外，使用月度数据的原因是日度或周度的收益率曲线特征不稳定，而季度或年度的收益率数据时间跨度过大，用来进行研究的意义不大。

1.Nelson–Siegel 三因子参数的提取

提前设定NS模型中的衰减因子λ=0.609，随后就可以利用国债收益率

数据和 OLS 回归方法将 NS 模型中的水平因子、斜率因子和曲率因子反解出来。本文所用国债收益率数据为 2007 年 1 月至 2017 年 6 月共 126 个月的数据，因此得到 126 组三因子［L_t, S_t, C_t］。三因子的描述性统计结果如表 1 所示。由表可知水平因子的标准差最小，也即波动程度最小；斜率因子次之，曲率因子波动性最大。这是因为水平因子代表着市场的长期利率水平，与市场的潜在收益率相关，而长期利率往往较为稳定，波动幅度不大。另外，斜率因子的最小值为 –0.06，这意味国债收益率曲线的走势出现了“倒挂”现象，即长期国债收益率低于短期国债收益率。

表1：三因子描述性统计

变量	平均值	标准差	最小值	最大值
水平因子	4.11	0.41	3.15	5.11
斜率因子	1.77	0.78	–0.06	3.49
曲率因子	–1.19	1.23	–4.32	1.31

数据来源：笔者利用 Stata MP14.0 软件计算得出。

自 2008 年 1 月以来三因子的走势如图 1 所示。水平因子的波动程度要远远小于斜率因子和曲率因子。此外，三因子在金融危机期间均经历了一个明显的跳变，其中斜率因子和曲率因子的跳变非常剧烈。近年来水平因子的走势一直较为平稳，但斜率因子和曲率因子的波动程度仍然较大。斜率因子在 2013 年 6 月取值为负，这意味着当月的收益率曲线出现了“倒挂”现象。

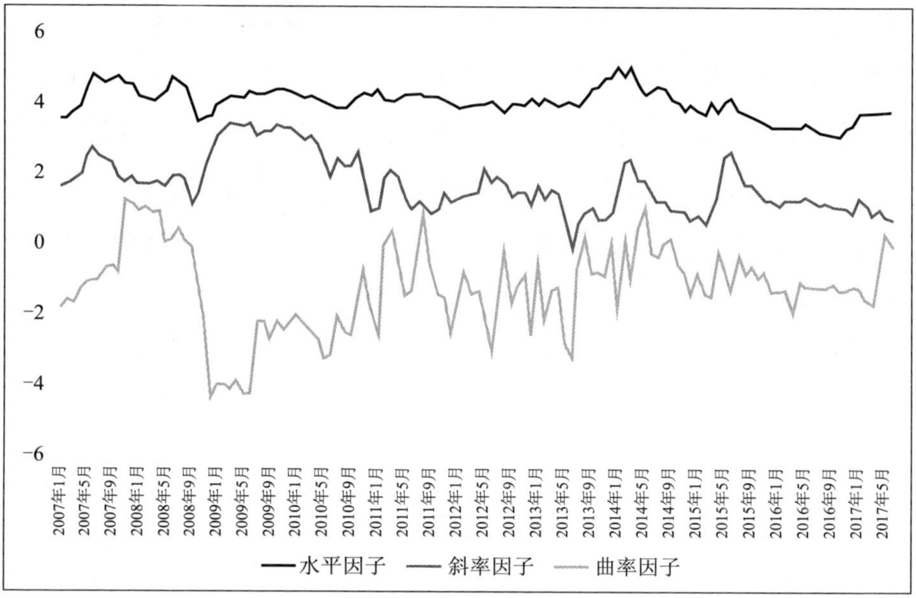

图 1：NS 模型三因子估计结果走势图

数据来源：笔者利用 Stata MP14.0 软件计算得出。

2. 拟合效果评估

为进一步评价 NS 模型对中国国债收益率曲线的拟合效果，本节通过 NS 模型拟合曲线与实际收益率曲线的对比以及相关系数分析两种方法来进行拟合效果评估。

对比分析是利用 NS 模型估计得到的三个因子来拟合国债收益率曲线，再将其实际的国债收益率曲线走势进行对比。在时间上，本文考虑对 2007 年 12 月、2008 年 10 月、2013 年 6 月以及 2017 年 6 月四组数据进行对比分析，这样选择其一是为了涵盖本文样本时间跨度上的各个期限，其二是通过 2008 年金融危机和 2013 年“钱荒”两个特殊时期的选择，来检验 NS 模型对市场状况变化的反应能力。各个期限的拟合曲线和实际曲线的走势对比如下：

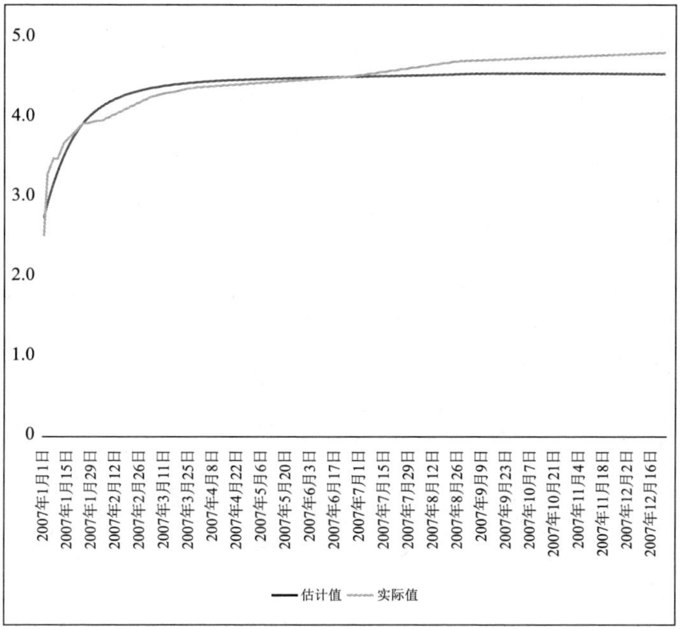
5.0
4.0
3.0
2.0
1.0
0
2007年1月1日
2007年1月15日
2007年1月29日
2007年2月12日
2007年2月26日
2007年3月11日
2007年3月25日
2007年4月8日
2007年4月22日
2007年5月6日
2007年5月20日
2007年6月3日
2007年6月17日
2007年7月1日
2007年7月15日
2007年7月29日
2007年8月12日
2007年8月26日
2007年9月9日
2007年9月23日
2007年10月7日
2007年10月21日
2007年11月4日
2007年11月18日
2007年12月2日
2007年12月16日
估计值
实际值

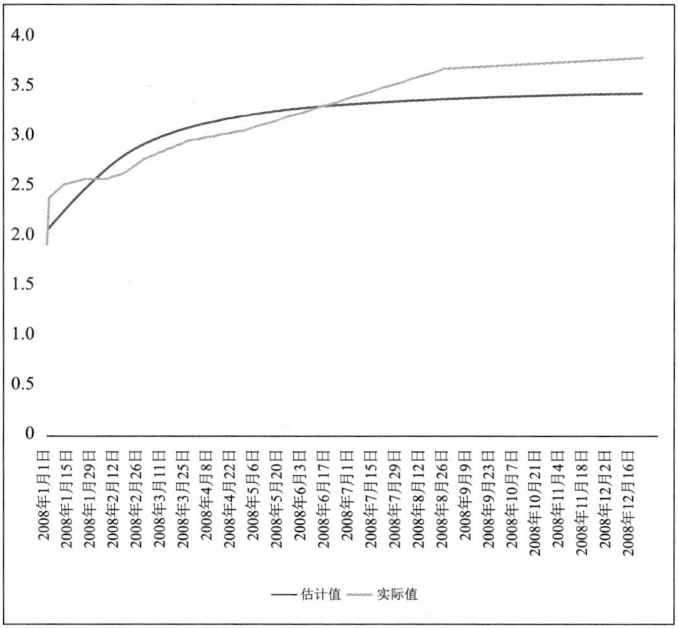
4.0
3.5
3.0
2.5
2.0
1.5
1.0
0.5
0
2008年1月1日
2008年1月15日
2008年1月29日
2008年2月12日
2008年2月26日
2008年3月11日
2008年3月25日
2008年4月8日
2008年4月22日
2008年5月6日
2008年5月20日
2008年6月3日
2008年6月17日
2008年7月1日
2008年7月15日
2008年7月29日
2008年8月12日
2008年8月26日
2008年9月9日
2008年9月23日
2008年10月7日
2008年10月21日
2008年11月4日
2008年11月18日
2008年12月2日
2008年12月16日
估计值
实际值

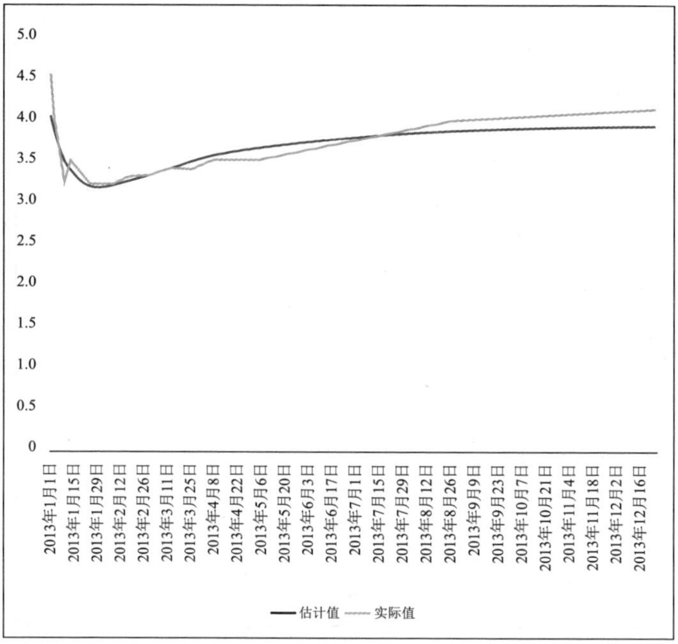

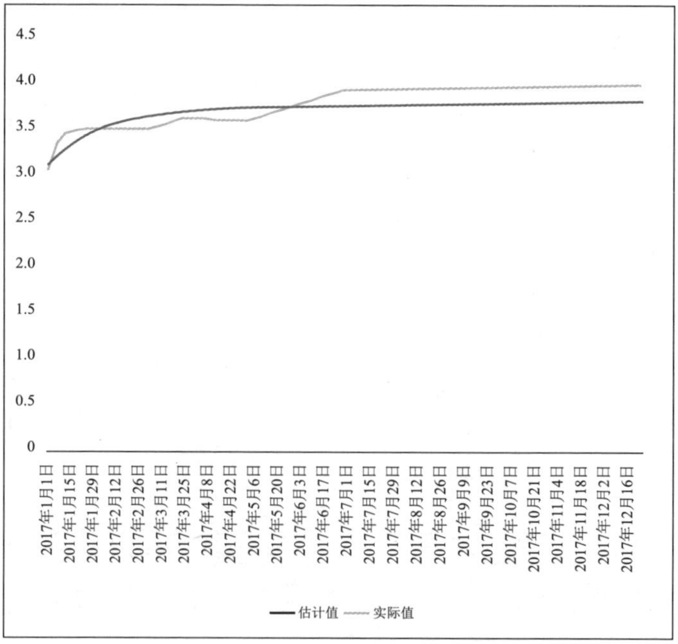

图 2：NS 模型拟合效果对比分析

数据来源：笔者利用 NS 模型绘制得出。

从拟合曲线和实际曲线的对比图可以看出，NS模型能够较好地拟合中国的国债收益率曲线，并且在2008年金融危机时期和2013年“钱荒”的收益率曲线“倒挂”时期也能够较好地对国债收益率曲线进行拟合。其中，15年期以内的拟合效果精度要优于15年期以上的拟合效果精度，这可能与中国超长期国债市场的发展仍然不够完善，超长期国债的流动性不足有一定关系。

由于NS模型中水平因子、斜率因子和曲率因子分别与国债市场中的长期、短期和中期因素相关，本文进一步利用1个月、3年以及10年期的国债收益率与三因子作比较，所得相关系数矩阵如下：

表2：三因子与不同期限国债收益率的相关系数矩阵

相关系数	斜率因子	曲率因子	水平因子	1个月	3年	10年
斜率因子	1.000					
曲率因子	−0.408***	1.000				
水平因子	0.336***	0.134	1.000			
1个月	−0.810***	0.492***	0.239***	1.000		
3年	−0.517***	0.797***	0.516***	0.826***	1.000	
10年	−0.019	0.561***	0.877***	0.517***	0.837***	1.000

注：*** 表示1%的显著性水平。

数据来源：作者利用Stata MP14.0软件计算得出。

从表2可以看出，斜率因子与1个月国债收益率的相关性最大，与3年国债收益率的相关性次之，而与10年期国债收益率的相关性最小，并且在统计上已经不显著。而斜率因子与短期国债收益率负相关的原因是，斜率越大则收益率曲线越陡峭，而长期国债收益率往往较为稳定，在一般国债收益率曲线呈递增走势的情况下，这就意味着短期国债收益率会下降；曲率因子与各期限国债收益率均存在正相关关系，并且都在统计上显著，但与3年期国债收益率的相关性最大，这也从一个侧面反映出曲率因子受国债市场中期因素影响较大；水平因子与各期限国债收益率同样存在正相关关系，并在统计上显著，但与10年期国债收益率相关性最大，这表明水平因子主要受国债市场长期因素影响较多。此外，三因子互相之间也存在一定的相关关系，斜率因子与曲率因子之间存在显著的负相关关系，与水平因子之间存在显著的正相关关系。

二、货币政策对国债收益率曲线影响的实证分析

本部分主要利用VAR模型来研究货币政策对国债收益率曲线的影响，其中货币政策包括数量型货币政策（以M2增长率为代表）和价格型货币政策（以不同的短期政策利率为代表）；而国债收益率曲线则以第二章中提取出来的NS模型的三因子来表示，由于三因子分别与国债市场的短期、中期和长期因素相关，并且各自具有比较明确的经济含义，这就为将其纳入实证模型并进行分析提供了较好的便利性。

1. 模型简介及数据预处理

本文的VAR模型的设置如下：

$$y_t = \Gamma_0 + \Gamma_1 y_{t-1} + \cdots + \Gamma_p y_{t-p} + \varepsilon_t, \varepsilon_t \sim (0, \Omega)$$

其中，y_t为n维列向量，在本文中$y_t = [I_t, S_t, C_t, L_t]'$分别表示货币政策的代理变量和NS模型提取出来的斜率、曲率和水平因子，p表示滞后阶数，矩阵Γ_i是需要估计的（$n \times n$）维系数矩阵，ε_t是n维扰动列向量，ε_t为向量白噪声过程，即不存在自相关，同时在本文的研究中，假定扰动项的协方差矩阵Ω为对角阵，亦即各残差项互不相关。

在国债收益率曲线的代理变量上，本文选择第三章中利用NS模型提取出来的水平因子、斜率因子和曲率因子作为代表，时间跨度为2007年1月

至 2017 年 6 月，共 126 组样本。

在货币政策代理变量方面选择了数量型货币政策和价格型货币政策两类代理变量进行分析。其中，数量型货币政策以广义货币增长率为代表；价格型货币政策以政策利率为代表，同时考虑了短期政策利率和中期政策利率。短期政策利率以上海银行间拆借市场隔夜利率为代表，同时兼顾了上海银行间拆借市场七天利率、七天加权平均回购利率和银行间同业拆借七天利率。以上代理变量的数据来自 Wind 资讯和中国货币信息网，时间跨度为 2007 年 1 月至 2017 年 6 月，数据频率为月度，共 126 组样本数据。

为避免伪回归，在建立 VAR 模型之前应当对各变量的时间序列数据进行单位根检验。笔者利用 ADF 检验通过 StataMP14.0 软件对上述 9 个变量的时间序列数据进行单位根检验，并对不平稳的序列进行一阶差分序列的 ADF 检验。由于各变量均不存在明显的时间趋势，因此对各变量进行 ADF 检验时仅添加漂移项，而不添加趋势项。检验结果如下表，从表中可以看出，变量水平因子、斜率因子、曲率因子、拆借市场隔夜利率、拆借市场七天利率、七天加权平均回购利率、同业拆借七天利率均在 1% 的显著性水平下为平稳序列，变量广义货币增长率在 5% 的显著性水平下为平稳序列。

表 3：单位根检验结果

变量	滞后阶数 k	t 统计量	5% 显著性水平临界值	p 值	平稳性
水平因子	1	–2.976	–1.658	0.0018	平稳
斜率因子	1	–2.920	–1.658	0.0021	平稳
曲率因子	1	–3.528	–1.658	0.0003	平稳
广义货币增长率	3	–1.888	–1.658	0.0307	平稳

续表

变量	滞后阶数 k	t 统计量	5% 显著性水平临界值	p 值	平稳性
拆借市场隔夜利率	1	-3.874	-1.658	0.0001	平稳
拆借市场七天利率	1	-3.898	-1.658	0.0001	平稳
七天加权平均回购利率	1	-4.149	-1.658	0.0000	平稳
同业拆借七天利率	1	-3.339	-1.658	0.0006	平稳

数据来源：根据 Wind 资讯和中国货币信息网相关数据得出。

2. 数量型货币政策对国债收益率曲线的影响

笔者以货币供应量增长率作为数量型货币政策的代表，通过建立广义货币增长率和国债收益率曲线三因子水平因子、斜率因子、曲率因子的变量 VAR 模型来分析数量型货币政策对国债收益率曲线的影响。信息准则显示模型最优滞后阶数为 2，因此建立 VAR（2）模型，对模型进行平稳性检验发现其所有特征根均落在单位圆之内，VAR 系统平稳。

从国债收益率曲线三因子对价格型货币政策的脉冲响应函数结果来看，价格型货币政策在国债市场的传导与理论分析一致，并且其在短期的传导机制更为通畅，其传导效率优于中长期国债市场。同时，结合上文的数量型货币政策的分析可以发现，价格型货币政策在国债市场的传导效率要优于数量型货币政策。

方差分解结果显示：拆借市场隔夜利率对斜率因子预测方差分解在第 1 期即达到最大为 49.21%，但随后不断减弱，到第 8 期开始，拆借市场隔夜利率对斜率因子的贡献基本稳定在 18%，这一趋势一直持续到最后一期。拆借市场隔夜利率对曲率因子第 1 期的贡献为 43.71%，随后不断降低，自第 6 期开始基本稳定在 22%。拆借市场隔夜利率对水平因子第 1 期的贡献为达到最大为 9.7%，随后经历了一个迅速下降的过程又稍微提升的过程，至第 11 期开始稳定在 4.7%，并且持续到最后一期。方差分解的结果也表明价格型货币政策在短期国债市场的影响更大，且作用时间更持续，随着国债期限的不断延长，其受到短期政策利率的影响也不断减弱。

除拆借市场隔夜利率之外，本文还利用拆借市场七天利率、七天加权平均回购利率和同业拆借七天利率分别与三因子建立 VAR 模型，来检验各短期政策利率对国债收益率曲线的影响。三因子对不同短期政策利率脉冲响应的最大反应如表 4。从表中可以看出，各政策利率的冲击对三因子影响的方向和发生的时间大致相同。斜率因子均在第 1 期就对短期政策利率的冲击产生最大反应，这表明价格型货币政策（以短期利率）为代表在短期国债市场中的传导非常迅速，且效果比较明显。随着国债期限的延长，短期政策利率的冲击不断减弱。此外，在各短期政策利率中，拆借市场隔夜利率对于国债市场的影响最大，传导效率也最高，这可能与拆借市场隔夜利率较高的市场化程度相关。

表 4：三因子对各短期政策利率脉冲响应的最大反应

	斜率因子	曲率因子	水平因子
拆借市场隔夜利率 (L=2)	−22.02%(L=1)	11.25%(L=5)	3.07%(L=4)
拆借市场七天利率 (L=2)	−21.30%(L=1)	16.22%(L=4)	2.09%(L=1)
七天加权平均回购利率 (L=2)	−19.99%(L=1)	24.61%(L=3)	2.20%(L=1)
同业拆借七天利率 (L=2)	−18.04%(L=1)	26.50%(L=3)	3.80%(L=3)

注：第一列中的 L 表示模型最优滞后阶数，其余各列的 L 表示最大反应发生的期数。

三、建立 VAR 模型后得出的结论

笔者利用 Nelson–Siegel 模型提取出来的三因子和货币政策代理变量建立 VAR 模型，对数量型和价格型两类货币政策在中国国债市场的传导进行

了研究。并得到以下结论：

第一，在加入超长期国债之后，Nelson–Siegel 模型仍然能够有效地对中国国债收益率曲线进行有效的拟合，并且该模型在金融危机和“钱荒”等市场变化较为剧烈的时期表现出较强的适应性；

第二，数量型货币政策和价格型货币政策均能在国债市场进行有效的传导，但价格型货币政策的传导效率（表现为时滞效应）和传导效果（表现为冲击的反应程度）均要优于数量型货币政策；

第三，在各类短期政策利率中，隔夜 Shibor 的传导效果最好，而七天加权平均回购利率的传导效率最高。这可能与这两类利率较高的市场化程度有关。

基于以上结论，笔者认为可以加快推进中国货币政策框架的转型，同时进一步完善国债发行结构，并发展国债衍生品市场，提高二级市场流动性，以提高货币政策在国债市场的传导效率和传导效果。

新时代经济体制改革的目标和重点

万劲松　国家发改委经济体制综合改革司副司长

经济体制改革必须以完善产权制度和要素市场化配置为重点，实现产权有效激励，要素自由流动，价格反应灵活，竞争公平有序，企业优胜劣汰。这是新时代经济体制改革的明确目标和重点，是我们下一步推进经济体制改革的纲领。对于深化经济体制改革，我想谈一谈自己的认识和体会。

第一，产权制度是社会主义市场经济的基石，完善产权制度是完善社会主义市场经济的必然要求。十九大报告提出要完善产权制度，将对产权的认识提高到前所未有的高度。产权不仅要保护，更要通过公平合理的界定、配置和流转实现产权的有效激励。产权激励是市场经济最强大的动力来源，产权激励是稳定持久的激励。一方面，产权制度把人们经济活动的努力和报酬紧密地联系在一起，提供资本积累和经济发展的畅销激励机制；另一方面，产权制度又把经济活动的风险和责任联系在一起，约束不负责任、不符合效率的经济行为。我们改革开放的实践表明，各项重大改革之所以能取得显著成就，其根本原因在于产权不断明晰，产权制度的不断完善。改革开放初期，实行农村家庭联产承包责任制，调动了农民的积极性。国有企业改革，从放权让利，到企业制度、股份制和混合所有制一步一步走过来，都是围绕产权制度展开的。可以说我国完善社会主义市场经济体制改革的历程，就是完善产权制度的历程。保护产权是完善产权制度的重要环节，是坚持社会主义市场经济体制的内在要求。市场是交换关系的总和，产权制度是市场经济形成和发展的基本条件，是决定其他市场机制有效运行的源制度。2016年11月，中共中央国务院出台了《关于依法保护产权的意见》，清晰指明保护产权要以公平为核心，坚持全面保护，依法保护，对公司财产一视同仁，为推动改革发展、加快创业创新打造了定心丸。强化产权保护，重点是对各种所有制经济产权和合法权益平等保护，持续规范民营企业的经济案件执法行为，推进法治政府和政务诚信建设，要持续加大知识产权保护力度。当前完善产权制度，发挥产权有效激励作用，重点需要解决两个问题：一是多种产权情况下产权界定和配置。随着时间的推移，产权内涵在逐步丰富和拓展，现代产权概念不仅包括经济领域，比如大家熟悉的债券、股权，也包括知识产权、人力资本产权等各种无形财产权，另外还有很多共有的产权，比如，共有产权的房屋、国有土地和集体土地上的混合建筑物等。二是产权内部多种权利关系的界定，比如国有企业委托代理管理链条长，环节多，容易产生主体虚置的问题，是不是要将国有资产的管理运营和监管区分开来；又比如，农村土地三权分置，集体所有权有可能出现空置和虚置的问题，也需要进一步研究。

第二，推进要素市场化配置是深化经济体制改革的战略重点。要素市场是否健全，是衡量市场体制是否完善的重要尺度。我国商品以实现高度的市场化，但要素市场建设相对滞后。生产要素是生产关系的核心部位，推进要素市场化配置，是解决制约全局性深层次矛盾的重要突破口。这可以从三个方面来理解。一是推进城镇化的核心在于促进城乡各种要素流通，城镇化的体制障碍在于城乡二元结构，背后是劳动力、土地和资本要素配置。落实乡村振兴战略，推进城镇化，需要有序转变二元体系，促进城乡生产要素顺畅有序流动。二是实现绿色发展的体制机制在于完善资源性产品价格形成机制，需要建立资源产权制度，完善资源性产品价格形成机制，形成资源开发利用的竞争机制，从根本上促进资源的节约利用。三是完善按要素分配的前提是完善要素市场化配置机制。提高劳动报酬在初次分配中的比重，就是要改善各种生产要素与报酬之间的关系；缩小城乡差距，重点是推进城乡要素市场化配置；促进社会公平的基础，在于破除妨碍劳动力、人才社会化流动的体制机制弊端，使人人都有通过辛勤劳动发展自己的机会。

推动要素市场化配置，重点应该做好三个方面的工作。第一，深化国有企业改革，增强微观主体活力。几位专家都提到这点。十九大报告关于国资国企改革有两处表述需要特别重视。一是推动国有资本做强做优做大。昨天徐林主任特别指出这点，我们以前强调是国有企业，现在是国有资本，这对完善国有资产管理体制具有深刻的意义。二是深化国有企业改革，发展混合所有制经济，培育具有全球竞争力的世界一流企业。这明确了国企改革的目标就是要培育具有全球竞争力的世界一流企业，路径就是要通过发展混合所有制经济，让国有企业更多参与国际竞争，提高企业在全球市场的竞争力。第二，建设统一开放公正的市场体系，废除妨碍市场公平体系的各种做法，全面实施市场准入负面清单制度，深入推进电力、石油、天然气等行业改革，有效落实公平竞争制度，加强反垄断执法。第三，对资本市场要深化利率和汇率市场化改革，对资源要素建立生态补偿机制，对劳动力要素要坚持按劳分配原则，增强劳动力市场的流动性和灵活性。

金融与经济可持续发展

吉野直行　亚洲开发银行研究院院长

我主要谈三个问题：第一，深化资本市场改革；第二，中小企业融资；第三，工业化和金融技术。

从全世界 GDP 的分布状况来看，美国占比最大，其次是中国、印度和日本。然而，亚洲国家的 GDP 总和超过了欧洲和美国。当然，中国对亚洲 GDP 的贡献功不可没。总的来说，经济可持续增长主要有九个方面的特点：第一，重视基础设施开发和基础设施融资；第二，重视中小企业的发展，并为中小企业提供创始资金；第三，避免大规模的资本外流以及人员的频繁流动，否则有可能导致金融危机的发生；第四，拥有长期的储蓄，可以用来为资本市场融资以及发行企业债做准备；第五，减少收入差距，包括加强税收征管以及采取累计税率；第六，处理好中央和地方政府的关系；第七，重视教育和人力资源；第八，营造良好的治理环境；第九，重视环境保护和绿色能源开发。

这九个方面同时也是经济发展的九个重要条件，只有达到这九个条件才能实现可持续增长。这同样也适用于亚洲其他国家。

深化资本市场改革

亚洲国家的银行都比较发达。由此可知，所有亚洲国家在银行中的储蓄都要比其他地区多。银行在亚洲国家的经济发展过程中发挥着非常重要的作用。同时，保险与养老金的投资是一种长期的市场投资行为。为了给人们未来的养老做准备，中国也发展了自己的养老基金和保险业。然而与其他国家相比，亚洲部分国家缺乏长期的投资者。从机构投资相较于GDP的份额来看，日本、马来西亚、新加坡、韩国等国家都有长期的投资者，这些国家都有保险基金；但是菲律宾、印度尼西亚等国家的机构投资者非常少。中国保险业和养老基金的发展情况表明，长期投资非常重要，因为只有长期投资才能确保本国经济形成一个良性的循环。现在大多数中国人都比较注重银行储蓄，但是养老基金和保险业的发展都需要由他们来提供长期的投资。

基础设施建设也需要民间投资。为了更多私人企业参与投资基础设施建设，可以通过把相关税收让渡一部分给私人企业的做法，来提高他们的收益率，进而提升民间投资的积极性。另外，基础设施建设在吸收私人资金方面，还可以采用的一个办法：发行五年、十年或二十年期的基础设施收入债券。当然，保险公司以及养老基金也可以为基础设施建设提供资金。具体来说可以采用以下两种方式：第一，应当大力支持和发展长期的投资者和机构投资者。第二，要为创业企业和中小企业的发展提供资金资助。“家乡投资信托基金”是日本20世纪90年代成立的基金，这个基金主要为农村或社区的建设提供资金。越南、柬埔寨和蒙古也在建立类似的信托基金模式。“家乡投资信托基金”主要做法就是鼓励居民把自己的小额资金汇集到农村或社区里面进行投资。其实，这也是一种人与人之间的互助形式，他们可以相互监督，所以每个借款人都必须守信用。“家乡投资信托基金”作为一种基层的融资方式，也许同样适用于中国或其他亚洲国家。

中小企业融资

关于中小企业的发展，首先需要关注的是中小企业的创建问题。现有中小企业普遍存在融资难的困境，因为有的中小企业业绩一般，不能吸引投资者。大数据分析显示，投资者可以通过更严格的筛选、审核来确定是否把资金投给中小企业。中国现在有很多统计的手段，也有很多的大数据支持，可以通过大数据分组对中小企业的风险大小和发展前景进行分析，然后根据分析结果筛选出适合投资的企业，并以此来确定具体的投资额度。

工业化和金融技术

中国的高新技术发展速度非常快，高新技术在金融市场的应用也非常多，现在很多人都在使用手机进行支付。但更重要的是，要对人们进行金融方面的教育，要指导人们如何科学理性地使用每一种金融产品。人们在生活当中可能会购买各种金融产品，为了让人们更好地了解金融产品的具体内容和潜在风险，就必须对他们进行相关的金融教育。芝加哥创新中心有很多相关产品，这些产品都强调金融教育的重要性。人们只有对金融创新产品有了一定了解之后，才可以通过网络正确使用它们，而且民众使用的期限往往比较长，这可以很好地拉动国内的投资。既有短期的储蓄，又有长期的保险基金，长期、短期充分结合起来，对中国和亚洲其他国家的经济发展非常重要。

日本在金融教育方面有专门的教材，而且男性接受教育的程度高于女性。中国的情况可能不一样，50 ~ 60 岁的人在金融教育方面做得更好；金融教育在各个地区之间的发展程度也不一样，相对而言，农村地区的金融教育程度比较低，城市地区的金融教育程度相对较高。这也可能是目前亚洲国家金融教育的一个现实情况。总之，金融教育的重要性不言而喻，金融教育应当在中国，乃至整个亚洲得到进一步的普及和发展。

支付系统创新：中国宏观经济的活力表现

戈梅兹　土耳其央行研究部高级经济学家

货币支付方式的发展是一场革命。亚当·斯密提出了劳动分工的理论，李嘉图提出了比较优势。但是，我们看到货币的支付方式在不断地发生变化，付费的方式也在不断地演进，比如，数字现金、数字黄金，还有诸如比特币等虚拟货币的出现，这都是革命性的进展，对未来也会产生重大的影响。

货币是纯粹的数学现象。货币是等同于轮子和火一样重要的伟大发明，它对现代生活的重要意义和影响不言而喻。由于信息成本的存在，如果没有一个单独的账户存在，贸易的总量是很有限的。n 个商品之间需要有交换的比率，即价格，而有了货币以后，物物交换的价格就只有一个，即货币的表示量。

电子货币的必要性。在全球的支付体系中有 CIPS、BIS、CLS，还有支付宝等各种各样的支付方式。可是为什么电子货币仍然有存在的必要？这是因为中央银行的货币没办法进行微支付，微支付涉及的支付金额小于最小货币单位，比如，少于 1 分钱就没有办法支付了。人民币并不存在这样的支付问题。但是在欧洲，尤其是土耳其，往往需要支付最低货币的金额是小于最小货币单位的，所以可以通过电子支付解决这个问题。对于土耳其来说，电子货币的存在是必然现象。服务贸易需要更有效、更可靠的支付系统来解决微支付的问题。中央银行不应该阻碍微支付的创新，而应该用更加开放的态度促进微支付的不断发展。电子货币不仅催生了货币本身的创新，还使得市场本身得到了进化。电子账户、电子信用促进了网上银行的发展，从而催生了电子支付、电子货币市场，以及电子资本市场和电子外汇市场。所以电子货币面临的问题并不是如何使用的问题，而是使用时机的问题。

电子货币初探。1994 年，英国小镇斯温顿的人们实施了第一次电子货币的尝试，他们开发了一个电子货币系统，但是试验最终失败了。另外，荷兰人“比特币之母”的尝试，他们创建的是以网络为基础的零排放方式交易。过了两年后，人们发现这种令牌的保密性、命名性没有得到很好的解决。电子货币在欧洲走过了它青涩的时光。在芬兰，人们也研究了“电子货币计划 Avant”。芬兰想成为无现金的社会，但是“Avant”这个计划没有得到很好的执行。很多从事相关研究的技术公司希望能够提供一个很好的解决方案，创造某种形式的电子货币。20 世纪 90 年代，欧洲已经进行过电子货币的尝试，例如，在 I Phone 发布的时候，苹果公司也提出了电子支付的模式；谷歌公司也开始研发支付平台项目。

电子货币的中国实践。在中国，通过银联卡的方式已经实现了零售支付的电子化。2012 年，中国 RTC 系统已经非常成熟。但是，在电子货币方面还没有开始。事实上，2013 年才有的电子红包的电子支付迅猛发展。这得益于腾讯和阿里巴巴的推波助澜。同年，第一笔电子支付是微信支付，同时阿里巴巴也开展了类似的支付业务。现在不管到哪儿，在中国的任何地方都可以轻而易举地进行电子支付；只要用手机扫一扫二维码，不管在任何地方、买任何东西都可以用电子货币支付。而这种对电子货币的可接受性是货币的本质属性，在很多基础设施得到完善的前提下，电子支付可以得到很广泛的应用。

电子货币在中国的发展已经超越了欧洲。虽然欧洲在20世纪90年代就开始进行电子货币的尝试，但是现在远远落后于中国。电子支付也支持了其他的产业，比如共享经济——共享单车、共享充电宝、共享汽车等。通过电子支付的方式可以推动技术的革新，对于促进技术的进步也是至关重要的。目前，对于数字经济和电子支付市场的整体状况而言，中国虽然不是电子货币的发明国，使用率却是遥遥领先的，已经走到了世界的前列。中国的支付宝和银联卡的市场占比数量都十分惊人，取得了巨大的成果。

创新是中国经济发展的活力。在这么短的时间内，中国正在成为无现金社会。中国的经济是充满活力的，与欧洲的情况很不一样。中国的社会主义不光是解决了13亿人的温饱问题，同时也提高了社会福利，具有非常强劲的活力，同时还实现了无现金社会。对中国日常生活的简单观察给我们带来了一个启示：中国特色社会主义进入了新时代，到2020年全面建成小康社会，这是第一个百年目标；第二个百年目标是到2049年基本实现现代化，把中国建成社会主义现代化强国。

在中国，支付革命的迅猛发展，如果同样的活力、同样的技术、同样的方法得以采用的话，中国的发展目标是完全可以实现的。从支付系统的革命性来看，我们可以得到这样的启示：首先，不要惧怕技术。欧洲在开始尝试使用预付卡方式的时候，银行要求对这些预付卡进行保险，以确保不出任何问题。但是，中国没有做这些不必要的事情，中国向技术公司开放了支付体系。其次，不要限制创新。最后，竞争可以带来更好的支付，也就是说，通过电子方式实现传统支付方式不能解决微支付的问题。对于“一带一路”沿线国家来说，中国在支付方面提供了一个非常好的案例。

第五编

推动形成全面开放新格局

未来中国与世界关系的若干重要特点

范恒山　国家发改委副秘书长

十九大报告中提出了一系列符合我国国情的重大战略举措，将引领我们党和国家、全国各族人民迈向新时代、开启新征程、谱写新篇章，继续推动党和国家事业发生历史性变革。十九大决策的贯彻实施必将给中国发展带来重大而深远的影响，而中国的发展与变革，又必将给世界带来广泛而深刻的影响。随着十九大所确立的新时代中国特色社会主义基本方略和重大任务的落实，随着2020年全面建成小康社会目标的实现和2020年后全面建设社会主义现代化国家两阶段发展目标的逐步实现，中国与世界的关系必将进一步发生变化，呈现出一些重要而显著的特点。

这是中国国际影响力进一步大幅提升、日益走近世界舞台中央、不断为人类做出重大贡献的过程。中国将以卓越努力，为解决人类问题贡献自己的智慧、提供有效的方案。就主要方面看，中国与世界关系将进一步呈现这样一些特点：

一、中国经济增长对世界经济发展将起到决定性的支撑与推动作用

这些年，中国经济发展对世界经济发展的影响日益明显。在世界经济

因国际金融危机近十年处于低迷状态、主要西方国家经济增长缓慢的情形下，中国经济一直保持领先的发展势头。在这个时期，中国成功实现国内生产总值跃居世界第二位。当前，中国经济增长对世界经济增长贡献率超过 30%。就中国自身而言，经过艰苦努力，克服了经济下行的压力，在经济保持中高速增长的同时，今年有望超过去年增长。十八大以来，中央基于经济发展进入新常态判断所采取的推进供给侧结构性改革等一系列重大举措，进一步夯实了经济持续稳定发展的基础和潜力。十九大报告进一步提出，要以供给侧结构性改革为主线，推动经济发展质量变革、效率变革、动力变革，提高全要素生产率，建设现代经济体系。已有的基础、新的举措和特有的市场容量、政府管理等优势，能够使未来中国经济长时期保持中高速增长，继续在世界主要国家中处于领先位置。除此以外，中国将为世界经济发展提供更多的投资、更多的优质产品与服务、更多的支撑平台与应用工具（如人民币国际化）、更多的合作与帮助，直接推动世界经济发展。这些必然使未来中国在促进世界经济发展中发挥举足轻重的推动作用，并逐渐成为首要的决定性的支撑力量。

二、中国将成为推动构建人类命运共同体的强有力的引领者

国家的发展离不开和平的国际环境和稳定的国际秩序。世界多极化、经济全球化、社会信息化、文化多样化深入发展，全球治理体系和国际秩序变革加速推进，各国相互联系和依存日益加深。没有哪个国家能够独自应对人类面临的各种挑战，也没有哪个国家能够退回到自我封闭的孤岛。为了和平和谐、互利共赢，各国人民必须同心协力、构建人类命运共同体，建设持久和平、普遍安全、共同繁荣、开放包容、清洁美丽的世界。中国首倡“共同构建人类命运共同体”，这一理念得到众多国家的认同，并被

写入联合国的相关决议，这是中国对全球治理的巨大贡献。中国作为负责任的大国，为全球发展和世界和平一直做着实实在在的努力。这些年来，中国着眼于引导应对气候变化国际合作、维护和推进全球化进展、推进国际规则的完善、促进全球治理体系变革等做了大量卓有成效的工作，是世界和平的建设者、全球发展的贡献者、国际秩序的维护者，还是全球生态文明建设的重要参与者、贡献者、引领者。我国国际影响力、感召力、塑造力进一步提升。十九大报告把“坚持推动构建人类命运共同体”作为新时代坚持和发展中国特色社会主义的一个基本方略，并对“坚持和平发展道路、推动建设人类命运共同体”做出了部署。中国秉承为人类做出新的更大贡献的使命，借助“一带一路”建设等载体，随着自身经济实力、科技实力的快速跃升，中国将在引领推动构建人类命运共同体方面做出创造性的巨大贡献。中国的努力将是多方面的，其中包括积极参与全球治理体系改革和建设，提升新兴经济体和发展中国家在处理国际事务中的话语权；加大对发展中国家特别是最不发达国家的援助力度，缩小南北发展差距；支持推进多边贸易体制，促进自由贸易区建设，推动建设开放型经济；促进贸易和投资自由化便利化，推动经济全球化朝着更加开放、包容、普惠、平衡、共赢的方向发展；等等。

三、中国在世界许多重大难题的解决和关键领域的发展上将成为排头兵和示范者

中国作为一个发展中大国，面临着很多问题和困难。这既有克服贫困、解决温饱的问题，也有推进创新、持续提高竞争力的问题；既有促进内部安定和谐的问题，又有维护主权安全的问题。中国特殊的发展阶段、外部环境使中国能够把人类共同的优秀文明成果和自身具体实践结合起来，走

出一条富有特色的创新道路。这不仅体现在整体发展上，也体现在一些具体领域的发展和一些重大难题的克服上。在整体上，中国特色社会主义道路、理论、制度、文化不断发展，拓展了发展中国家走向现代化的途径，给世界上那些既希望加快发展又希望保持自身独立性的国家和民族提供了全新选择。在具体上，中国在较短时期内消灭数以亿计的贫困人口、高铁等基础设施后来居上、新型城镇化快速推进以及新产业新动能超常发展等一系列壮举，令世界惊叹称奇，也成功把中国推上了不同凡响的创新者示范者的位置。中国内在的强劲创造力为世界各国广泛认同。而这些年的发展成果表明，这种创造力正随着体制的改善、国内外优秀人才的聚集、资金投入力度提升等因素以加速度的状态提升。十九大报告提出了决胜全面建成小康社会、开展全面建设社会主义现代化国家新征程的奋斗目标，同时也提出了实现奋斗目标的基本方略和重大举措。涉及经济、政治、法治、科技等各方面和体制、人才、政策、动力等各环节。依据中国制度的特殊力量，在未来的发展中，中国将在世界许多重大共性难题的解决上、在许多关键领域的发展上体现出比较优势和创新活力，从而因“后来居上”或“捷足先登”或“别具一格”成为排头兵和示范者。国外专家认为，中国在多领域成为全球经济发展的主要驱动力。这一点，在十九大决策实施后的中国将体现得更加生动与明显。

四、中国体制创新将更注重吸收国际化成果并依此进一步推进全面开放

只有社会主义才能救中国，只有改革开放才能发展中国。无论是促进中国自身的发展，还是推动构建人类命运共同体，都要求改革创新充分吸收人类文明有益成果，体现法治化、国际化、便利化、效率性的取向。束

缚生产力发展的体制基本都是封闭的、小众的体制。国际通行做法是人类共同创造的文明成果，理所当然应作为体制创新的一个重要参照。而有利于开放的体制，也必然是体现国际通行规则的体制。十九大报告强调，要坚决破除一切不合时宜的思想观念和体制机制弊端，突破利益固化的藩篱，吸收人类文明有益成果，构建系统完备、科学规范、运行有效的制度体系；要推动形成全面开放的新格局，中国开放的大门不会关闭，只会越开越大；要推动构建人类命运共同体，推动建设相互尊重、公平正义、合作共赢的新型国际关系。贯彻落实这些要求，中国体制改革与创新将更加注重吸收国际上行之有效且普遍认同遵守的规则做法，以充分调动各方面积极性与创造性，充分利用国际国内两个市场两种资源，在促进自身发展的同时，为人类做出新的更大的贡献。要强调的是，体制创新的这种特点，将促成一些重大改革开放举措的落地实施。

优化外资营商环境：推进《外商投资法》立法进程

彭　森　全国人大财经委员会副主任委员

一、关于我国当前的外商营商环境

积极吸引和利用外资，是我国对外开放基本国策的一个重要组成部分，也是中国对外开放的一个成功经验。改革开放初期，我国就颁布了《中外合资经营企业法》，1986年和1988年又先后颁布了《外资企业法》和《中外合作企业法》。在这些法律的保障和促进下，中国吸引外资工作取得了非常显著的成效。从20世纪80年代每年外商投资企业建立几百家，有几十亿美元的投资；到90年代，上升到每年有几千家，几百亿美元的投资；到了21世纪，特别是中国加入WTO以后，外商投资每年增加两万家到三万家，外商直接投资在华超过千亿美元。25年间，中国一直位居发展中国家吸引外资的第一位。2016年，我国外商投资企业登记户数已经超过50万家，投资总额达5.1万亿美元，其中外商直接投资金额达2.4万亿美元，这是很了不起的成绩。外商投资在中国的企业总数中占比不到3%，但是他们对经济的贡献非常大。据商务部统计，外商投资企业提供了10%左右的城镇就业机会，贡献了20%左右的税收、25%的工业总产值和接近50%的进出口。所以，外资企业既为中国的发展作出了贡献，同时也是中国对外开放或改革开放政策的一个很重要的晴雨表。

二、当前外商投资形势的新变化

近年来，中国的外商投资形势比较严峻，保持持续稳定增长面临新的压力。形势的变化主要表现在三个方面：

一是国际金融危机爆发以来，全球跨国投资流量年均下降1%。虽然近年全球的经济有回暖，但是受地缘政治因素的影响，跨国投资仍然是低位运行，发达经济体对外投资总量由2007年的1.8万亿美元，下降到2016年的1.1万亿美元。

二是近年来受到地缘政治和营商环境变化的影响，出现个别外商投资企业退出中国的情况，一些跨国公司也有收缩调整在华研发中心的现象。

三是随着近年来中国企业走出去的步伐加快，国内对外投资猛增。2016年对外投资达到1961亿美元，而外资对华的投资这些年停滞不前，甚至出现负增长。2017年1—8月，外商直接投资以美元计价，同步下降5.1%。

出现上述情况的主要原因有以下几个方面：

第一，在跨国投资总体低速情况下，国际竞争日益激烈。据商务部统计，2016年约58个国家的经济体采取了124项吸引外资的政策，美英等发达国家吸取了“产业空心化”的教训，制定了“再工业化”战略。特朗普政府推行的降税方案很快出台，英国、法国、加拿大等国也采取降税的办法吸引外资。中国周边的国家实行更低的税负政策，印度在开放采矿、国防、航空等15个行业外资限制的同时，也采取了一些降税政策。2010年以来，印度吸引外资年均增长10%。

第二，中国国内对于利用外资的看法发生了一些变化，有的部门和地方认为，中国是全球第二大经济体和资本的净输出国家，外汇储备和资金充裕。

第三，我们国家本身的营商环境也发生一些变化。2008 年内外资企业所得税开始统一，外企不再享受特殊的优惠政策。国内的土地成本、人工成本、物流成本持续攀升，近十年中国的工资成本年均增长 16%。

第四，中国有些制度成本也比较高，一些地区对外资企业税务的稽查比较苛刻，法律制度也亟待进一步的健全、规范和透明。

中国政府高度重视，针对吸引外资和营商环境出现的新变化、新挑战。2017 年 1 月印发了《关于扩大对外开放积极吸引外资若干措施的通知》，围绕进一步扩大开放、加强吸引外资等方面提出了 20 多条举措。2017 年 8 月，又印发《关于促进外资增长若干措施的通知》，围绕制定财税支持政策、优化营商环境等方面提出了 22 条举措，要求加快推出新能源汽车、银行业、证券业、保险业等行业对外开放的时间表和路线图。这些政策释放了比较好的信号。但是就我了解，很多外资企业认为，与税收的优惠相比，更重要的是降低制度性交易成本。所以，下面我想讲一下《外商投资法》的立法进程。

三、关于《外商投资法》立法进程

社会主义市场经济本质上是一个法治经济。根据十九大建立全面对外开放新格局的要求，考虑到当前全球化的新趋势，可以考虑制定一部《外商投资法》。起草《外商投资法》主要有几项原则：一是要坚持开放发展，实行互利共赢的战略，实行高水平的贸易和投资自由化便利化政策；二是坚持走出去和引进来并举的方针，大幅放宽市场准入；三是坚持为外商营造透明、稳定、可预期的投资环境，保障外商的合法投资权益；四是坚持外商享有国民待遇条件，创造公平竞争的市场环境。

立法的主要任务还是充分体现市场化、国际化、法治化的方向，要求构建一部新的促进和保护外资投资的基础性法律，将原来的“外资三法”合一，制定一部统一的《外商投资法》。重点包括四个方面：

一是不再把外资企业的组织形式作为规范对象，原来“外资三法”的重点是企业组织法，但是与后来出台的《公司法》《合作企业法》有一些重复和冲突的地方，所以新的法律要取消现在对外商投资企业合同章程的审批。

二是外资企业的投资形式进一步放开，放大到并购、收购股份股权、通过认购可转换债券等方式进行投资，并在法律上予以保护。

三是对外资企业的保护作出明确规范，特别是知识产权、出资、利润收益的自由汇出等方面的权利。

四是借鉴国际通行的立法实践，建立正式的国家安全审查制度。这是国际通行的做法，运用国家安全审查制度，提高法律的层级，完善制度设计。

全国人大已经将这项立法工作列入立法日程，我们将督促有关部门共同努力，加快推进这项工作，促进中国进一步形成全面开放的新格局。

全面开放新格局与人类命运共同体

赵晋平　国务院发展研究中心对外经济研究部部长

2017年10月18日，在中国共产党第十九次全国代表大会上，习近平总书记代表十八届中央委员会向大会作报告时提出了“推动形成全面开放新格局”和“推动构建人类命运共同体”的目标。并强调指出，“中国开放的大门不会关闭，只会越开越大”。这表明中国将会毫不动摇地继续坚持对外开放的基本国策，中国和世界的关系也将进入更加紧密的“命运共同体”建设新阶段。

一、五年来的开放成就

要谋划未来对外开放方面的发展大计，首先要对过去五年所取得的重大成就和经验进行总结。十八大报告提出“完善互利共赢、多元平衡、安全高效的开放型经济体系”，十八届三中全会提出“构建开放型经济新体制”，而十九大报告提出“推动形成全面开放新格局”，这就将对外开放的广度和深度提高到了一个更高的层次。

十八大以来的五年中，从外部环境来看，伴随着全球经济进入深度调整期，中国遭遇了许多严峻挑战和困难，在这一背景下，“开放型新经济新体制逐步健全，对外贸易、对外投资、外汇储备稳居世界前列”，中国的对外开放取得了巨大成就，为这五年中国的改革和发展增添了许多新亮点。

十八届三中全会《决定》对构建开放型经济新体制提出了包括放宽投资准入、加快自由贸易区建设和扩大内陆沿边开放三个方面的具体要求。在过去几年中中国在落实这些任务要求方面取得了积极进展。

第一，放宽投资准入。改革目标是推进高水平跨境投资管理制度建设。在利用外资方面，过去五年，启动了准入前国民待遇 + 负面清单管理模式的外资准入管理制度改革，首先在上海自由贸易试验区试点基础上，将成功经验在更大范围内复制推广，从 2016 年 10 月起，经全国人大修法，凡未列入特别管理措施（负面清单）领域的外商投资由审批制改为备案制；负面清单也明显缩短，不但扩大了开放领域，而且极大地便利了包括港澳台企业在内的投资企业注册登记。在对外投资领域，2012—2017 年是我国对外投资进展非常迅速的五年，年均增长速度在两位数以上，而且在这五年中我国还首次实现了对外投资规模超过对内投资。这与加强对外投资管理制度改革和鼓励具备条件企业走出去的政策举措不断推出有着直接的关系。另外，通过上海自由贸易试验区等地区的先行先试，形成了关于政府职能调整、投资管理制度改革、贸易发展方式转变、金融开放创新和法治环境建设的成功经验，并不断在更大范围内复制和推广，为推动全国范围内开放型经济新体制建设发挥了引领和示范作用。这五年，中国还启动了中美、中欧等投资协定谈判，在推进双边和区域投资自由化便利化合作领域进行了积极探索。

第二，加快自由贸易区建设。目标是构建面向全球的高标准自由贸易区网络。过去五年中，包括中韩、中澳、中新等在内的双边自贸协定已成功结束谈判并正式生效，这为中国和重要伙伴国之间更深度的经贸合作提供了重要的制度性保障。同时，在此基础上，我国还在积极参与更大范围的贸易合作，力促区域全面经济伙伴协定（RCEP）、中日韩自贸协定等区域多边进程启动谈判。

第三，扩大内陆沿边地区开放。目标是构建全方位对外开放格局，从国内来看，沿海以及中西部地区的对外开放都在进一步深化。同时，长江经济带建设、京津冀协同发展等战略也促进了区域开放型经济的协同发展。更为重要的是，这五年中，中国提出了“一带一路”倡议，并在共建“一带一路”方面取得了重大进展。“一带一路”已经成为在国际国内具有广泛共识的发展与合作框架，并在带动国内经济社会发展和促进各国间政策沟通、道路联通、贸易畅通、货币流通和民心相通方面取得了显著成效。

二、对外开放的新理念、新思路

中国的对外开放取得了重大进展。但是，中国目前的对外开放水平和适应错综复杂外部环境变化、推进中国社会主义现代化建设的要求相比，还存在较大差距；一些关键领域对外开放进入深水区、具有很大难度、亟待取得新突破。因此，落实“推动形成全面开放新格局”的新要求，关键在“全面”，难在“新格局”，要在最具难度的关键领域取得新突破。这意味着中国未来的对外开放将是全面、高水平和深层次的开放。

第一，这是国内发展大局的需要，中国需要进一步推进对外开放，报告提出了对外开放的核心理念，即“开放带来进步，封闭带来落后”。历史的经验告诉我们一个朴素的道理，大开放、大发展；小开放、小发展；不开放，不发展。要以开放促进国内发展、倒逼国内改革。

第二，从国际比较的角度来看，虽然我国已经初步建立了开放型经济体的基本框架，但和发达国家、包括一些发展中国家相比，准入开放和营商环境还存在很大差距，高端服务业、一般制造业和要素、资本市场等一些关键领域的开放尚未取得实质性突破，对提升这些领域的国际竞争力和供给能力带来较多制约。我们需要抓住构建开放型经济新体制建设的关键环节，进一步推动“一带一路”合作，提高贸易便利化程度，放宽外商投资准入，改善外商投资环境，充分发挥自由贸易试验区开放试验和辐射带动的双重功能，加快区域全面经济伙伴关系谈判进程以维持区域经济合作的势头，完善对外开放的管理体制和协调机制，为引领经济新常态和促进经济转型升级做出贡献。

三、推进开放的七大任务

十九大报告中提出了七个方面的具体任务。

一是将继续推进“一带一路”建设。“一带一路”建设是统领我国对外开放的新理念、新模式、新框架、新任务的集中体现，内容丰富，内涵深刻。在鼓励中国企业走出去的过程中，需要通过共商共建共享的原则来加强彼此间的合作，以达到互利共赢的效果。同时，随着全球对于创新作用认识的逐步深化，提出加强创新能力开放合作，也是此次报告的亮点所在，这有利于促进我国的开放式创新并通过加强国际合作、整合内外要素资源提升创新能力。此外，在推进“一带一路”建设的过程中，我国正在逐步形成陆海内外联动、东西双向互济的开放格局，而这也是“新”格局的具体体现。

二是要培育贸易新业态新模式，推进贸易强国建设。我国已成为全球最大的货物贸易国家，未来仍需通过提升技术水平、品牌优势等推动我国产业向全球价值链的中高端移动。我国的贸易发展方式也需进一步转型，加快提升服务贸易在全球的地位和国际竞争力也是一个重点任务。

三是要实行高水平的贸易和投资自由化便利化政策。2012—2017 年，我国的投资管理制度改革取得了明显进展，实行了准入前国民待遇 + 负面清单的管理模式，未来在此方面的改革力度应该还会继续加大，随着这一准入制度的建立，提升开放水平的关键是进一步缩短负面清单，程序也应进一步简化，以达到更高水平的开放。加快自由贸易区建设、推进与主要国家的投资协定谈判，是中国推动双边和区域贸易投资自由化的重要政策选择，今后要进一步加大推进力度，取得更多实质性成果。

四是逐步建立各类企业公平竞争的市场环境。十九大报告中强调，境内注册的企业，都要一视同仁和平等对待。我们应该认识到，高开放水平的外资政策就是没有外资政策。要营造一个公平竞争的市场环境，逐步构建内外资企业统一适用的制度和政策体系，而这也是高水平投资自由化的要求所在。

五是要优化区域开放布局，加大西部开放力度。我国未来的一项重要任务是进一步改变东重西轻的开放布局。而“一带一路”倡议的持续推进为外资企业进入中西部地区带来了便利。

六是要赋予自由贸易试验区更大的改革自主权，探索建设自由贸易港。开放的制度性创新和区域开放布局的优化改革，需要很好借鉴我国长期积累形成的经验，首先通过局部地区开展先行先试，进而在更大范围内复制推广。十九大报告提出新要求，对于进一步深化自贸试验区开放创新改革，加大压力测试力度，按照国际最高水平贸易投资自由化标准构建开放型经济体制，在新时代现代经济体系建设中更好发挥示范和引领作用，具有重要意义。

七是要继续推进对外投资。2012—2017 年，我国在对外投资领域取得了明显进展，未来还应进一步创新方式，促进国际产能合作，形成面向全球的贸易、投融资、生产、服务网络，加快培育国际经济合作和竞争新优势。企业走出去不仅对中国企业自身的提升和发展具有重要意义，也将带动投资目的地国家的经济和就业增长，有利于形成互利共赢的国际合作基础。

四、值得关注的三个问题

在十九大报告的开放新思路中，有几个值得特别关注的新提法。

一是“形成陆海内外联动、东西双向互济的开放格局”。中国拥有1.8万公里的海岸线，海洋经济是我国扩大对外开放和国际经济往来的重要平台和载体，利用海洋向东开放在带动中国经济，尤其是东部地区经济快速发展方面起到了举足轻重的作用。另外，中国还拥有2.2万公里的陆地边界线，我们和14个国家陆地相连，通过陆地的国际大通道，也是我国西部地区对外开放一个重要地缘优势。中国在“一带一路”框架下积极推进的六大经济走廊建设，已经取得了初步成效，这些走廊多数会对建立我国中西部与国际市场直接相连的国际大通道创造十分有利的条件。这将把中西部地区推向对外开放的前沿，明显提升中西部地区的开放和发展水平，形成陆海内外联动、东西双向互济的开放格局。

二是“赋予自由贸易试验区更大的改革自主权”。自贸试验区总体方案，一般是按照加快政府职能转变、投资管理制度改革、推进贸易发展方式和监管方式转变、深化金融领域的开放创新、完善法制领域的制度保障五个方面来设计的。自贸试验区先行先试实际上是市场化改革和开放的压力测试，是按照国际高水平开放标准在试验区内进行先行先试，取得成功经验后在更大范围内复制和推广。先行先试的内容由国家主导进行顶层设计，组织实施必须有中央部委职能部门的支持和参与。这种模式也遇到了一些问题，如试验区执行的政策和行业管理规定的冲突等。所以，上海在三年试验期结束之后，提出一些新的改革目标。在2017年上半年公布的《全面深化中国（上海）自由贸易试验区改革开放方案》，已经大大提升了压力测试的水平。这个深化版的方案赋予地方政府更多的自主权。

三是"探索建设自由贸易港"。这是一个新的提法。所谓自由贸易港是指设在国家与地区境内、海关管理关卡之外的，允许境外货物、资金自由进出的港口区。对进出港区的全部或大部分货物免征关税，并且准许在自由港内，开展货物自由储存、展览、拆散、改装、重新包装、整理、加工和制造等业务活动。目前排名世界集装箱港口中转量第一位、第二位的新加坡港、中国的香港地区均实施自由港政策，吸引大量集装箱前去中转，奠定其世界集装箱中心枢纽的地位。

目前中国内地还没有自由贸易港，只有保税港。保税港区更多的是作为航运中心的配套政策实施，只有经过国家认定具备国际航运中心资质的沿海城市才可以申请并获得批准，目前在上海、天津和大连有三个保税港区。未来，自由贸易港既可能在现有的11个自贸区试点地产生，也可能在自贸试验区以外的区域产生，甚至可以在具备陆地港、航空港条件的内陆地区产生。

五、五个方面的经济外交政策

推动形成全面开放新格局，是中国自身发展的需要，也将为其他国家提供分享中国发展红利的机遇。要真正实现这一互利共赢的结果，良好的国际发展环境至关重要。习近平总书记在十九大报告中提出"构建人类命运共同体"，这是中国特色社会主义新时代对外关系的新要求，也是实现对外开放战略目标的重要保障。落实这一理念对中国的经济外交政策提出了新要求，主要有五个方面的内容。

一是要坚持对外开放的基本国策，继续推进"一带一路"建设。"一带一路"倡导的是"和平合作、开放包容、互学互鉴、互利共赢"的"丝路精神”，事实上已经超出了区域合作的范畴，是我国参与和引领全球国际竞争与合作、促进世界经济包容型发展政策的集中体现，具有全球性意义。从这一点也可以看出，对外开放本身也是中国参与人类命运共同体建设的重要组成部分。

二是加大对发展中国家特别是最不发达国家援助力度，促进缩小南北发展差距。作为世界第二大经济体，许多国家以及国际组织都希望中国在解决全球性问题上能够发挥更加重要的作用。中国也将为此作出努力。

三是要支持多边贸易体制，促进自由贸易区建设，推动建设开放型世界经济。中国将在维护世贸组织权威性，参与全球贸易投资自由化进程，推动对外自贸区和投资协定谈判方面做出进一步的努力，并与其他区域成员紧密合作，共同推进 RCEP 和亚太自贸区进程。

四是要秉持共商共建共享的全球治理观。倡导国际关系民主化，坚持国家不分大小、强弱、贫富一律平等，支持联合国发挥积极作用，支持扩大发展中国家在国际事务中的代表性和发言权。

五是要继续发挥负责任大国的作用，积极参与全球治理体系改革和建设，不断贡献中国智慧和力量。

新时代中国参与全球经济治理的能力

张燕生　中国国际经济交流中心首席研究员

中国共产党第十九次代表大会上，习近平总书记提出，中国秉持共商共建共享的全球治理观，继续发挥负责任大国作用，积极参与全球治理体系改革和建设，不断贡献中国智慧和力量。进入中国特色社会主义的新时代，深刻学习领会习总书记的讲话，回顾和反思过去五年中国参与全球经济治理的重大事件，直面当前全球治理环境的历史机遇和严峻挑战，展望未来我国将扮演的全球负责任大国、开放型经济大国、推动全球共享发展和包容发展的大国的前景，提升我国参与和引领全球经济治理能力，具有十分重大的理论价值和现实意义。

一、我国参与全球经济治理取得的成就

我国在积极参与和引领全球治理变革，所取得的成就是全方位的、开创性的，所推动的变革是深层次的、根本性的。

一是推动与构建基于包容的全球化相一致的全球治理体系。全球化造就了相互依存的“地球村”，然而，基于西方规则推动的全球化，并没有建立适应于“地球村”的全球治理体系，因此出现了“逆全球化”的新趋势。习近平总书记曾指出，全球治理供给不足被形象地称为“全球治理赤字”，

如何消除这种赤字，是全球治理的一大难题。全球治理长期由少数发达国家主导，不能体现广大发展中国家的诉求与全球经济格局的变化。如何推动全球治理民主化，是全球治理的第二大难题。如何解决“发展缺位”问题，是全球治理的第三大难题。过去五年，中国在推动全球治理改革做出了历史性贡献。如我国以 G20 为平台的全球治理新机制开始重塑全球化，既引入“和而不同”包容的中国智慧，引入共商共建共享的中国方案，引入平等、开放、合作、共享的中国治理观，进一步补充和完善现有的基于西方规则的国际秩序和规则体系。既反映发达国家的利益诉求，也平衡公正合理地反映新兴市场和发展中国家的利益诉求。真正构建基于和平、合作和发展规则的，尊重不同社会和政治制度、不同宗教和文化、不同发展阶段和具体国情的，不对抗不冲突、相互尊重、互利共赢的全球新型合作伙伴关系。解决全球化中收入分配差距扩大，一部分人受益，一部分人受损的不平衡发展问题。

二是“一带一路”将成为完善全球治理体系改革的主动作为和最佳实践。当前全球产能严重过剩，而“一带一路”沿线严重短缺；全球流动性严重过剩，而“一带一路”沿线严重短缺；全球经济福利严重过剩，而“一带一路”沿线严重短缺。如何把全球严重过剩的产能、流动性和经济福利通过全方位国际合作，转移到严重短缺的“一带一路”相关国家和地区，实现共商共建共享。习总书记指出，产能合作是把我国的技术、资金、管理和沿线市场需求、劳动力、资源等要素结合起来。依托项目群、产业链、经济区，在贸易、投资、技术、标准等形成利益共享、风险共担、理念相同的共同体。在“一带一路”沿线构建利益共享、风险共担、理念相同的共同体是一个重大的制度创新，它将有助于形成优势互补、合作互动、互利共赢的人类命运共同体。

三是建立和完善金砖机制，完善有效开放、基于规则、有利发展的多边国际经济秩序。习近平总书记指出，“全球经济治理体系必须反映世界经济格局的深刻变化，增加新兴市场国家和发展中国家的代表性和发言权”。当前，全球经济治理存在“平等”与“对等”两种不同的观念和政策。坚持“平等”的倡议和行动，如许多新兴市场学者说，“一带一路”太好了，它是一个以平等为基础，主导共商共建共享的倡议，它从中国倡议变成我们的共同倡议。另一种是坚持“对等”的倡议和行动。如要求新兴市场采取“对等”的负面清单管理和市场准入措施；要求重新谈判联合国气候变化公约确定的“共同但有区别的责任”原则。李克强总理说，平等不是对等，对外开放不可能完全对等。得道多助、失道寡助，构建了不断扩大的新兴国家和发展中国家朋友圈，建立国际最广泛统一战线，和发达国家一道，共同推动经济世界强劲、平衡、可持续和包容性发展。

二、我国发展仍处于危中有机的国际治理环境中

习总书记在十九大报告中，对当前全球治理的国际环境和我国所处的历史阶段做出了重要判断。一方面，国内外形势正在发生深刻复杂变化，我国发展仍处于重要战略机遇期，前景十分光明，挑战也十分严峻。另一方面，我国仍处于并将长期处于社会主义初级阶段的基本国情没有变，我国是世界最大发展中国家的国际地位没有变。在这种形势中，要充分认识当前全球治理环境的复杂性和艰巨性，把握世界发展大势，从国际和国内两个层面上主动做好转危为机的工作。

一是逆全球化趋势可能带来20年左右的全球不确定性，如何转危为机对中国既是机遇也是挑战。类似的历史阶段曾发生过20世纪20年代和30年代的“大萧条”和两次世界大战，发生过70年代和80年代的“滞胀”、布雷顿森林体系破产和两次世界性石油危机。目前全球性保护主义、民粹主义、孤立主义抬头，地缘政治冲突和竞争加剧，各种“黑天鹅”“灰犀

牛”的不确定性随时可能发生。在这种形势下，“中国要始终做世界和平的建设者、全球发展的贡献者、国际秩序的维护者”，为推动改善全球治理的国际合作做出应有贡献，是十分重要的。

二是全球性新工业革命如何带动全球劳动生产率增长加速对中国既是机遇也是挑战。2008 年国际金融危机以来，新一轮产业革命如火如荼，同时，全球生产率却明显减速，不但增速低于历史均值，而且持续时间较长。从短期看，生产率减速拖累了全球 GDP 增速，但更重要的是，全球生产率减速是一种长期趋势，降低全球经济中长期的增长水平。如国际清算银行以 2000—2005 年年均全球劳动生产率为基准，2015 年全球生产率为基准七成，发达经济体是基准 33%；新兴经济体是基准 84%。劳动生产率变化，一方面与技术进步有关，它可以用全要素生产率 TFP 反映，另一方面也与劳动者素质、人均资本存量等有关，它可以用劳动生产率与 TFP 的差额反映。全球劳动生产率减速主要由 TFP 减速导致。影响劳动生产率的人均资本存量、受教育水平等因素仍稳步增长，对劳动生产率增长有较大的正向贡献。

三是全球经济治理存在向何处去的困境对中国既是机遇也是挑战。G20 杭州峰会留下了深刻的“中国印记”，包括“六个首次”：首次全面阐释我国的全球经济治理观；首次把创新作为核心成果；首次把发展议题置于全球宏观政策协调的突出位置；首次形成全球多边投资规则框架；首次发布气候变化问题主席声明；首次把“绿色金融”列入二十国集团议程。要解决全球治理改革的未来，其一需要建立“基于公平”的共商共建共享合作机制。处理好包容性、共享性、公平性发展问题，推进绿色、开放、普惠、包容、共享的跨境贸易、投资、金融、产业合作。其二需要制定“基于创新”的增长蓝图。解决好实体与虚拟、金融和创新、资源开发和非资源产业、人力和社会资本与物质资本之间平衡发展的问题。其三需要建立“基于发展”的战略支点，统筹协调好增长与发展之间的关系，实现有增长有发展有共享的创新、协调、绿色、开放、共享发展。

三、新时代提升我国参与全球治理能力面临新机遇

党的十八大提出了“两个一百年”的奋斗目标，即2020年全面建成小康社会，2050年建成富强民主文明和谐美丽的社会主义现代化国家，实现中华民族伟大复兴。十九大报告提出了三个重要时期，一是2020年是全面建成小康社会的决胜期；二是2020—2035年，基本实现中国特色社会主义现代化；三是2035—2050年，再奋斗十五年，把我国建成富强民主文明和谐美丽的社会主义现代化强国。中国特色社会主义进入新时代，中华民族迎来了从站起来、富起来到强起来的伟大飞跃，如何全面提升我国参与全球经济治理能力，做全球负责任大国、开放经济大国、推动全球共享和包容性发展的引领性大国，是确保上述目标实现的关键环节。

一是我国将逐步成为全球负责任大国。这里的“大国”不是人口多少或面积大小，也不是经济规模大小或人均收入高低，而是创造和维护“和平的国际环境和稳定的国际秩序”的能力。习总书记指出，全球治理的重点，是共同构建公正高效的全球金融治理格局，维护世界经济稳定大局；共同构建开放透明的全球贸易和投资治理格局，巩固多边贸易体制，释放全球经贸投资合作潜力；共同构建绿色低碳的全球能源治理格局，推动全球绿色发展合作；共同构建包容联动的全球发展治理格局，以落实联合国2030年可持续发展议程为目标，共同增进全人类福祉，其核心词是合作。然而，目前存在两种截然不同的合作观。一种是顺我者昌、逆我者亡，大国间关系只有零和博弈。另一种是“和而不同”的包容，大国间关系可以有超越零和博弈构建新型合作关系。我国积极推动后者，以合作而不是对抗，推动全球治理改革。

二是我国将逐步成为全球开放型经济大国。“开放型经济大国”一般具有三种能力：第一，全球市场的领导者或主导者。“大国”对全球市场有很强的合成议价能力，在全球市场上具有价格风向标和价格决定者的地位。如果不具有全球定价权，无论其在全球市场上所占份额有多大，也只能算成“小国”。第二，全球经贸规则的领导者或主导者。“大国”对全球经贸规则拥有决定权或主导权，在规则谈判中，有举足轻重的控制力和影响力。如果一国经济规模很大，却没有全球经贸规则制定、修订的主导权和影响力，那么，也只能是个“大块头”的追随者和规则的接受者。第三，全球经贸调整责任的承担者和领导者。当世界经济或国际市场上出现了大的周期性或结构性波动，就需要有“大国”出来承担调整失衡的责任，维持全球经济相对均衡和市场价格基本稳定。如果大国始终是顺周期的追随者和全球责任的推卸者，再大也是小国作用。

三是我国将逐步成为全球经济强劲、平衡、可持续和包容发展的重要推动大国。当前，世界经济发展缺需求、缺动力、缺合作。在全球产能严重过剩的形势下，贸易、投资、金融和技术保护主义和民族主义上升正在加剧全球不确定性风险。对此，习总书记在十九大报告中指出，我国倡导构建人类命运共同体，促进全球治理体系变革。中国带头推动同舟共济而不要以邻为壑，推动相互协调而不是孤立主义，推动牢牢把握发展实体经济这一坚实基础，防范金融系统性风险蔓延。习总书记说，中国特色社会主义的不断发展，将拓展发展中国家走向现代化的途径，给世界上那些既希望加快发展又希望保持自身独立性的国家和民族提供了全新选择，为解决人类问题贡献了中国智慧和中国方案。“实现中国梦离不开和平的国际环境和稳定的国际秩序”，世界命运握在各国人民手中，人类前途系于各国人民的抉择。中国人民愿同各国人民一道，推动人类命运共同体建设，共同创造人类的美好未来！

逆全球化对中国经济的影响

唐少清　北京联合大学管理学院副院长

“逆全球化”对于积极倡导“全球化”，主张构建“包容性”发展的中国而言，无疑是一次重大挑战，但更是一次难得的历史性机遇。中国需要推动新一轮全球化，以全球价值链重塑为契机全面提升国家的产业结构竞争力，也需要更好地贡献全球治理理念和治理规则这样的“公共产品”来创造新的全球化净收益。

一、加强“逆全球化”研究，做好前期准备

加强对“逆全球化”的研究，防范反全球化运动和西方理论思潮对我国可能存在的不良影响。“逆全球化”也有其肯定性价值，它对全球化中诸种不合理性现象的批判，实质上内含对全球化秩序性合理性的需求。加强对“逆全球化”进行全方位研究，注意从反全球化的抗议浪潮中倾听合理的呼声和有益建议。

趋利避害，把全球化与“逆全球化”运动的副作用降到最小。全球化中的问题要靠进一步全球化才能解决，由于全球化对民族国家界限的冲击，一些西方发达国家极易向别国输出危机，或借金融全球化来掠夺其他国家的发展成果，发展中国家多年辛苦劳动取得的成就在全球化浪潮中可能毁

于一旦。我们唯有实施避险求强、趋利避害的对策，全方位牢固地构筑起中国的国防安全、经济安全、科技安全、社会安全与文化安全体系网，不断增强国家各方面的创新能力，才能在全球化潮流中从容抓住机遇快速发展，在全球化的角逐与竞争中掌握主动权，从而使全球化与“逆全球化”运动对我国的负面效应降到最低。

二、推进供给侧结构性改革，寻找经济增长的新动力

自贸区建设、“一带一路”建设将为我国出口提供新的发展空间，供给侧结构性改革将为我国贸易结构升级提供动力；“大众创业、万众创新”，国家大力支持企业创新，这些创新企业将在品牌、技术、质量、服务等领域创造外贸竞争新优势，提供发展的新动力。要积极开展南南合作，为推动建立公正合理的国际新秩序做出榜样和贡献。随着综合国力和承担国际义务能力的不断增强，我国应继续把所有国家“共赢”作为全球化下合作追求的目标，真诚而积极地与发展中国家开展经济技术的交流与合作，逐步改变不公正不合理的国际旧秩序，将全球化引到公正合理的轨道上来，尽可能降低全球化的负面影响，进而减少“逆全球化”生成的土壤，使经济全球化达到共赢和共存的目的。

三、“逆全球化”的中国方案

当前，世界经济复苏乏力，困难和风险增加，加之难民潮、地区冲突等国际安全问题和收入差距扩大、失业等经济社会问题，国际上出现了质疑甚至反对全球化的声音和行为。但是，经济全球化是不可逆转的世界发展潮流，不能因经济全球化带来的问题，就否定经济全球化。习近平总书

记在2017年1月达沃斯世界经济论坛的主旨演讲中提到“要主动作为、适度管理，让经济全球化的正面效应更多释放出来……坚持互利共赢的开放战略，不断提升发展的内外联动性，在实现自身发展的同时更多惠及其他国家和人民”。

中国利用自己在地区及世界性经济组织中的影响以及联合国这一国际舞台，积极参与“引导”和“管理”全球化进程，使其朝着公平、人道、包容和可持续发展的方向发展，中国有责任、有义务贡献“逆全球化”的中国方案。虽然经济全球化面临着各种困难和问题，但中国作为全球第二大经济体，已经通过“一带一路”倡议的顺利开展，愿意和世界各国一道，携手努力、同舟共济、共渡难关。可以说，“一带一路”倡议既是中国为逆全球化开出的一剂良方，也是为全方位、多层次的国际经济合作搭建的一个崭新平台，是参与全球治理体系变革的中国行动。“一带一路”助力实现更包容普惠的全球化，也是应对“逆全球化”的中国方案。

四、中国加强与发达国家合作，融入全球价值链

各国产业结构的关联性和依存度大大提高，一国产业结构必须在与其他国家产业结构互联互动中进行，在互利共赢中实现动态调整和升级，也因此才能获得资源整合、要素配置效率和全要素生产率的提高所带来的全球共同发展的红利。中国作为全球价值链的重要环节，以及全球最大的中间品贸易大国对全球贸易存在巨大的贸易创造效应，这意味着中国不但没有压缩，反而给其他经济体创造了更多的贸易机会。从全球最大的出口国跃居为世界最大的贸易国，中国既是贸易自由化与投资便利化的参与者与受益者，更是贸易全球化的直接推动者。据IMF发布的数据，从2009年至2015年，中国对全球经济增长的贡献率每年都在25%以上，而且中国出口

占全球的份额已经上升至13.8%。有欧美主要发达国家参与的全球化进程是超乎想象和备受期待的，中欧、中美可以合作的领域十分广泛。我们应当通过开展与欧美发达国家的政治、经贸合作战略对话，维护全球化的良好秩序环境和稳定发展态势[①]。

五、迎接第四次产业革命，积极推进包容性全球化

“逆全球化”是现象而非本质，积极推进包容性全球化。随着人工智能、物联网等代表的第四次工业革命的产生，必将带来新变化、新趋势。第四次工业革命带来的七个趋势：第一，可能既加速全球化，又分割全球化。第二，世界贸易的规则将相应发生重大变化。第三，跨境投资增长的主要指标不仅是规模和金额，更是技术等无形资产投资。第四，传统跨国公司面临全球全要素的重新布局和配置。第五，人工智能、机器人和无人驾驶等技术的广泛应用，既产生新的就业，又将带来众多失业。第六，各国之间、一国内部不同群体之间收益差距将进一步拉大。第七，支持第四次工业革命的金融创新将层出不穷，大规模工业革命将带来世界资本市场的巨大发展，从而带来新的全球金融风险。中国应承担起大国责任，抓住第四次产业革命的历史机遇，参与主导国际规则制定，利用好G20、WTO、“一带一路”和RCEP为代表的对外自贸区四个舞台；提出推动包容性全球化口号，坚定不移全面深化改革，积极推进包括构建对外开放新体制，以及“一带一路”“亚太自贸区”等在内的全球化进程。

---

① 黄建忠：全球化“逆袭”、新民粹主义泛滥与大国的战略定力，载《福建商学院学报》，福州，2017，第1期。

六、中国实施“一带一路”，推动新一轮全球化发展

未来中国应该在全球化格局中处于何种位置，应该扮演何种角色，不仅将决定中国自身的发展，也势必影响未来全球化的走向。“一带一路”建设推动经济全球化进程更有活力、更加包容、更可持续。作为世界最大发展中国家，中国正从经济全球化的参与者转变为贡献者和引领者，为国际社会提供更多公共产品，努力推动经济全球化进程更有活力、更加包容、更可持续。

1. 提出了新一轮经济全球化健康发展所秉持的核心思想和实施路径。“一带一路”建设提出了经济全球化健康发展应秉持的核心思想：合作共赢。它植根于和平合作、开放包容、互学互鉴、互利共赢的丝路精神，秉持共商、共建、共享的基本原则，合作共赢是其最鲜明的特色。它提出了“三个共同体”的新理念，即共同打造政治互信、经济融合、文化包容的利益共同体、命运共同体和责任共同体。“三个共同体”的新理念植根于源远流长的中华文明和改革开放的中国特色社会主义建设实践，以责任共担、利益共享为基本原则，契合世界各国人民求和平、谋发展、促合作、要进步的真诚愿望和崇高追求。它提出了政策沟通、设施联通、贸易畅通、资金融通、民心相通的“五通”实施路径，促进各国实现联动增长、走向共同繁荣，推动经济全球化健康发展，“五通”成为21世纪联系亚非欧及世界各国的开放共赢的新合作模式。“一带一路”建设的核心思想、命运共同体理念和“五通”实施路径，有助于消解经济全球化的负面影响，让它更好惠及各个国家、各类人群。

2. 破解全球发展不平衡和不平等问题。经济全球化遇到波折，最直接的触发因素就是发展的不平衡和分配的不平等。过去，一些发展中国家因

为缺乏科技、运输等条件未能纳入全球价值链，成为“贫困的死角”。“一带一路”建设通过基础设施互联互通推进贸易投资便利化，使这些发展中国家有机会搭上经济全球化的列车，参与到世界经济分工中来，提高工业化水平，并推动形成更高效的全球产业链、价值链、供应链，从而提升发展的公平性、有效性、协同性。“一带一路”建设促进参与国家和地区在基础设施、制造业、服务业、能源资源等多个领域开展广泛合作，形成多种形式的经济合作圈，实施多种形式的自由贸易政策，逐步形成自由贸易区网络，促进区域经济一体化，实现发展空间更平衡和收入分配更平等。2016 年，中国与“一带一路”沿线国家进出口总额达到 6.3 万亿元人民币，增速超过我国对外贸易的总体增速；我国对“一带一路”沿线国家直接投资达到 145 亿美元。

3. 推动完善全球经济治理机制。当今世界，国际经济力量对比发生深刻变化，全球产业布局正在深刻调整，全球金融市场仍存在较大的风险隐患，但全球治理体系、贸易投资规则以及全球金融治理机制变革明显滞后，机制封闭化、规则碎片化的问题十分突出，难以适应新需求、解决新问题，这严重阻碍了经济全球化的健康发展。特别是 2008 年国际金融危机以来，发达国家主导的全球经济治理机制作用在减弱，而“一带一路”建设在推动全球经济治理变革中的作用不断上升。“一带一路”建设不是要替代现有地区合作机制和倡议，而是对现有全球经济治理机制的补充与完善，致力于推动沿线国家和地区实现发展战略相互对接、发展政策充分沟通，促进贸易投资、市场准入、海关监管等方面的制度相互兼容，从而实现优势互补，提升产能合作的效率，提升贸易投资自由化、便利化水平。“一带一路”建设让新兴市场国家和发展中国家有更多机会参与到全球经济治理中来，推动国际秩序朝着更加公正合理的方向发展，继续提升新兴市场国家和发展中国家的代表性和发言权。

中国对“一带一路”新兴经济体的投资布局

张述存　山东社会科学院院长

在全球经济增长乏力、世界经济格局深度调整的背景下，新兴经济体作为代表快速发展的经济群体，在国际经济中占据越来越重要的位置。但是，新兴经济体的经济增长仍表现出许多不确定性，国际资本大规模流出、国际原材料与能源价格动荡以及自身经济的系统性风险等因素随时可能成为击垮新兴经济体的导火索。全球经济需要新的增长动力，新兴经济体也需要稳定的国内外经济发展环境，各国正探索新的国际经济合作模式。“一带一路”倡议正是在这种国际经济环境下形成的。“一带一路”建设将增强中国与周边新兴经济体之间的经贸往来，在共建中形成合作伙伴关系。其中，对外投资合作是深化“一带一路”沿线经贸合作的重要方式。自 2000 年提出走出去战略以后，中国以迅猛的发展速度成为世界重要的对外直接投资流出国，而优化中国对外直接投资的空间布局，成为当前“走出去”战略深入推进的必然路径选择。结合“一带一路”倡议，根据沿线新兴经济体的差异性与不同发展诉求，优化中国对外直接投资空间布局，将助推中国与“一带一路”沿线新兴经济体合作走向成熟，促进中国对外投资均衡健康发展。

一、中国对“一带一路”主要新兴经济体投资布局现状

近年来，中国在“一带一路”沿线国家和地区的投资发展迅速，在中国对外投资总量中的比重不断提高。其中，对俄罗斯、土耳其、印度、印度尼西亚、沙特阿拉伯等沿线新兴经济体的投资表现出差异化特征。

1. 中国在“一带一路”沿线投资布局现状

“一带一路”是一个开放包容的倡议，并没有明确界定地域国别范围。但为了研究需要，我们将其界定为相对公认的 64 个国家。根据各国的地理位置和经济发展特征，可以将这 64 个国家大体分为东南亚、南亚、中亚、西亚北非、中东欧及蒙俄地区六个区域。“一带一路”沿线 64 个国家的人口总量 30.8 亿，约占全球总人口的 44%；GDP 总规模达到 12.8 万亿美元，占全球经济总量的 17%。2015 年，中国对“一带一路”沿线 64 国直接投资流量达到 189.3 亿美元，占当年对外直接投资总流量的 13%，同比增长 38.6%，是中国在全球投资增速的 2 倍。

随着近年来中国不断深化与周边国家的互利合作，特别是推进与“一带一路”沿线国家的基础设施互联互通建设，中国在“一带一路”沿线的直接投资快速增长，投资存量由 2003 年末的 13.2 亿美元增长到 2015 年末的 1156.8 亿美元，占中国对外直接投资总存量的比重也由 2003 年末的 3.97% 提高到 2015 年末的 10.54%。从“一带一路”沿线内部的区域分布来看，东南亚地区是吸引中国投资最多的区域，占据了半壁江山；南亚、中亚、西亚北非和蒙俄地区吸收的中国投资大体相当，比重均在 10% 左右，而中东欧地区吸收的中国直接投资最少，比重不足 3%。从国家层面来看，中国对“一带一路”沿线的直接投资主要集中在新加坡、俄罗斯、印度尼

西亚、哈萨克斯坦等国家（见图 1）；其中，新加坡吸收中国直接投资的存量规模占到“一带一路”沿线的 22.3%。

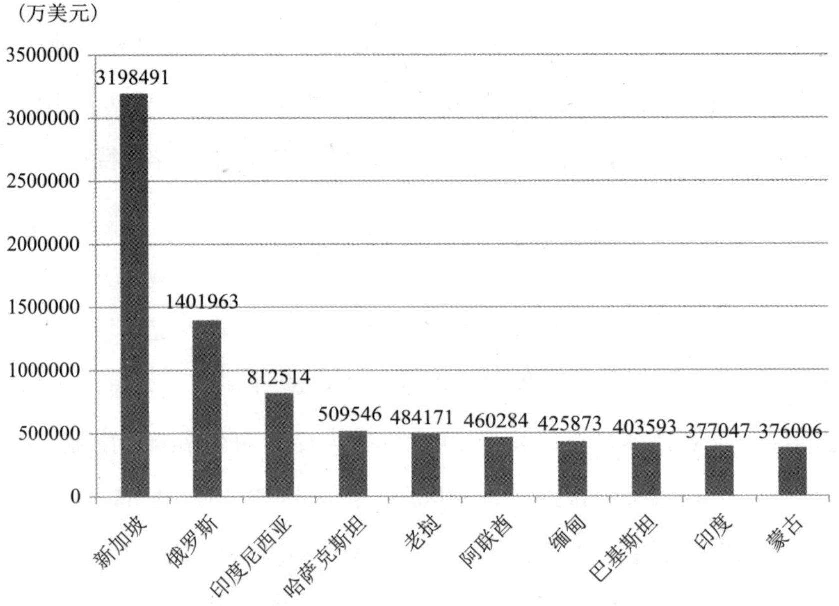

图 1：2015 年末中国对“一带一路”沿线直接投资存量前 10 位国家

2. 中国对“一带一路”主要新兴经济体投资现状

新兴经济体，是指某一国家或地区经济蓬勃发展，成为新兴的经济实体。新兴经济体的标准目前并没有一个准确的界定，一些学者将其与“发展中国家”等定义一样作为一个泛称。英国《经济学家》将新兴经济体分成两个梯队：第一梯队为中国、巴西、印度和俄罗斯，也称“金砖四国”；第二梯队包括墨西哥、韩国、南非、波兰、土耳其、埃及等“新钻”国家。美银美林集团自 2009 年开始发布全球新兴经济体排行榜，2016 年排名前 10 位的国家是：韩国、俄罗斯、中国、印度、印度尼西亚、波兰、墨西哥、巴西、土耳其、南非。2010 年，博鳌亚洲论坛首次提出 E11（新兴经济体 11 国）概念，即 G20（二十国集团）中的 11 个新兴经济体，包括：阿根廷、巴西、中国、印度、印度尼西亚、韩国、墨西哥、俄罗斯、沙特阿拉伯、南非、土耳其。其中，涉及“一带一路”沿线的有俄罗斯、土耳其、印度、印度尼西亚、沙特阿拉伯，本文就以这五个国家为分析重点。

表1：2011—2015年中国对“一带一路”主要新兴经济体直接投资流量

单位：万美元

	2011年	2012年	2013年	2014年	2015年	2015年底存量
俄罗斯	71581	78462	102225	63356	296086	1401963
土耳其	1350	10895	17855	10497	62831	132884
印度	18008	27681	14857	31718	70525	377047
印度尼西亚	59219	136129	156338	127198	145057	812514
沙特阿拉伯	12256	15367	47882	18430	40479	243439

数据来源：根据《2015 年度中国对外直接投资统计公报》相关数据得出。

（1）俄罗斯。俄罗斯是“一带一路”沿线除新加坡外吸收中国投资最多的国家，2015 年的投资流量为 29.6 亿美元，年均增速达到 46.4%。其中，2015 年比 2014 年增长 367.3%，占中国对外投资流量总额的 2%，占对欧洲投资流量的 41.6%，占对“一带一路”沿线投资流量的 15.6%。中国对俄直接投资存量从 2003 年末的 6164 万美元增加到 2015 年末的 140.2 亿美元，占中国对外直接投资存量的 1.3%，占对欧洲地区投资存量的 16.8%，占对“一带一路”沿线投资存量的 12.1%。截至 2015 年末，中国共在俄罗斯设立境外企业 1000 多家，雇用外方员工 4.1 万人。从存量的主要行业分布情况看，中国对俄投资主要集中在采矿业（39.9%）、制造业（22.2%）、农林牧渔业（17.6%）、租赁和商务服务业（9.4%）等。可以预见，未来中国企业对俄罗斯直接投资还将有较大幅度增长，投资前景十分广阔。

（2）土耳其。中国对土耳其的直接投资规模较小，投资流量从 2003 年的153万美元增加到2015年的6.3亿美元，年均增速65.1%；2015年末投资存量为13.3亿美元。截至2015年末，拥有中国资本的土耳其公司超过600家，投资领域主要集中在制造业、矿产开发、基础建设等第二产业以及第三产业中的批发与零售等，近年来开始向农业、新能源、金融和电信等领域扩展，华为和中电光伏是中国企业在土耳其投资的成功案例。近年来，跨国并购逐渐成为中国对土耳其投资的重要方式，2015年工商银行斥资4.5亿美元收购了土耳其纺织银行，中远太平洋、招商局国际及中投海外联合投资10亿美元收购了土耳其第三大集装箱码头，创造了对土耳其投资的新纪录。

（3）印度。印度是“一带一路”沿线吸收中国直接投资增速最快的地区之一，投资流量从2003年的15万美元增加到2015年的7.1亿美元，年均增速达到102%；投资存量从2003年末的96万美元增加到2015年末的37.7亿美元。中国在印投资主要涉及电力、钢铁、能源、汽车、通信设施等领域，其中超过半数的中国资本集中在印度的汽车领域。整体来看，中国对印度的直接投资总量仍然较小，2015年对印度投资流量仅占中国对亚洲投资流量总额的0.6%，占对“一带一路”沿线投资流量的3.7%；2015年末存量仅占中国对亚洲投资存量的0.5%，占对“一带一路”沿线投资存量的3.3%。作为与中国在地理上接近的大国，印度吸收的中国投资数量远远少于俄罗斯、印尼、哈萨克斯坦、老挝等其他相邻国家。应该说，同两国的经济总量与地缘优势相比，中国企业对印度的直接投资还处于阻滞和不健康的状态。

（4）印度尼西亚。中国对印尼的投资流量从2003年的2680万美元增加到2015年的14.5亿美元，年均增速达到39.5%；投资存量从2003年末的5426万美元增加到2015年末的81.3亿美元。截至2015年底，在印尼的中国企业（机构）超过700家，其中很大一部分企业集中于资源开发领域，包括石油、天然气和煤炭。中国油气企业对印尼的直接投资初期以海外并购为主，后期开始走向多元化，更加注重对油气资源的合作开发与深层开发，通过合资兴建炼油厂、油气储备库等方式进行直接投资。近年来，中国对印尼投资逐渐扩展到基础设施、制造业、金融、电信、农业、渔业、航运等领域。

（5）沙特阿拉伯。中国对沙特阿拉伯的投资流量从2003年的24万美元增加到2015年的40479万美元，年均增速达到85.7%；2015年末的投资存量为24.3亿美元。截至2015年末，中资企业在沙特阿拉伯注册的合资、合作、独资企业及分支机构有160多家，业务涉及石油、铁路、建筑、港口、电站、通信等多个领域。中国铁建集团承建的沙特阿拉伯第一条轻轨铁路——麦加轻轨铁路已于2010年通车，中国石化与沙特阿拉伯阿美共同投资100亿美元建设的中石化首个海外炼化项目已在沙特阿拉伯延布建成投产。总体来看，作为中东地区最大的国家，沙特阿拉伯吸收的中国投资规模偏小，存量仅相当于阿联酋吸收中国投资存量的一半，仍有很大的发展空间。

二、中国对“一带一路”新兴经济体投资布局优化的基本思路

“一带一路”沿线新兴经济体在产业结构、资源禀赋、发展规划等方面差异性较大，因此对其开展直接投资应制定差异化、针对性策略；再考虑到各国可能出现的各类投资风险，在投资区位的整体布局上应注意适度分散化。

1. 加强同俄罗斯的战略对接及资本密集型产业投资合作

“一带一路”沿线涉及的六大新兴经济体中，俄罗斯是丝绸之路经济带

北线途经的极具全球影响力的政治大国和军事大国，将扮演极其重要的串联角色。中国与俄罗斯互为最大邻国，具有得天独厚的地缘优势。俄罗斯近年来经济增长乏力（见表2），希望引进外来投资提振经济，中国应抓住这一机遇，加强同俄罗斯“欧亚经济联盟”的战略对接，积极扩大对其直接投资。与周边国家相比，俄罗斯在水、电、天然气和石油价格上具有成本优势，但劳动力平均工资较高。因此，俄罗斯优势产业集中为资本密集型产业，而其劳动密集型产业发展潜力相对较弱。中国企业应充分利用俄罗斯丰富的资源优势及其产业链发展潜力，投资俄罗斯油气、矿产、基础设施、机械制造等资本密集型产业。①俄罗斯国土广袤，但东西伯利亚等地区自然环境较为恶劣，对基础设施建设要求较高，而中国在铁路、公路、民航等基础设施建设方面积累了丰富经验，特别是高铁技术处于世界领先水平，青藏铁路建设的高寒问题经验非常适合俄罗斯寒冷地区的铁路建设；俄罗斯油气资源丰富，但目前生产技术相对落后，而中国的能源公司具有雄厚资金和技术实力，可以通过股权转让等形式进入俄罗斯油气开发、加工等领域；俄罗斯在航空工业、化学制药、高端设备制造等领域积累了丰富的经验和技术，但是由于资金缺乏导致潜力远未开发出来，这也应该是未来中国企业投资的重点领域。

2. 加强同土耳其交通、电力、文化旅游等领域的投资合作

土耳其横跨亚欧两洲，扼守古丝绸之路西端，基础设施完善，联通欧亚非三大市场，近年来经济持续增长（见表2）。同时，土耳其是OECD和G20成员，积极参与区域一体化和全球经济治理，对“一带一路”倡议表现出强烈的共建意愿，是中国“一带一路”倡议的重要合作伙伴。东西高

① 张晓涛，王淳：“一带一路”倡议下投资俄罗斯的产业选择与前景，载《海外投资与出口信贷》，北京，2017，第1期。

铁是贯穿土耳其东西全境的交通大动脉，土耳其目前正计划在现有线路之外建设替代的铁路线，这为中国对土耳其开展铁路投资带来了机会。[①]由中国企业参与建设的连接土耳其首都安卡拉和最大城市伊斯坦布尔的高速铁路二期工程已经通车，这是中国企业在境外修建的第一条高速铁路，展示了中国高铁企业的设备、技术、设计和施工能力，为未来中土高铁合作打下了良好基础。2023 年是土耳其共和国建国 100 周年，土政府提出了“土耳其 –2023”发展规划，其中计划建成 7500 公里的高速公路，10000 公里高速铁路，机场运力达到 4 亿人次，港口集装箱吞吐量达到 3200 万标准箱，因此交通基础设施仍是投资土耳其的首选领域之一。土耳其电力供需缺口较大，且电网老化严重，正加速发展煤电、水电、太阳能、风能、地热能、核电等。“土耳其 –2023”计划将全国总装机容量提高至 125000 兆瓦，可再生能源占比提高至 30%。随着土耳其人口增长和经济发展，能源是最具投资潜力的领域之一。土耳其拥有丰富的历史文化和自然景观，“土耳其 –2023”计划使旅客流量达到每年 5000 万人次，旅游收入 500 亿美元。随着游客数量和消费的增长，酒店、餐饮和特色旅游项目均将带来投资机会[②]，值得重点关注。

3. 加强同印度制造业、信息技术、基础设施等领域的投资合作

印度是丝绸之路经济带南线和 21 世纪海上丝绸之路的交汇国家，在中国的地缘政治和地缘经济战略中具有无可替代的重要作用。印度自 1991 年经济改革之后增长速度不断加快，近年来仍保持了较高速度的增长（见

① 高潮：“一带一路”建设中土耳其的投资机遇，载《中国对外贸易》，北京，2015，第 6 期。

② 阎彦：土耳其投资指南：四大板块重点关注，载《第一财经日报》，北京，2015–06–18。

表 2）。作为一个人口仅次于中国且经济正在崛起的发展中国家，印度不仅蕴藏着巨大的发展潜力，而且在经济结构与发展模式等方面也与中国具有明显的互补性，中印两国经济合作尤其是中国企业对印度的投资空间巨大。同个别国家针对“一带一路”倡议的消极甚至是敌视的态度相比，印度对中国提出的“孟中印缅经济走廊”计划表现出浓厚的兴趣，同时积极参与亚洲基础设施投资银行的组建工作。[①] 近年来，虽然印度以软件业为核心的高新技术产业发展很快，但其制造业基础比较薄弱。对制造业的发展而言，印度是继中国之后拥有人口红利最多的国家，预计到 2035 年，印度人口将达到 15 亿，劳动年龄人口比率约为 65%，将成为全球最大的人力资源库。2014 年，莫迪政府推出“印度制造”计划，力图将印度制造业比重提高到 25%，这也为中国企业对印投资提供了机遇。中国应发挥制造业优势，加大对印度制造业产业集群投资，设立中国工业园区和科技园区，形成制造业产业和科技研发产业链。总体来讲，中国应该正视印度谋求世界大国地位的愿望与诉求，努力化解分歧、增强互信，谋求将“一带一路”倡议与印度的“季风计划”和“香料之路”战略对接，加快建设孟中印缅经济走廊，重点考虑在印度开展信息技术、基础设施、高端制造等领域的投资。

4. 结合印尼“六大经济走廊”开展基础设施、海洋领域投资合作

印度尼西亚在丝绸之路经济带南线上，是东盟最大的经济体和人口第一大国，世界人口第四大国，也是中国在东盟地区最主要的贸易伙伴。印尼与中国经济发展水平相近，近几年经济增长稳定（见表 2），人均收入水平略低于中国，是中国产品在东南亚地区的重要目标市场。2011 年印尼政

① 李晓：“一带一路”战略实施中的“印度困局”——中国企业投资印度的困境与对策，载《国际经济评论》，北京，2015，第 5 期。

府颁布实施《2011—2025年经济发展总体规划》，重点发展“六大经济走廊”[①]，着力推动交通、通信、能源等大型基础设施项目建设，实现岛屿之间的互联互通，这带来了巨大的基础设施建设需求。同时，在印尼政府公布的5年（2015—2019）发展计划中，计划兴建49座大型水坝，开发24个现代化港口，新建15个机场，新增电力装机总量3500万千瓦。随着印尼良好的经济发展势头和大规模基础设施建设的开展，将极大拉动工程机械和水泥建材市场的需求，而中国的工程机械、建筑材料行业已经发展成为门类齐全、配套完备、面向国内国际市场的完整工业体系，生产技术水平接近或达到世界先进水平，具备承接印尼大规模基础设施建设的良好条件。因此，中国企业应结合印尼“六大经济走廊”建设重点开展基础设施领域投资。另外，作为两个海洋大国，中国的“21世纪海上丝绸之路”倡议和印尼的“全球海洋支点”战略，将推动海洋成为深化两国战略伙伴关系、拓展务实合作的“蓝色纽带”，海洋油气、海洋渔业、海洋交通运输、滨海旅游等将成为两国海洋经济合作的重要内容，为两国投资合作提供了发展机遇和空间。

5. 加强同沙特阿拉伯油气加工与运输管道等领域的投资合作

沙特阿拉伯是丝绸之路经济带和21世纪海上丝绸之路在中东地区的汇合点，是中东地区最大的经济体和消费市场，也是WTO、G20、OPEC成员，在阿拉伯世界、伊斯兰世界乃至全球都具有重要影响力。作为该地区名副其实的“石油王国”，沙特阿拉伯石油储量居世界首位，天然气储量居世界第四位，中沙能源合作可为“一带一路”倡议提供重要的能源支持。

---

① 包括：苏门答腊走廊（自然资源和能源）；爪哇走廊（服务和工业）；加里曼丹走廊（矿业和能源）；巴厘—努沙登加拉走廊（旅游、食品和农业）；苏拉威西走廊（农业、种植业、渔业和矿业）；巴布亚—马鲁古走廊（食品、能源和矿业）。

近年来，为提高原油产品出口附加值、应对美国页岩气革命、缓解因政治局势导致外来投资大幅减少的困境，沙特阿拉伯对外来相关领域投资持欢迎态度。从产业链条的互补性来看，沙特阿拉伯在资源勘探、开采等上游产业具有优势，而中国在加工、冶炼、运输等下游产业具有优势，这为中国石油企业到沙特阿拉伯开展炼油生产、管道建设、成品油运输等下游环节投资提供了机遇。在当前中国50%以上的原油进口来自中东，以及原油进口市场脆弱性不断提高的背景下，中国企业尤其是三大国家石油公司应进一步加大海外权益油、与原油贸易相关的管道建设、港口设施等领域投资。另外，沙特阿拉伯还存在着巨大的基础设施建设需求，沙特阿拉伯政府计划在2023年之前全面建成全国铁路网，因此这也是未来中国企业投资沙特阿拉伯的重点领域，通过开展基础设施建设合作，实现我国钢铁、水泥等优势富余产能的输出。

表2：2006—2016年“一带一路”沿线主要新兴经济体GDP增长率

单位：%

	俄罗斯	土耳其	印度	印度尼西亚	沙特阿拉伯
2006年	8.2	6.9	9.3	5.5	2.8
2007年	8.5	4.7	9.8	6.3	1.8
2008年	5.2	0.7	3.9	7.4	6.3
2009年	−7.8	−4.8	8.5	4.7	−2.1
2010年	4.5	9.2	10.3	6.4	4.8
2011年	4.0	8.8	6.6	6.2	10.0
2012年	3.5	2.1	5.6	6.0	5.4
2013年	1.3	4.2	6.6	5.6	2.7
2014年	0.7	3.0	7.2	5.0	3.6
2015年	−3.7	4.0	7.6	4.8	3.5
2016年	−0.6	3.3	6.6	4.9	1.4

数据来源：根据国际货币基金组织世界经济展望数据库（IMF-WEO）相关数据得出。

三、中国对“一带一路”新兴经济体投资布局优化的对策建议

从微观角度看，企业开展对外直接投资是其追求利润最大化、实现国际化发展战略的个体行为。从宏观角度看，在“一带一路”背景下，中国政府需要通过财税、金融等多种手段对“走出去”企业进行支持和引导，才能实现整体投资布局的优化。因此，在遵循布局优化基本思路的基础上，提出相关对策建议。

1. 探索建立双边投资合作机制和投资公共服务平台

目前，中国与俄罗斯、土耳其、印度、印尼、沙特阿拉伯等国家投资合作的主要磋商、协调和决策机制主要包括 G20 峰会、金砖国家峰会和领导人互访，虽然在促进相互投资合作方面成效显著，但是无法及时解决投资合作中出现的各种问题。未来，应努力与各国建立更加紧密更加规范的投资合作机制，在机制内协调双边投资政策，制订投资合作计划，加强对重大投资项目的全程监督和动态评估，促进双边投资合作顺利开展。在国家层面，要进一步完善领导人之间的会晤、经贸部长之间的对话机制等；在地方层面，地方政府之间可以通过合作备忘录等形式推进合作机制建设，或者建立投资合作协调员机制，协调双边之间人力资源流动、生产要素流动等；在民间层面，各类经济组织、商会之间可以通过举办投资博览会、投资交流会等方式探索投资合作新机制。企业在“一带一路”沿线开展对外投资，沿线国家对“一带一路”的认同差异、东道国政局动荡和战乱、宗教信仰冲突和民族本位主义，以及东道国经济波动导致的债务违约、项目泡沫化等风险均会对投资活动带来较大的不确定性。因此，应该加强对外投资公共服务平台和风险预警体系建设。商务部、金融机构、行业协会

等应充分发挥各自优势，为对外投资企业提供包含东道国法律法规、优惠政策、税收制度、雇佣规则、文化风俗等方面的信息，及时发布对外投资指南、对外投资环境评估报告和风险预警信息，帮助企业做出科学的投资决策。

2. 加快同土耳其、印尼、沙特阿拉伯等国家升级双边投资协定

双边投资协定（BIT）对于推动和保护中国企业对外直接投资的作用显著，特别是对于制度环境较差的国家，投资协定能有效弥补制度缺位，降低投资风险。目前，中国与俄罗斯、土耳其、印度、印尼、沙特阿拉伯五个国家均签订了双边投资协定，但是签订时间相对较早，特别是与土耳其、印尼、沙特阿拉伯的BIT分别于1990年、1994年、1996年签订，并分别于1994年、1995年和1997年生效。[①]目前来看，原有《投资协议》投资保护水平较低，其中对于外资准入的相关规定已经不能适应和满足中国与这些国家间投资合作的实践需要。原有《投资协议》虽然承诺相互给予对方投资企业最惠国待遇、国民待遇、公平与公正待遇，但当前形势下企业更为关切的“准入前国民待遇”缺失，导致其促进和保护相互投资的作用大打折扣。因此，中国政府应该以“准入前国民待遇”和“负面清单”管理为核心，尽快同这些国家开展《投资协议》升级谈判，进一步降低投资准入门槛并提高透明度，为中国企业开展对外直接投资创造良好环境。另外，原有《投资协议》主要涉及双边投资促进和便利化方面的规定，而没有投资风险防范方面的内容，一旦东道国发生战乱、违约等政治风险，投资企业很难从中寻求法律保护，因此未来的升级谈判也应关注这方面的内容，同时积极与这些国家签订司法协助、领事条约等双边协定，使中国对

---

① 俄罗斯和印度均于2006年与中国签订了BIT，并分别于2009年和2007年生效。2009年中国与东盟签署投资协定，印尼作为东盟成员国也参与其中。

外投资企业从制度层面上得到保障。

3. 推动重点国家的境外经贸合作区建设和功能创新

目前，我国在“一带一路”沿线主要新兴经济体中的俄罗斯和印度尼西亚均建有多家境外经贸合作区，其中在俄罗斯建设了乌苏里斯克经贸合作区、中俄托木斯克木材工贸合作区、中俄（滨海边疆区）农业产业合作区、俄罗斯龙跃林业经贸合作区等4家，在印尼建设了中国·印尼经贸合作区、中国印尼综合产业园区青山园区、中国·印尼聚龙农业产业合作区等3家，园区产业涉及轻工、家电、机械、电子、林业、农业等领域。未来，应加快在土耳其、印度、沙特阿拉伯等国家的境外经贸合作区建设，为我国对外投资企业特别是中小投资企业提供集聚平台。首先，目前多数境外经贸合作区的发展相对独立，同东道国当地的产业融合不足，实际上这些新兴经济体都具有实现快速发展的独特优势，国内存在很多成熟的产业集群，未来的境外经贸合作区建设可以考虑与这些产业集群进行深度合作，以真正融入当地产业体系当中。其次，应该进一步完善和创新现有经贸合作区的服务载体功能，有针对性地引入相关产业的上下游企业以及必要的投资咨询企业、金融物流企业、信息服务企业等，营造更好的投资环境。最后，要促进“一带一路”沿线国家不同境外经贸合作区之间的合作，充分利用各东道国比较优势，使分布在各地的境外经贸合作区成为我国与“一带一路”沿线国家构建区域生产网络的承接平台。

4. 完善海外投资保险制度保障投资企业资产安全

海外投资保险可以说是保护跨国投资最普遍且有效的保险机制，政府通过设立专门的境外投资保险机构，对本国企业的对外直接投资提供保障。在风险发生经受损失后，投资保险机构会代替投资企业向东道国政府实行

“代位索赔”，以保护本国投资企业的利益。海外投资保险可以帮助企业在风险发生前防范和规避风险，在风险发生后减小损失和获得补偿；通过保险制度的国别分析和风险管理，还能够协助企业在新的东道国或者风险较高的地区提高投资成功率，进而开拓国际市场。目前，我国的海外投资保险主要由中国出口信用保险公司负责承保，还处在摸索经营阶段，其承兑范围主要有政府征收、汇兑限制、战争、政府违约等。但是，现行的海外投资保险制度采用审批与经营合一的模式，即对投保项目的审批和承保均由中国出口信用保险公司负责，这有可能妨碍海外投资保险的商业化运作。因此，下一步应该推动海外投资保险审批机构与经营机构分离运作。在项目审批方面，充分发挥商务部、财政部、外交部等部门对海外投资的监管、引导、支持、协调等作用，完善投资保险体系；在险种设置方面，在现有几种国际通用的险种之外，还可以考虑增加营业中断险、并购限制险等险种，最大限度地保障中国对外投资企业的资产安全。

5. 加强国有企业海外投资的风险防控、动态监管和形象建设

与民营企业相比，国有企业的对外投资活动可能会承载更多的国家战略目标。也正因为背后拥有中国政府的支持，国有企业对外投资往往能够承受更大的风险。但是，国有企业的损失意味着国家资产的损失。因此与民营企业对外投资减少约束的要求不同，国有企业的海外投资和运营应该受到相对严格的监管。特别是那些投资到“一带一路”沿线国家中政治经济风险较高地区的项目，应进行严格的项目前期论证；在投资落地以后，应注重对项目运营的持续动态监管，完善境外财务制度，强化境外资产管理，提高项目从计划到实施再到运营全过程的专业化水平；对海外项目实行定期审查，及时查找和解决项目运营中存在的问题。重视国际化经营

组织架构和经营模式的创新，可以考虑聘请独立的机构或专家对海外投资项目进行风险预估和效果论证，推行海外投资的项目责任制。另外，针对“一带一路”沿线国家复杂的投资环境和舆论环境，中国企业特别是大型国有企业应当积极融入当地经济社会发展，更多雇用当地员工，不断淡化外资色彩；要树立公关意识，主动与东道国政府、当地社区建立沟通渠道，避免因突发事件给企业经营造成干扰，不断提升境外中国企业的形象；顺应各国生态发展和环境保护的诉求，将环境影响评价、协议保护机制、生态补偿和企业社会责任纳入其中，实现企业投资利益与东道国当地社会利益和环境利益的协调一致，推动中国与“一带一路”沿线国家实现包容性发展和互利共赢。

6. 扩大跨境人民币结算范围、规模和跨国企业融资渠道

目前，大多数中国企业的对外直接投资都以美元为结算货币，存在着双重汇兑风险。因此，通过扩大中国与“一带一路”沿线新兴经济体投资合作中人民币结算的规模和范围，可以有效降低汇兑风险，节约汇兑成本，并且避免可能引发的其他经济风险。目前，中国已经同俄罗斯、印尼、土耳其分别签署了 1500 亿元、1000 亿元和 120 亿元的货币互换协议，有效推动了中国与这些国家投资合作中的人民币结算。未来，应该进一步推动与“一带一路”沿线新兴经济体签订双边本币结算协议，或者进行协议的展期和续签，通过双方政府的努力共同拓展本币结算渠道，提高人民币的接受度，推进跨境人民币结算。对于面临融资难问题的对外投资企业，除了传统的银行借贷融资和股票、债券融资方式外，还可以帮助它们通过私募基金等方式获得境外的融资渠道，私募基金不但可以提供财务支持，而且可以参与设计投资并购方案，为企业海外投资提供有力支持。积极开发新型金融产品，如对外担保、混合贷款、丝路债券等，通过金融创新拓宽融资

渠道。另外，充分发挥丝路基金、亚洲基础设施投资银行、金砖国家开发银行、中国—东盟海上合作基金、上海合作组织银联体等金融机构和平台的作用，强化对“一带一路”沿线新兴经济体投资合作的战略设计，为对外投资企业特别是高质量项目提供资金支持。

新安全观：打造廉洁的“一带一路”

王志乐　北京新世纪跨国公司研究所所长

“一带一路”倡议最终需要真正落到企业的层面。我从跨国公司的角度来分析如何推动“一带一路”最后形成全面开放新格局。

十九大报告提出要推动形成全面开放新格局，要以“一带一路”建设为重点，坚持引进来走出去并重。“一带一路”是“引进来”与“走出去”并重，多边机制或双边机制，以及国家的资金可以推动基础设施建设。但是，真正要做好最后还是要落在企业上。十九大报告也提出了很多值得我们关注的说法。例如，十九大报告明确提出要促进我国产业迈向全球价值链中高端，针对企业，明确必须要培育具有全球竞争力的世界一流企业。针对企业家，提出要激发保护企业家精神，保护外商投资合法权益。

实际上，我们面临着很多挑战。比如，中央讲要引进来，但是，实际上最近的外资发展出现了一些不太有利的变化。比如，2005 年中国入世不久，美国、日本、德国的投资就占了中国引进外资总量的 15%。长期跟踪这些跨国公司的投资就会发现，他们的投资质量比较高，资金比较大，另外，技术含量也较高，管理也比较好。但是，最近几年急速下跌，三个国家的外资只占中国引进外资总量的 5%，而他们在中国投资仅占他们在全世界投资的 0.7%、2.5%、1.7%。所以，要打造全面开放的新格局怎么解决这一问题。按照中国企业联合会的统计，中国最大的 100 家跨国公司目前的跨国程度，也就是说他们在海外的投资资产、海外的人员，海外的销售，这三个海外的比例平均起来，2017 年的统计大概是 15%，但全世界最大的跨国公司跨国指数达到 67%，也就是说，中国企业走出去也面临挑战，我国企业海外经营的经验、能力确实存在问题。“一带一路”沿线国家也存在一定的投资风险，我们企业走出去，全球化的经验、全球化的能力还比较低。再回到中央对产业、企业的要求，就非常有针对性，而且点到了关键问题。我们怎么样把中国的产业迈向全球价值链的中高端，培育具有世界竞争力的一流企业？我想从这个角度谈几点看法。

要解决这个问题，首先我们应该积极创新跨国公司理论，按照传统的理论，跨国公司是发达国家对外扩张掠夺资源的工具，这个理论好像已经过时了。但是，国内有不少人认为，外资来得越多，对中国经济越是一种威胁。如果按照这种传统理论，我们就没有办法解释为什么中央在十九大报告里那么强调引进外资，而且重点放在市场准入。

从“冷战”结束以后，跨国公司正在转型为全球公司，他们有全球战略，其中核心点是从跨国经营走向全球经营，在全球吸纳资源、配置资源，打造全球价值链。这和中央文件里提到的推动中国的产业走向全球价值链的中高端具有密切关系。另一个变化是全球管制，他们强调全球责任、包括社会责任、环境责任和合规。经过 20 多年的发展，这些跨国公司全球化程度已经很高了。比如，全球最大的 100 家跨国公司，海外资产占总资产的比例达到 63%，海外销售占 64%，海外雇员占 57%，他们打造的产业甚至能影响引领全球的价值链。这种公司，当他们超过一半的资产在海外，一半的收入来自海外，一半的雇员在海外就业，他们和投资所在国就有了越来越多的利益交汇，从而形成了利益共同体。所以，促进全球公司的投资不仅有利于所在国经济发展，而且有助于增加投资所在国的国家安全。因此，如果按照传统的理论就不能解释现在的情况。

其次，我们要加快转变传统的思维观念。我们从投资输入国变为输出国。但是，我们现在很多思维还停留在当年的投资输入国的思维上，想着怎么防范外来国家。其实，投资输入帮助我们保护了国民待遇，如果我们换了这样的思维，就能够真正推动“走出去”战略，同时也能积极促进“引进来”。我们还要从传统民族工业思维上升到全球工业思维。十九大报告明确提出，要推动中国产业在全球价值链的中高端上发展。但是，过去我们很多人的思维，实际上还停留在传统的民族工业思维上，这种思维不是面向全球价值链发展的，而是面向国内价值链，甚至是面向省内价值链，这跟不上中央的思维。

最后，我们要从传统国家安全观上升到开放合作的新安全观。全球公司打造全球价值链，从而构建了与投资所在国的利益共同体，通过利益捆绑，从根本上有助于投资国与投资所在国加强国家安全。我们应该从传统的御敌于国门之外的安全观上升到通过开放合作的新安全观。我们要把负面影响在战术层面上加以解决，而不能动摇对外开放，努力促进外资增长。

推动“一带一路”更具包容性

司嘉丽　德国国际合作机构“一带一路”特使

2013 年 9 月和 10 月，习近平主席在出访中亚国家哈萨克斯坦和东南亚国家期间，提出了共建“丝绸之路经济带”和“21 世纪海上丝绸之路”（“一带一路”）的重大倡议，当这个消息传到欧洲的中心布鲁塞尔时，大家觉得这是一个振兴古老的“丝绸之路”的计划，能够为欧洲带来更多的投资和贸易，并且能够把欧亚大陆紧密地联系在一起。2015 年 4 月，中国发改委、外交部和商务部联合发布了《推动共建丝绸之路经济带和 21 世纪海上丝绸之路的愿景与行动》，我们第一次看到了“一带一路”的具体概念，对“一带一路”也有了一些初步的理解。

“一带一路”是“五通”工程

“一带一路”合作的范围有五大重点，即政策沟通、设施联通、贸易畅通、资金融通、民心相通。排在第一位的是政策的沟通以及基础设施的互联互通。有些欧洲人以为“一带一路”就只是建路、修桥，以为主要就是加强基础设施项目建设的联系。很显然，这种理解实际上很片面，忽略了“一带一路”的软性联系，比如贸易的畅通、资金的融通以及民心的相通等。要特别强调的是，民心相通就是把人们紧密联系在一起，把“一带一路”沿线国家和地区紧密联系在一起。

“一带一路”建设取得重要进展

目前，“一带一路”建设取得了重要的、具有里程碑式的进展。目前相关国家在“一带一路”框架下已经签署了120多个双边谅解备忘录或类似协议，包括双边跨境创业协议等，比如，中国和巴基斯坦协议、中国和哈萨克斯坦协议、中国和泰国协议等双边协议。总的来看，“一带一路”建设主要有以下两个方面的特点：第一，“一带一路”建设的双边协议占了比较大的内容，比如中巴经济走廊以及建设斯里兰卡港口等协议。第二，通过进出口银行、国家开发银行、私营企业等解决资金问题，进而保证双边合作项目的顺利开展。

总之，目前“一带一路”建设的合作机制已经更加宽广，不仅包括了双边合作机制，也包括了多边合作机制，但是多边合作计划还需更进一步增加和推动。

推动“一带一路”更具包容性

现在更重要的是，要推动“一带一路”建设变得更加具有包容性，就要保持思想的开放性，增加信息的透明度，通过信息的互享互通让欧洲政府和私营机构都可以更好地参与“一带一路”建设；要以多边的合作机制和模式来推进“一带一路”建设，最终构筑一个更加开放型的世界经济体系。在这方面，由中国倡议成立的亚洲基础设施投资银行（Asian Infrastructure Investment Bank，简称亚投行，AIIB）就是一个非常好的例子。2017年10月15日，阿富汗正式获得亚投行成员资格后，亚投行的总成员增至81个。德国政府也于2015年4月1日正式成为亚投行第31个意向创始成员国。亚投行不仅对“一带一路”项目进行融资，而且也在与世界银行、亚洲开发银行、欧洲复兴开发银行等其他国际组织间进行合作。

总之，“一带一路”不仅是一种双边合作机制，更是一个开放型的项目，需要一种包容性的机制，让所有国家都能够共同参与。我们需要在这方面继续做出努力，使得“一带一路”更具可持续性。

附　录

名家观点综述

一、中国经济转型升级及其对世界的影响

1. 进入新发展时代的中国经济转型

彭　森　全国人大财经委员会副主任委员

党的十九大开辟了中国特色社会主义建设的一个新的篇章、新的征程，为我们确立了一个新的指导思想，新的奋斗目标。同时为我们也确立了新的一个历史定位，就是在中国当前处于一个转型发展的过程中，处于一个大发展、大变革，大调整的历史新时期。

徐　林　国家发改委城市和小城镇发展中心主任

十九大提出了新的战略目标。第一是到 2035 年，要基本实现社会主义现代化，第二到 21 世纪中叶，2050 年建成富强民主文明和谐美丽的社会主义现代化强国，这个目标实际上将邓小平原来提出的到 21 世纪中叶基本实现现代化的目标，提前了 15 年。在新征程、新目标下，中国的发展要进行新的转型。

迟福林　中国（海南）改革发展研究院院长

十九大提出，中国进入发展新时代，社会主要矛盾发生历史性变化。面对人民日益增长的美好生活需要和不平衡不充分的发展之间的矛盾，需要推进经济转型升级，建设现代化经济体系，推动中国经济发展走上高质量、可持续的新路子。经过

近40年的改革发展，中国总体上进入工业化后期，经济转型升级呈现历史性特点。经济转型升级不仅决定增长速度，而且决定增长质量。新阶段的经济转型，主要目标是建设现代化经济体系，实现经济增长由高速向高质量的升级。

张军扩　国务院发展研究中心副主任

十九大报告提出，我国经济增长由高速增长阶段转向高质量发展阶段，这是一个重大的判断，也是我国进入新时代之后经济方面最重要的特征。中国经过近40年的改革开放，经济总量已经是全球第二，但是人均水平还处在一个中等偏上的水平。最大的短板已经不是在数量方面，不管是从制造品的数量，还是城市建设，还是居民的日常的吃穿住行用，数量都不太缺，短板就在于质量。我国要走向高收入发展，最关键的也是要提高质量。

戈梅兹　土耳其央行高级经济学家

中国数字经济呈现革命性的进展，对未来也会产生很重大的影响。例如，欧洲、美国20世纪90年代已经进行过电子货币的尝试，但是目前中国已经遥遥领先了。在电子支付的使用上，中国已经超越了欧洲。这表明，中国的经济是充满活力的。中国的社会主义，不光是解决了贫困、饥饿问题，同时也有非常强劲的增长，还实现了无现金的社会。中国提出“两个一百年”目标，从支付革命的迅猛发展来看，如果说同样的活力、同样的技术、同样的方法得到采用的话，这些目标是可以实现的。

迟福林　中国（海南）改革发展研究院院长

过去几年，在内外发展环境发生深刻复杂变化的背景下，中国经济总量从54万亿元人民币增长到80万亿元人民币，重要原因就在于经济转型与结构升级有明显进展。未来5～10年，产业结构、消费结构以及城镇化结构的变革和升级，仍将带来巨大的叠加效应，预计经济增速不会低于6%，对全球经济增长的贡献率将保持在30%左右。

2. 中国经济转型升级为经济全球化注入巨大正能量

范恒山　国家发改委副秘书长

中国经济增长对世界经济增长贡献率超过30%。十九大进一步提出要以供给侧结构性改革为主线，推动经济发展质量变革、效率变革、动力变革，提高全要素生产率，建设现代经济体系。已有的基础、新的举措和特有的市场容量、政府管理等优势，能够使未来中国经济长时期保持中高速增长，继续在世界主要国家中处于领先位置。除此以外，中国将为世界经济发展提供更多的投资、更多的优质产品与服务、更多的支撑平台与应用工具（如人民币国际化）、更多的合作与帮助，直接推动世界经济发展。这些必然使未来的中国在促进世界经济发展中发挥举足轻重的推动作用，并逐渐成为首要的、决定性的支撑力量。

唐施恩　印度驻广州总领事

中国从高增长到高质量增长，将使增长更加具有包容性。印度和中国，加起来有25亿人，如果“一带一路”能够把两个国家的消费中心连接起来，加起来就是5亿中等收入人群，这将会极大地促进消费。以民心相通为重点，促进25亿人之间的思想交流，不仅仅可以极大地促进创新，释放极大的创新潜能，这将会是史无前例的创举。

迟福林　中国（海南）改革发展研究院院长

中国建设现代化经济体系，就是要在经济转型升级的新趋势、新结构下形成新动能、新增长。例如：产业结构升级将不断倒逼并提高供给体系质量。初步估算，到 2020 年，中国服务业规模有可能从 2016 年的 38.4 万亿元人民币增加到 50 万亿元人民币左右，由此将显著优化经济结构，不断拓宽新的增长空间；消费结构升级将不断创造增长新动能。13 亿人消费潜力的释放，将形成一个巨大的新增市场。初步估算，到 2020 年，社会消费品零售总额有可能由 2016 年的 33 万亿元人民币扩大到 50 万亿元人民币左右。更重要的是，13 亿人的消费结构升级已经并将继续成为产业变革、新经济发展的重要动力。这对中国和全球来说，都是一个重大利好；城乡结构变革将释放农村大市场的潜能。未来 5 ~ 10 年，城乡一体化和城乡融合发展，将形成近百万亿元人民币的投资与消费需求，成为中长期发展的“最大红利”。

孙永福　商务部欧洲司原司长

欧盟连续十多年是中国的第一大贸易伙伴。2017 年的 1 月至 9 月，中欧双边贸易已经超过了 4500 亿美元，有 11.8% 的正增长。从投资的角度，欧盟对中国的投资，到 2017 年 9 月是 1180 多亿美元，而中国在欧盟的投资存量是 770 亿美元。然而，无论欧洲对美国的投资存量，还是美国对欧洲的投资存量都超过 2 万亿美元，所以中欧之间在投资方面，具有非常重大的发展潜力和机遇。目前，中欧服务贸易只占货物贸易的 1/8 左右，有巨大的发展潜力。中国的经济要向价值链的上端推进，欧盟跟中国有非常好的合作潜力。中国大概 1/4 的技术与欧盟有过合作。

3. 中国将为全球经济转型发展和全球经济治理变革注入新活力

司嘉丽　德国国际合作机构 G20 与“一带一路”特使

从十九大报告来看，中国新一届领导，不光是对中国的发展有远见，同时也对人类共同发展富有远见。他们强调的不光是中国的命运，而且是建立全球的利益共同体、人类的命运共同体。所以我们看到中国已经走向了世界舞台的中央，并且在全球范围内承担更多的责任，并且在实施 2030 年可持续发展议程中，都发挥着领导作用。中国在 G20 进程中，已经表现出了这样一种担当，我们看到中国设立了亚洲基础设施投资银行，并且在 G20 杭州峰会上也做了相关的承诺。中国的“一带一路”倡议，不仅仅关注贫困国家，比如中亚地区国家，而且还关注到东欧等被忽视的国家和地区。那么，如果这些落后地区能够参与“一带一路”建设的话，它们都将从中受益。

张燕生　中国国际经济交流中心首席研究员

十九大报告，提出了在逆全球化环境中，要构建开放型世界新格局，将为世界经济提供重要的动力，实现世界经济转危为机。构建开放型世界经济新格局，既是中国的梦，也是世界的梦。

土井俊范 日本财务省财务综合政策研究所所长

在2016年，中国政府推动了各种各样的经济干预政策，取得了非常好的溢出效果，提振了世界经济，促进了世界贸易的发展。中国目前是全球唯一有能力在使用财政政策和金融政策更大规模上促进经济发展的国家。从目前的情况看，全球再没有第二个国家有这样的能力了。

范恒山 国家发改委副秘书长

十九大报告把“坚持推动构建人类命运共同体”作为新时代坚持和发展中国特色社会主义的一个基本方略，并对“坚持和平发展道路、推动建设人类命运共同体”做出了部署。秉承为人类做出新的更大贡献的使命，借助“一带一路”建设等载体，随着自身经济实力、科技实力的快速跃升，中国将在引领推动构建人类命运共同体方面做出创造性的巨大的贡献。这包括：积极参与全球治理体系改革和建设，提升新兴经济体和发展中国家在处理国际事务中的话语权；加大对发展中国家特别是最不发达国家援助力度，促进缩小南北发展差距；支持推进多边贸易体制，促进自由贸易区建设，推动建设开放型经济；促进贸易和投资自由化便利化，推动经济全球化朝着更加开放、包容、普惠、平衡、共赢的方向发展。

普林斯鲁 南非国际事务研究所研究员

“一带一路”并不仅仅是通过丝绸之路到达埃及，还有一个更广阔的空间。它是一个开放的世界经济的组成部分。从非洲的角度来说，中国可以作为一个领导者的作用。我们希望用一种分享的心态参与到“一带一路”建设中。中国在过去的几十年中，已经成功地使数以亿计的人脱离了贫困，在这个过程中，积累了相当多的经验。在“一带一路”倡议中，中国不光是到非洲修建一些基础设施，还把技术能力留下来，不是建完就走。用中国的古话说，不光是“授人以鱼”，更是“授人以渔”，使非洲的能力得到提升，产业得到发展。

范恒山 国家发改委副秘书长

中国作为一个发展不平衡的发展中大国，几乎面临着世界上一切国家面临的问题和困难。十九大报告提出了决胜全面建成小康社会、开展全面建设社会主义现代化国家新征程的奋斗目标，同时也提出了实现奋斗目标的基本方略和重大举措。涉及经济、政治、法治、科技等各方面和体制、人才、政策、动力等各环节。依据中国制度的特殊力量，在未来的发展中，中国将在世界许多重大共性难题的解决上、在许多关键领域的发展上体现出比较优势和创新活力，从而因“后来居上”或“捷足先登”或“别具一格”成为排头兵和示范者。

二、深化供给侧结构性改革 建设现代化经济体系

1. 建设现代化经济体系成为新时代发展的战略目标

徐　林 国家发改委城市和小城镇发展中心主任

建设现代化经济体系是一个全新的政策表述，其主要内涵：一是坚持质量第一、效益优先，以供给侧结构性改革为主线，大力推动经济发展质量变革、效率变革、动力变革，提高全要素生产率；二是加快建设实体经济、科技创新、现代金融、人力资源协同发展的产业体系，这是第一次提出建立一个四个方

面协同发展的产业体系；三是着力构建市场机制有效、微观主体有活力、宏观调控有度的经济体制，不断增强经济创新力和竞争力。“宏观调控要有度”，也是十九大报告一个新提法。

迟福林　中国（海南）改革发展研究院院长

建设现代化经济体系的首要任务就是适应新时代社会主要矛盾变化，以供给侧结构性改革破解“有需求、缺供给”的突出矛盾，适应人民美好生活需要，不断提升产品与服务的供给水平，持续释放巨大内需增长潜力。

徐　林　国家发改委城市和小城镇发展中心主任

深化供给侧结构性改革是构建现代化经济体系的战略任务。这是针对中国经济供给侧存在的结构性矛盾提出的根本解决之道，未来几年将进一步深入推进。

范恒山　国家发改委副秘书长

十八大以来，基于经济发展进入新常态判断，中央采取了推进供给侧结构性改革等一系列重大举措，有效化解经济生活的突出矛盾和风险，夯实了经济持续稳定发展的基础和潜力。十九大提出深化供给侧结构性改革，重要的目的就是提高全要素生产率，建设现代化经济体系。

刘世锦　中国发展研究基金会副理事长

十九大报告对怎样建设现代化经济体系中系统论述，重点是推动三大变革。提出三大变革是有针对性的，是问题导向的。第一，质量变革。中国近40年的发展，速度很快，规模已经相当大，但是经济发展质量还不是很高。和发达国家相比，我们在很多细节上质量上不去，特别是一些制造业环节。第二，效率变革。当前我国还有不少低效率的地方，行政性垄断、经济泡沫、金融风险等问题，归根结底是一个效率不高的问题。第三，动力变革。从2012年开始，中国15～59岁的劳动力人口每年减少200万人左右，劳动力总数已经在减少，工资水平在上升。下一步要把过去劳动力规模优势转化为人力资本优势。因此，建设现代化经济体系，质量变革是主体，效率变革是主线，动力变革是基础。

魏加宁　国务院发展研究中心宏观经济研究部巡视员

建设现代化经济体系，关键在于转变发展方式，变成重消费、稳出口、低投入、低污染、高效率、高质量、包容性、可持续性的增长。首先，低投资就是要提高投资效率，不能像过去那样依靠投资规模扩张来拉动经济增长，其中重要方向就是要更多投向民营企业；其次，发展环境友好型产业，更加注重绿色的经济增长；最后，实现包容性增长，使得发展红利为全民所共享。

2. 以深化供给侧结构性改革推进产业结构调整

张军扩　国务院发展研究中心副主任

我国要推进建设现代化经济体系，深化供给侧结构性改革，最关键的还是要发展实体经济。

刘世锦　中国发展研究基金会副理事长

当前，讨论比较多的是实体经济，特别是关于制造业领域面临成本较高等问题。从总体上看，我国发展水平还比较低，这有资源禀赋的原因，但主要还是体制上的矛盾。比如，充分市场竞争机制还有待进一步完善，资源优化配置效率还需要进一步提高。以体制创新解决实体经济的问题，应该成为下一步供给侧结构性改革的重点。

迟福林　中国（海南）改革发展研究院院长

当前，经济转型升级的突出矛盾是重大结构性失衡，主要表现为实体经济结构性供需失衡、金融和实体经济失衡、房地产和实体经济失衡。深化供给侧结构性改革要聚焦振兴实体经济发力、聚力。

徐　林　国家发改委城市和小城镇发展中心主任

中国吸取国际金融危机的教训，明确把发展实体经济的着力点放在制造业上，加快推进由制造业大国向制造业强国转变；特别强调实体经济、科技创新、现代金融和人力资本之间的协同发展。这意味着中国将进一步强化科技创新对实体经济特别是先进制造业的支撑作用。

张军扩　国务院发展研究中心副主任

发展实体经济，最关键的还是制造业。“中国制造 2025”提出了很多发展方向，主要方向是推进智能化、精细化、绿色化、服务化、品牌化等，由此提升制造业的附加值。在促进传统产业转型升级的同时，新技术、新业态、新产品等方面的发展至关重要。中国在包括互联网、大数据、人工智能、共享经济等领域的发展潜力非常大，近些年发展也比较快。这是最近几年中国经济逐步企稳回升的一个重要因素。

曹远征　中银国际研究公司董事长

我国正处在新旧动能的转换过程当中，新业态、新技术和新产业正在形成。例如，全球机器人的 1/3 销售在中国，今年上半年中国工业机器人增长速度是 90%，不少传统制造业，包括海尔、美的等，都开始使用机器人进行智能制造。

刘世锦　中国发展研究基金会副理事长

服务业是我国经济下一步新的增长点和重点，要进一步扩大服务业对外开放，使经济保持一定的增长速度。

迟福林　中国（海南）改革发展研究院院长

我国产业结构正由工业主导向服务业主导转型，要以服务业市场开放为重点深化供给侧结构性改革，推动国内服务业市场开放与服务贸易开放的融合，做大做强服务业这个经济增长的“第一引擎”。

杜传忠 南开大学产业经济研究所所长

第四次工业革命为我国生产率提升提供了历史机遇。目前，我国通过互联网改造提升传统产业，以及在发展新产业、新业态、新模式方面已取得一定成效，通过互联网及新一代信息技术提升生产率表现出广阔的前景。

盛　毅 四川省社科院《经济体制改革》主编

在制造全球化迅速向服务全球化转变的重要时期，中国服务业结构调整的任务之一，就是以全球化的视野，主动适应服务业全球化的大趋势，促进服务业在更大力度上走出去，建立制造业与服务业协同参与国际分工的新格局。

徐　林 国家发改委城市和小城镇发展中心主任

企业家是推动供给侧结构性改革、振兴实体经济的主力军，企业家也是推动创新发展的主力军。中央将通过深化改革、完善制度，更好激发和保护企业家精神，稳定企业家的长期预期，支持企业家创新创业，使他们植根于中国经济的长期发展。

迟福林 中国（海南）改革发展研究院院长

要尽快形成保护企业家创新创业收益的制度安排，以激励和保护企业家精神，鼓励更多社会资本投身创新创业。

刘世锦　中国发展研究基金会副理事长

十九大报告中有两句话很重要：一是经济体制改革必须以完善产权制度和要素市场化配置为重点；二是激发和保护企业家精神。这传递出的信息，使社会、市场，尤其是企业家都看到，中国有一个清晰的长远发展目标；中国将坚持和完善社会主义市场经济体制，创造一个公平竞争的市场环境，保护产权，包括财产权、人身权、人格权。

3. 加快完善社会主义市场经济体制

迟福林　中国（海南）改革发展研究院院长

建议，要推动企业制度变革，加快产权保护制度化、法治化进程，以形成稳定扩大民间投资的良好制度预期。

徐　林　国家发改委城市和小城镇发展中心主任

加快完善社会主义市场经济体制。经济体制改革必须以完善产权制度和要素市场化配置为重点，实现产权有效激励、要素自由流动、价格反应灵活、竞争公平有序、企业优胜劣汰。例如，保护企业家精神，鼓励民营企业发展，这毫无疑问坚定了市场化改革方向，也是实现质量第一、效益优先的体制保障。

万劲松　国家发改委经济体制综合改革司副司长

完善产权制度、发挥产权有效激励作用，重点需要解决两个问题：一是多种产权情况下产权界定和配置。现代产权概念不仅包括经济领域，也包括知识产权、人力资本产权等各种无形产权，还有很多共有的产权等。二是产权内部多种权利关系的界定。比如国有企业委托代理管理链条长、环节多，容易产生主体虚置的问题，农村土地三权分置，集体所有权有可能出现空置和虚置的问题。

刘尚希　中国财政科学研究院院长

在国有自然资源产权上，应形成“一级所有权，两级产权”的中央地方产权结构，以此替代“国家所有，分级管理”的传统体制。一方面，通过构建两级产权上收地方基层政府实际拥有的财产权利；另一方面，建立有效的产权监管体制，把产权监管与行政监管分开，由不同的机构来承担。

刘世锦　中国发展研究基金会副理事长

要特别关注十九大报告提出的，“加快国有经济布局优化、结构调整、战略性重组，促进国有资产保值增值，推动国有资本做强做优做大，有效防止国有资产流失”。这次提“国有资本做强做优做大”，是对十八届三中全会提出“以管资本为主加强国有资产监管”的又一次提升。

徐　林　国家发改委城市和小城镇发展中心主任

十九大报告第一次提出了“推动国有资本做强做优做大”，而不再是原来所说的“国有企业做强做优做大”，具有深刻的含义。

迟福林　中国（海南）改革发展研究院院长

企业改革要按照加快“培育具有全球竞争力的世界一流企业”的目标，加快发展混合所有制经济；要按照“国有资本做强做优做大”的要求，改革国有资本授权经营体制。

常修泽　中国宏观经济研究院教授

完善产权制度是十九大报告的一个突出亮点。社会主义基本经济制度和市场经济结合，是混合所有制发展的理论支撑，发展混合所有制经济不会影响我国公有经济为主体的大局。

迟福林　中国（海南）改革发展研究院院长

优化营商环境是激发国内市场活力、振兴实体经济的重中之重。这就需要“打破行政性垄断，防止市场垄断”，“清理废除妨碍统一市场和公平竞争的各种规定和做法”。例如，要以服务业市场开放为重点，全面实施市场准入负面清单制度，在创新市场准入制度方面取得新突破；要破除服务业领域的行政性垄断和市场垄断，释放服务业发展的巨大潜力；要完善国家中小企业发展促进机制，形成维护中小企业发展的公平竞争市场环境；要进一步加大减税降费的力度，实质性降低企业的制度成本。

宋晓梧　中国经济改革研究基金会理事长

更好地发挥地方政府的作用，不仅要求政府弥补市场失灵，而且要求政府进一步培育生产要素市场，打破地方行政性市场分割，建设统一的社会主义市场经济体系。

匡贤明　中国（海南）改革发展研究院经济研究所所长

要以包容审慎为基础加快新经济监管的变革和创新，既不要轻易把新业态、新模式贴上垄断的标签，又要探索新的监管方式，包括大数据监管、平台监管、行业监管等。

马　骏　国务院发展研究中心企业研究所所长

“互联网 +”孕育了大量新组织、新业态、新产品、新竞争、新商业模式，对政府传统的监管体系形成了新的挑战。政府监管要适应“互联网 +”融合发展大势，加快监管转型，进一步释放企业创新创业的活力。

曹远征　中银国际研究公司董事长

满足人民日益增长的美好生活需要，政府要提供公共服务，要转变政府职能。由此财政体制改革成为应有之义。十九大报告提出“建立权责清晰、财力协调、区域均衡的中央和地方财政关系”，这就要求在中央地方财政关系上重新厘定权责。

李鲁云　广东省人民政府发展研究中心巡视员

现代财政体制需要以人均财力作为衡量地区差距的标准，使不同区域实现财力均衡，从而更好地支撑当地的公共产品和公共服务。

菲贝尔　德国斯拜尔公共行政大学教授

上周到中国之后，学习了十九大报告，使我改变了对中国市场经济的看法。我发现，发展生产，合理分配资源，需要依靠市场，但市场有时也会失灵，这就需要政府来做补充。所以，需要有一个强有力的政府来促进经济增长，避免或者消除经济增长中的某些消极因素。

土井俊范　日本财务省财务综合政策研究所所长

中共十九大强调要从重速度转向重质量，继续深化改革开放，让市场发挥决定性的作用，这些都是朝着正确的方向发展，为市场经济发展指明了道路。

三、形成全面开放新格局 建设开放型世界经济

1. 中国将成为推动构建人类命运共同体的强有力引领者

范恒山　国家发改委副秘书长

中国经济增长对世界经济发展将起到决定性的支撑与推动作用。过去 10 年来，世界经济因国际金融危机处于低迷状态，主要西方国家经济增长缓慢，中国经济一直保持了领先的发展势头，对世界经济增长贡献率超过 30%。十九大后，已有的发展基础、特有的市场容量、政府管理等优势，能够使未来中国经济长时期保持中高速增长，继续在世界主要国家中处于领先位置。

迟福林　中国（海南）改革发展研究院院长

中国经济转型升级的全球影响显著增大：它形成的巨大内需市场将成为全球经济复苏增长的突出亮点；它推动的自由贸易新格局将加快促进经济全球化进程与全球经济治理变革。

张燕生　中国国际经济交流中心首席研究员

十八大以来，中国在积极参与和引领全球治理变革，所取得的成就是全方位的、开创性的，所推动的变革是深层次的、根本性的。一是推动与构建基于包容性全球化相一致的全球治理体系。以G20为平台的全球治理新机制开始重塑全球化；二是“一带一路”成为完善全球治理体系改革的主动作为和最佳实践。“一带一路”将有助于构建优势互补、合作互动、互利共赢的人类命运共同体；三是建立和完善金砖机制，完善有效开放、基于规则、有利发展的多边国际经济秩序。来自新兴市场的学者认为，“一带一路”是一个以平等为基础，主导共商共建共享的倡议，正在从中国倡议变成共同倡议。

司嘉丽　德国国际合作机构“一带一路”特使

中国领导不仅对中国的发展有远见，也对人类共同发展富有远见，中国既强调自身命运，也强调建立全球的利益共同体，人类的命运共同体。中国已经走向了世界舞台的中央，并且在全球范围内承担更多的责任。例如，中国在G20议程、应对气候变化、实施2030年可持续发展议程等方面，都表现出大国担当。

菲贝尔　德国斯拜尔公共行政大学教授

坚持全球化、坚持经济开放是中国一直坚持的道路，中国在这方面还将起到引领作用。

范恒山　国家发改委副秘书长

中国在世界许多重大难题的解决和关键领域的发展上将成为排头兵和示范者。在整体上，中国特色社会主义道路、理论、制度、文化不断发展，拓展了发展中国家走向现代化的途径，给世界上那些既希望加快发展又希望保持自身独立性的国家和民族提供了全新选择。在具体上，中国在较短时期内消灭数以亿计的贫困人口、高铁等基础设施后来居上、新型城镇化快速推进以及新产业新动能超常发展等一系列壮举，成功地把中国推上了不同凡响的创新者和示范者的位置。

赵晋平　国务院发展研究中心对外经济研究部部长

十九大提出的“两个推动”是核心的理念，一是推动形成全面开放新格局；二是推动构建人类命运共同体。中国对外开放新格局的形成，适应了中国发展自身的需要，同时也为全球各国带来分享中国发展红利的机会。构建人类命运共同体，实际上就是在为中国推进对外开放提供制度性保证。

张燕生　中国国际经济交流中心首席研究员

新时代提升我国参与全球治理能力面临新机遇、新挑战。一是中国将逐步成为全球负责任大国。“大国”的标志，不是人口多寡或面积大小，也不是经济规模大小或人均收入高低，而是创造和维护“和平的国际环境和稳定的国际秩序”的能力；二是中国将逐步成为全球开放型经济大国，成为全球市场、全球贸易规则、全球经贸调整责任的领导者；三是中国将逐步成为全球经济强劲、平衡、可持续和包容发展的重要推动大国。

普林斯鲁　南非国际事务研究所研究员

原有的全球自由的秩序已经解体，未来的发展方向是一种多极化的方向，我们需要找到未来的方向。

迟福林　中国（海南）改革发展研究院院长

当前，经济转型升级与扩大开放直接融合，经济转型升级的双向影响显著增强：中国从高速增长走向高质量发展，从主要依赖于资源要素投入走向主要依赖于科技创新，需要发展更高层次的开放型经济；全球经济复苏与经济增长，需要中国转型发展不断创造新的市场空间；经济全球化、区域一体化离不开中国的参与和推动。推动形成全面开放新格局，将赢得国内发展与国际竞争的主动，使中国继续成为全球经济增长的重要贡献者。

赵晋平　国务院发展研究中心对外经济研究部部长

推动形成全面开放新格局，是中国自身发展的需要，也将为其他国家提供分享中国发展红利的机遇。要实现互利共赢，良好的国际发展环境至关重要。落实十九大提出的“构建人类命运共同体”，对中国的经济外交政策提出了新要求。比如，许多国家以及国际组织都希望中国在解决全球性问题上能够发挥更加重要的作用；中国也将加大对发展中国家特别是最不发达国家援助力度，促进缩小南北发展差距。

2. 坚持打开国门搞建设，积极促进“一带一路”国际合作

迟福林　中国（海南）改革发展研究院院长

四年来，在各方参与和努力之下，“一带一路”倡议日益成为开放包容的国际合作平台和各方普遍欢迎的全球公共产品。尤其是“一带一路”国际合作高峰论坛的举办，标志着中国“一带一路”倡议已经从理念转为行动、由规划转入实施的新阶段。在经济全球化新的十字路口，“一带一路”为经济全球化与区域经济一体化提供了新动力、新平台。实践表明，中国与“一带一路”沿线国家和地区共建基础设施给相关国家和地区经济发展带来的“溢出效应”，已超出基础设施投资收益本身，它将促进经济全球化进程与中国经济转型升级。中国作为一个负责任的大国，向全世界提供了一个有价值的公共产品。

赵晋平　国务院发展研究中心对外经济研究部部长

强调，“一带一路”倡导的是“和平合作、开放包容、互学互鉴、互利共赢”的“丝路精神”，已经超出了区域合作的范畴，是中国参与和引领全球国际竞争与合作、促进世界经济包容型发展政策的集中体现，具有全球性意义。

张燕生　中国国际经济交流中心首席研究员

如何把全球严重过剩的产能、流动性和经济福利通过全方位国际合作，转移到严重短缺的“一带一路”相关国家和地区，实现共商共建共享，是一个重要课题。在“一带一路”沿线构建利益共享、风险共担、理念相同的共同体是一个重大的制度创新，有助于形成优势互补、合作互动、互利共赢的人类命运共同体。

唐少清　北京联合大学管理学院副院长

“一带一路”倡议既是中国为逆全球化开出的一剂良方，也是为全方位、多层次的国际经济合作搭建的一个崭新平台，是参与全球治理体系变革的中国行动。

赵晋平　国务院发展研究中心对外经济研究部部长

“一带一路”建设是统领我国对外开放的新理念、新模式、新框架、新任务的集中体现，内容丰富，内涵深刻。随着全球对于创新作用认识的逐步深化，提出加强创新能力开放合作，是十九大报告的亮点所在，有利于促进我国的开放式创新并通过加强国际合作、整合内外要素资源提升创新能力。在推进“一带一路”进程中，中国正在逐步形成陆海内外联动、东西双向互济的开放格局，这也是“新”格局的具体体现。

迟福林　中国（海南）改革发展研究院院长

中国进入发展新时代，以“一带一路”建设为重点扩大开放，重在加快形成与沿线国家和地区双向互济开放的新格局。例如：以“一带一路”建设推动国际贸易发展。“一带一路”不仅为沿线国家和地区带来大量基础设施投资，而且能够明显降低各区域之间的贸易成本。未来 5 ～ 10 年，打通“一带一路”在陆上、海上、空中的贸易流、物流、资本流、人流、信息流通道，形成放射性、网络化的互联互通布局，将加快建设连接中国与贸易伙伴的经济大走廊，提升贸易物流便利化水平。

刘世锦　中国发展研究基金会副理事长

中国还处于追赶期，还要继续吸引外资，通过吸引外资弥补资金背后的技术、管理、供应链、品牌、营销渠道等短板。

赵晋平　国务院发展研究中心对外经济研究部部长

中国对外直接投资占全球跨境直接投资的比重，除 2015 年小幅回落外，近年一直持续攀高，中国是全球跨境投资中有活力且积极的一个主体，对于稳定和促进全球化直接投资的增长，发挥着重要的作用。对于走出去的企业，需要通过共商共建共享的原则来加强彼此间的合作，以达到互利共赢的效果；另外，中国企业走出去一定要抱团出海，以产业链投资和集群投资的方式相互提供帮助。对于引进来，要通过国际高水平的经贸规则，打造一个全新的营商环境，提升我们在参与和引领国际合作、国际竞争方面的新优势。

彭　森　全国人大财经委员会副主任委员

根据十九大建立全面对外开放新格局的要求，全国人大确定要制定一部新的法律——《外商投资法》。新法将不再把外资企业的组织形式作为规范对象；外资企业的投资形式进一步放开，放大到并购，收购；对外资企业的保护作出明确规范；借鉴国际通行的立法实践，建立正式的国家安全审查制度。这项工作全国人大已经列入立法日程，目的是优化外资营商环境。

王志乐　北京新世纪跨国公司研究所所长

“一带一路”建设坚持引进来和走出去并重，真正落实还得靠企业。随着中国对外贸易投资快速增长，强化合规经营是企业参与国际竞争、实现可持续发展的重要环节。一方面，中国企业亟须学习先进的合规管理实践经验，建立企业合规管理体系，防范走出去可能发生的各种风险。另一方面，要创新跨国公司理论，由跨国公司转变为全球公司；转变思维观念，形成投资输出国思维、全球工业思维，建立开放合作新安全观。

张述存　山东社科院院长

在“一带一路”背景下，政府需要通过财税、金融等多种手段对走出去企业进行支持和引导，才能实现整体投资布局的优化。例如，探索建立双边投资合作机制和投资公共服务平台。

迟福林　中国（海南）改革发展研究院院长

“一带一路”多边和区域合作的大趋势，对“一带一路”工作平台与共同治理提出现实需求。在“一带一路”多边合作趋势下，需要尽快探讨形成贸易、投资、安全等领域的共同治理机制和治理平台，为推进“一带一路”提供制度保障。

司嘉丽　德国国际合作机构 G20 与“一带一路”特使

从“一带一路”的合作机制看，双边协议占大部分。“一带一路”是一个开放型的项目，要建立一种包容性的机制，让所有的利益相关方都参加。例如，建设“一带一路”国家智库联盟。

赵晋平　国务院发展研究中心对外经济研究部部长

开放包容是“一带一路”的突出特性。“一带一路”高峰论坛就由双边磋商开始迈向多边磋商，多方的治理机制取得成功进展。

徐　林　国家发改委城市和小城镇发展中心主任

我国将进一步通过“一带一路”建设和机制化国际贸易和投资安排，使更多“一带一路”沿线国家和地区能够参与并分享中国发展成果，实现更加包容的发展。

3. 以服务贸易为重点，发展更高层次的开放型经济

迟福林　中国（海南）改革发展研究院院长

中国推进经济转型升级，需要加快从以货物贸易为主向以服务贸易为重点的开放转型。预计到 2020 年，服务贸易占对外贸易比重将由 2016 年的 18% 提高到 20% 以上，发展服务贸易成为开放转型的突出特点和重大任务。要推进服务项下自由贸易进程。从不同区域的特定优势出发，支持具备条件的地区率先实行旅游、健康、医疗、文化、职业教育等服务业项下的自由贸易政策。

赵晋平　国务院发展研究中心对外经济研究部部长

要培育贸易新业态新模式，推进贸易强国建设。未来需通过提升技术水平、品牌优势等推动中国产业向全球价值链的中高端移动。因此，加快提升服务贸易在全球的地位和国际竞争力是一个重点任务。如果能更多地通过制造业和服务的相互融合，在出口货物增加值中包含大量所提供的服务增加值，会明显提升制造业的增加值，也会从价值链中得到更多的增加值回报，会带动国内的经济和国民福利的增长，这是高质量发展的一个重要标志。

盛　毅　四川省社科院《经济体制改革》总编

首先，要把推动服务业走出去作为新时期的重要竞争战略，形成货物出口与服务出口协同发展的局面。其次，借助中国制造走出去取得的效应，引导相关企业向综合服务提供商转型，促进其服务与产品的融合。最后，引导一批企业参与国外服务企业的并购，采取在海外上市融资，利用资本市场壮大企业走出去的实力。

刘世锦　中国发展研究基金会副理事长

服务业是中国经济下一步新的增长点和重点，要进一步扩大服务业对外开放，中国经济不仅能够保持一定的增长速度，更重要的是要提高质量和效益，更加具有稳定性和可持续性地朝前发展。

迟福林　中国（海南）改革发展研究院院长

建议，要推进服务贸易的双向开放进程。一方面，中国全面实行准入前国民待遇加负面清单管理制度，大幅度放宽市场准入，扩大服务业对外开放，优化区域开放布局，提高国内自贸试验区水平，在某些具备条件的地区探索建立自由贸易港；另一方面，国际社会、特别是发达国家，需要扩大对中国的服务贸易市场开放，包括环保等高技术市场的开放。加快服务贸易的双向开放，有助于国内经济转型升级形成的大市场与国际先进技术的有效对接。这将裂变出巨大的能量，形成经济全球化的新动力和全球经济增长的新活力。

徐　林　国家发改委城市和小城镇发展中心主任

我国要由贸易大国向贸易强国转变，要不断扩大服务业对外开放，实施国民待遇加负面清单管理制度，进一步推进贸易投资的自由化便利化。

赵晋平　国务院发展研究中心对外经济研究部部长

过去五年我国的投资管理制度改革取得了明显进展，实行了准入前国民待遇＋负面清单的管理模式，未来在此方面的改革力度应该还会继续加大。随着这一准入制度的建立，提升开放水平的关键是进一步缩短负面清单，程序也应进一步简化，以达到更高水平的开放。加快自由贸易区建设、推进与主要国家的投资协定谈判，是中国推动双边和区域贸易投资自由化的重要政策选择，今后要进一步加大推进力度，取得更多实质性成果。

4. 以务实推进自由贸易区网络建设为重点，推动建设开放型世界经济

迟福林　中国（海南）改革发展研究院院长

务实推进自由贸易区网络建设，既是中国经济转型升级的客观需求，又是促进全球自由贸易进程的重大战略。面对全球深刻复杂变化的新形势，要主动推进多种形式、不同层次的自由贸易区网络建设，以点连线、以线带面重点突破，成熟一个推进一个，努力实现自由贸易的新突破，不断形成经济全球化的新动力。在经济全球化的新背景下，有的国家试图复活 TPP，这不是理智和务实的选择，也难以达到主导者的目的。

徐　林　国家发改委城市和小城镇发展中心主任

中国坚定捍卫全球多边自由贸易体制，这是中国一贯的立场，在这个基础上要进一步推进贸易投资的自由化便利化；中国要由贸易大国向贸易强国转变，要不断扩大服务业对外开放，实施国民待遇加负面清单管理制度，探索建设自由贸易港，形成面向全球的贸易投融资和生产服务网络。

孙永福　商务部欧洲司原司长

对于中国来讲，在平衡大国关系，包括中美、中欧、中俄，以及其他的政治关系和经济关系方面，欧盟具有特别重要的意义，在推动经济全球化方面有相对共同的利益。推动中欧 BIT 谈判，是将来对外开放的一个重要的课题。欧洲作为中国第一大贸易伙伴，又是相对开放的一个经济体，中欧之间率先达成 BIT 协定，对中欧双方都是一件非常好的事情。

迟福林　中国（海南）改革发展研究院院长

当前经济全球化正处于历史拐点，美欧正面临日益严峻的民粹主义和极端民族主义的挑战。构建开放型世界经济，维护全球多边贸易体系，坚持贸易自由化和投资便利化，需要中欧联手。中欧自贸区建设将塑造全球贸易投资治理中南北合作的典范。

赵晋平　国务院发展研究中心对外经济研究部部长

自贸试验区先行先试实际上是市场化改革和开放的压力测试，是按照国际高水平开放标准在试验区内进行先行先试，取得成功经验后在更大范围内复制和推广。十九大报告提出的自由贸易港是一个新的提法。未来，自由贸易港既可能在现有的11个自贸区试点地产生，也可能在自贸试验区以外的区域产生，甚至可以在具备陆地港、航空港条件的内陆地区产生。

徐　林　国家发改委城市和小城镇发展中心主任

强调，探索建设自由贸易港，形成面向全球的贸易投融资和生产服务网络。

四、在创新变革中加快新时代的数字经济发展

1. 数字经济快速发展，成为经济转型升级的重要动力

迟福林　中国（海南）改革发展研究院院长

全球范围的新一轮科技革命与经济转型相互交汇，形成了中长期经济增长的新动能。作为新经济发展的大国，中国在过去几年涌现了一批具有标志性意义的重大科技成果，涌现了一批新产业、新业态，数字技术深度融入传统制造业的变革之中，引领传统产业转型；估计到2025年，中国信息消费总额将达到12万亿元人民币，电子商务交易规模将达到67万亿元人民币左右。

腾　泰　万博新经济研究院院长

进入发展新时代，以人类创造性思维为财富源泉的知识产业、信息产业、文化产业、金融产业以及其他服务业等软产业将成为未来新供给，是工业化后期具有无限未来发展潜力的新动能。万博研究院估算，2016年万博NSI指数为39.01%，即新供给占中国经济GDP的比重为39.01%。新供给产业2015年和2016年的平均加权增速为10.22%，而老供给产业的增速仅为4.77%。

戈梅兹　土耳其央行研究部高级经济学家

过去几年中国电子支付发展异常迅猛，现在中国任何地方都可以便捷地进行电子支付，超过了欧洲。电子支付也促进了其他产业发展，比如共享经济。如果这个趋势能够持续下去，

将对中国的宏观经济活力带来更加积极的影响，有助于实现十九大提出的发展目标。

倪红日　国务院发展研究中心研究员

数字经济已经引发了新商业模式的产生，比较典型的是三种，一是直销模式，二是平台网络销售的电子商务模式，三是资源共享与重组的分享经济模式。数字经济正在改变几乎所有经济领域原有的运行机制。

匡贤明　中国（海南）改革发展研究院经济研究所所长

当前中国产业结构正由工业主导向服务业主导转型，预计到 2020 年服务业比重有可能达到 60% 左右，这给新经济发展提供了丰富的“黑土地”。过去几年，中国服务业领域的新业态、新模式不断涌现。比如，在全球独角兽公司中，中国公司的占比明显提升；在支付领域，到 2030 年，中国有望全面进入数字社会。

廖杰远　微医董事长兼 CEO

数字经济发展趋势及其对产业变革具有深远影响，在医疗领域主要表现为从被动医疗到主动健康。这集中体现在三个方面：一是构建 IT 服务平台，推动了中国 2400 家医院实现服务窗口“云化”，其中三甲医院占 70%；二是构建医疗服务平台：帮助超过 1.7 亿患者实现病—医—药的匹配和在线随诊；三是构建健康保障体系：帮助 1.45 万家基层医疗机构提升医疗能力，逐步建立中国式的“家庭医疗”体系。互联网医院规模接诊量不断增长。

迟福林　中国（海南）改革发展研究院院长

中国的数字经济发展已经成为产业变革的重要力量：一是数字经济推动制造业转型升级，数字技术开始深度融入中国传统制造业的变革中。二是数字经济加快创新驱动进程，推动中国从以资源要素投入为主的增长方式向创新和科技驱动的转变。三是数字经济推动创新型企业家的形成。最近几年，中国新型企业家群体发展壮大，大都与数字经济相关联。四是新经济促进全球新经济发展。中国在人工智能等领域的加快发展，将为提升全球增长质量做出贡献。五是新经济助推经济全球化进程。在推进“一带一路”进程中，以发展数字经济合作为切入点，以跨境电商为抓手推进跨境贸易、投资、产能和消费合作，加快数字服务贸易开放，有利于促进“一带一路”自由贸易网络建设。

杜传忠　南开大学产业经济研究所所长

以数字革命为基础的各项颠覆性技术的发展将对经济及其他领域产生更为深刻而广泛的影响，并将成为新一轮全球生产率提升的重要节点。一是信息、数据等新兴要素的高效率对传统要素具有提升功能；二是企业组织结构、商业模式和管理方式优化与创新能够提高全要素生产率；三是服务业效率得到显著提升并在一定程度上减弱了“鲍莫尔效应”；四是具有较高生产效率的新产业、新业态大量涌现，带来生产效率的极大提升。

匡贤明　中国（海南）改革发展研究院经济研究所所长

建设现代化经济体制的关键是推进经济转型升级进程，实现重大领域和关键环节的改革突破。过去几年，新经济已经开始在经济转型升级中发挥比较重要的作用。比如，过去传统的业态中，很大一部分的业态是面向国际市场出口主导的产能，随着国际市场的变化，过去以出口为导向的产能转向以内需市场为主的时候，面临着“有质量没流量、有品质没品牌”的挑战。中国的电商平台针对这个情况，对传统代工厂商提供了包括流量在内的全面支持，使他们在电商平台上能够推出并培育新的品牌。这一探索已经取得了初步成效。

寿远景　公安部大数据重点实验室主任

数字经济给中国公共安全产业发展提供了重要机遇。第一，智能化防控体系建设促进相关技术的革新和产品研发。第二，公共安全产业发展提出了巨大的人才需求。第三，公共安全需求极大地带动了数据分析与网络安全教育培训产业的快速发展。

2. 数字经济等新兴产业发展需要深入研究的新课题

马　骏　国务院发展研究中心企业所所长

“互联网 +”的不断深化从五个方面对传统监管体系带来挑战：第一，“互联网 +”业务的创新特性改变了传统产业版图，颠覆了被监管的企业，挑战传统监管存在的基础。第二，“互联网 +”业务的融合特性模糊了传统产业边界，挑战彼此分立的监管体制。第三，“互联网 +”业务的泛在特性打破了服务提供地域限制，挑战属地分割的监管格局。第四，“互联网 +”业务的平台特性改变了产业组织模式，挑战政府直接监管商家的管理模式。第五，“互联网 +”业务的网络特性导致数据海量增长和业务的频繁迭代，挑战传统线下巡查监管模式。

倪红日　国务院发展研究中心研究员

数字经济对税收的挑战，集中表现在六个方面：一是税源变化。新商业模式引起了税源环节变化。有的模式可能减少了税源环节，有的模式可能增加了税源环节。二是税收数量变化。新的商业模式下，随着税源和纳税主体的变化，税收数量也在发生变化。三是现行税制与分享经济的兼容问题。比如，共享单车运营商的税收问题就存在着很大的歧义。四是对现行以流转税为重点的税制的挑战。五是对税收征管挑战。新经济中纳税主体模糊、计税依据难以计算、纳税地点难以确定等挑战严峻。六是跨境电商零售进口商品征税管理面临挑战。总的来看，现行的税收征管，滞后于电子商务的发展，法规修订、制度建设和技术应对处于比较被动的状态。

寿远景　公安部大数据重点实验室主任

一是数据安全引发的公共安全风险。主要表现为数据信息成为网络犯罪的重点攻击对象、现有制度和技术无法全面保护个人隐私和商业数据、很多数据信息成为违法犯罪的工具；二是数字经济平台化引发的公共安全风险。问题平台中巨额资金去向不明，大量的非传统金融机构进入，互联网金融大而不能倒，都有可能影响到社会的稳定。三是数字经济普惠化引发的公共安全风险。包括自身的稳定性问题和规范措施缺位引发的风险。这些都考验着政府相关部门的治理能力。

匡贤明 中国（海南）改革发展研究院经济研究所所长

新经济领域的竞争有别于传统经济领域竞争，它具有的新特质使得其竞争与传统领域竞争不一样，给垄断的判定带来挑战。比如，第一，新经济的一些领域中普遍存在单个企业市场占有率过高的现象。第二，新经济细分市场中老大老二合并的现象频出。第三，新经济发展过程中确有某些不正当竞争的行为。这些挑战的核心是，市场占有率是不是衡量反垄断的标准？如果不是，新经济适用什么样的反垄断标准？这都需要深入研究。

3. 以新变革推进新经济健康发展

杜传忠 南开大学产业经济研究所所长

建议：第一，对于政府来说，为正在形成的数字化新经济搭建良好的管理架构至关重要。第二，对于企业来说，应强化技术创新对生产效率提升的主导作用。第三，加快提升人力资本素质，为应对新工业革命提供充足的人才支撑。

马　骏 国务院发展研究中心企业研究所所长

面对“互联网 +”的冲击，监管部门在过去几年探索重塑监管模式，推进了监管改革。适应新经济的发展，还需要加快监管变革的进程。一是重新审视政府监管的前提，动态调整监管对象和内容。二是坚持公平竞争的原则，支持“互联网 +”的深化，监管要给“互联网 +”的创新留出市场空间和试错容错空间。三是在加强部门间、层级间和区域间监管协作的基础上，进一步整合政府监管资源，重组监管机构和重塑监管流程。四是发挥网络平台的作用，形成政府、企业和网民等利益相关方共同参与的治理格局。五是加强政府与企业间合作，利用大数据、人工智能等先进技术支撑监管和服务的精准化。

倪红日　国务院发展研究中心研究员

从国际上看，一些国家已经对新经济发展的税收进行了改革，典型的是 BEPS 行动计划，其首个计划就是应对电子商务活动的，实行消费地征税原则和利润发生地原则。从国内看，第一，对电子商务是否应该实行明确而严格的税收征管，需要组织力量进行前瞻性研究。第二，建议尽快建立对电商自觉、合法、足额纳税人的宣传和激励机制，在社会上形成纳税者光荣、逃税和避税者可耻的氛围。第三，着重地研究税收如何充分利用各种互联网平台和区块链来征收管理的问题。这既包括技术问题，更包括所涉及的经济利益关系的问题。第四，适应跨境电商大发展的趋势，相关部门必须提前谋划征管改革办法，建议委托第三方支付平台或者“中央监管结算仓”代扣代缴进口商品的关税、增值税和消费税，以显著提高跨境电商征税效率。

寿远景　公安部大数据重点实验室主任

提出，数字经济发展倒逼公共安全治理变革。一是推进思维理念变革。要有万物互联的思维，逐步树立新安全理念；二是加快机制体制变革。建立专业化的监管队伍；三是推进方式方法的变革。更加注重源头治理，强化基础管控；更加注重资源整合，强化合成作战；更加注重专业手段建设，强化科技支撑；更加注重执法规范化要求，强化法治保障。

匡贤明 中国（海南）改革发展研究院经济研究所所长

第一，在经济转型中鼓励创新与防范风险、规范市场并行不悖。要按着十九大报告提出的，推进互联网大数据、人工智能和实体经济深度融合。第二，以“包容审慎”为基本的原则。不要轻易把新业态、新模式贴上垄断的标签。第三，探索新的监管方式。包括大数据监管、平台监管、行业监管等。第四，探索新经济有效监管的组织创新。新经济发展带来的挑战，需要尽快创新新经济的监管机构和机制。